多言語社会ルクセンブルクの国民意識と言語

―第二次世界大戦後から1984年の言語法、そして現代

小川　敦

大阪大学出版会

目　次

はじめに ………………………………………………………… 1
　1節　本書の視座と目的　1
　2節　ルクセンブルク語とはどのような言語か　3
　3節　研究の方法　4
　4節　先行研究と本書の位置づけ　5
　5節　本書の構成　8

1章　国語としてのルクセンブルク語 ………………………… 11
　1節　歴史的な背景　13
　2節　国語としてのルクセンブルク語　19
　3節　1章のまとめ　37

2章　三言語併存と言語意識 …………………………………… 39
　1節　三言語併存　41
　2節　単一言語性の意識と多言語性の意識　48
　3節　2章のまとめ　51

3章　第二次世界大戦後の言語ナショナリズムと正書法改革 …… 53
　1節　第二次世界大戦による
　　　　　ナショナリズムの高揚とルクセンブルク語　55
　2節　マルグ・フェルテスの正書法改革　57
　3節　ルクセンブルク語辞典の正書法改革　67
　4節　3章のまとめ　83

4章　1960年代・70年代と言語学者 F. ホフマン …………………… 85
   1節　背景　87
   2節　F. ホフマンにとってのルクセンブルク語の位置づけ　90
   3節　4章のまとめ　101

5章　1984年の言語法と言語イデオロギー ……………………… 103
   1節　1984年の言語法　106
   2節　単一言語性の意識　119
   3節　多言語性の意識　134
   4節　単一言語性と多言語性に見る国民像　141
   5節　5章のまとめ　148

6章　近年の社会の変動と言語 ……………………………………… 151
   1節　問題の設定と背景　153
   2節　三言語使用と言語イデオロギー　154
   3節　近年の人口変動と言語政策　156
   4節　言語使用の複雑化　165
   5節　6章のまとめ　173

7章　公用語としてのドイツ語、ルクセンブルク語 ……………… 175
   1節　問題の設定と背景　177
   2節　三言語使用とドイツ語　177
   3節　小規模自治体の使用言語　182
   4節　7章のまとめ　189

おわりに ― 本書のまとめと今後の展望 ……………………………… 191
   あとがき　199
   参考資料　202
   参考文献　245

はじめに

1節　本書の視座と目的

　本書は、東側にドイツ、西側にベルギー、南西部にフランスと接する、ヨーロッパの中心部に位置する小国、多言語社会ルクセンブルク大公国（以下ルクセンブルクと表記）における、第二次世界大戦後から1984年の言語法に至るまでの言語に関する言説を扱い、分析を行う。つまり、言語に関するどのような言説がルクセンブルクで作られ、そして再生産されていったのかを考察する。したがって、一般的な言語学に見られるような、言語そのものの語彙や文法体系を記述し分析する研究とは異なる。また、多言語社会においてどの言語がどの場で用いられるといったような記述的な分析も、研究の中心ではない。
　本論に入る前に、筆者がこの研究を行うに至った経緯を示しておく。
　近代国家・ルクセンブルクは、大国の利害のもと、1839年のロンドン協定の結果成立した。その成立過程は、いわば歴史の偶然、副産物のようなものであった。その後、この小さな領土を国家の単位として国民国家の建設が行われ、他のヨーロッパ諸国のナショナリズムと歩調を合わせるように、国民意識が醸成されてきた。
　フランス語圏、すなわち現在のベルギー領リュクサンブール州を「失う」形で成立し、一部の例外を除いてドイツ語圏のみで構成される。この経緯からすれば、ルクセンブルクという国民国家はドイツ語のみを公用語として運営することが可能であったように思われるが、実際にはフランス語が

ドイツ語とともに公用語とされ、フランス語能力の高低と社会階層が比例するようになっていく。その一方で、ルクセンブルクで話されるドイツ語方言が、ドイツ語とは異なったルクセンブルク独自の言語「ルクセンブルク語」として見なされるようになった。

この結果、ルクセンブルク語を母語としながら、その上でフランス語とドイツ語を教育によって習得し、使いこなすのがルクセンブルク人である、と表象されるようになった。これは次に示す2種類の言語意識として分類される。1つはルクセンブルク人に独自な言語・ルクセンブルク語に対する母語意識である。もう1つは、フランス語もドイツ語もどちらも使いこなすことができるという、多言語的な意識である。歴史的には、この2つの言語意識が時にせめぎ合い、そしてコインの表裏のようにルクセンブルク人の言語意識を表してきた。

このような状況において、1984年に突如、ルクセンブルク語をルクセンブルク国民を代表する言語である「国語（langue nationale）」とし、かつフランス語やドイツ語と並ぶ事実上の公用語[1]として規定する言語法が成立する。三言語併存という、いわば言語的平和が存在し、さらに欧州統合が進展し国民国家の意義が徐々に曖昧になっていく社会的潮流のなかで、なぜこのように「国民」と「言語」を強くつなぎ合わせる法律が成立したのであろうか。

きっかけは当時の西ドイツの、とある保守・右翼的な新聞の記事であった。それによれば、ルクセンブルク語はドイツ語の一方言であるにもかかわらず、独立した言語として扱われているといった内容であった。確かにこの記事はルクセンブルク語を国民意識のよりどころとしているルクセンブルク人の感情的な反発を招いたが、この記事だけをもって法律制定の原因であると断じることはできない。むしろ、近代国家が成立してから、さらに言えば第二次世界大戦を通じて培われたナショナリズムと言語意識の

---

[1] 詳しくは5章を参照。「公用語（langue officielle）」という用語の使用はこの法律では避けられている。

高まりを通じ、言説や言語イデオロギーが形成されてきたのではないだろうか。ドイツのその新聞記事はルクセンブルク人という「国民」とルクセンブルク語という「言語」を法的な面で結び付けるためのきっかけの1つにすぎなかったのではないだろうか。

以上の背景を踏まえて、本書は1984年の言語法がどのような過程で、どのような言説形成の中で生まれたものなのかを検証し、明らかにする。特に言語政策に関わってきた人々の言語意識を探ることで、社会言語学的な立場から言説の深層を浮き彫りにしていきたい。また、現在、ヨーロッパでは言語権（言語的人権）の保護や、複言語主義（Plurilingualismus）の観点から、少数言語を守る運動が盛んに行われている。ルクセンブルク語が相当の地位を得るまでの過程や、多言語主義のありかたを見ていくことで、現在および今後のヨーロッパにおける言語研究に何らかの示唆を与えることも本書の目的である。

2節　ルクセンブルク語とはどのような言語か

はじめに、本書で扱うルクセンブルクで使われている言語、「ルクセンブルク語（Lëtzebuergesch・レッツェブィエッシュ）」[2]とはどのような言語なのか、簡単に定義してみたい。

ルクセンブルク語は、言語学的、方言学的には中部ドイツ語の西モーゼル・フランケン方言に属し、東側の国境を越えた、ドイツ側のビットブルク（Bitburg）、トリーア（Trier）などの方言との明確な切れ目は見られない[3]。また、この地域の方言はドイツ語圏で起こったとされる第二次子音

---

2) ドイツ語ではLuxemburgisch（ルクセンブルギッシュ）を用いることが多かったが、近年ではルクセンブルク語の形であるLëtzebuergeschを用いる例も多い。
3) Kramer, J.（1994）p.391.

はじめに

推移（Zweite Lautverschiebung）[4]が不完全なままである。子音推移が見られるものとしては ech（ドイツ語の ich）、maachen（同 machen）、Duerf（同 Dorf）などの語が、子音推移が見られないものとしては wat（ドイツ語 was）、Apel（同 Apfel）、op（同 auf）などが挙げられる。

　また、ルクセンブルク語の内部でも、大きくは南北、そして東西に分かれ、さらに細かい地域レベルでの方言の差異が見られる。しかし、これらの地域の均等化の産物としての共通ルクセンブルク語（コイネー）が形成されている。

　　　ルクセンブルク語に近いゲルマン語（ドイツ語）方言は、フランスのティオンヴィル（Thionville、ドイツ語名 Diedenhofen）周辺の東ロレーヌ地方や、ベルギー領リュクサンブール州のアルロン（Arlon、ドイツ語名 Arel）周辺などでも使用されているが、その使用は相当に後退しているとされている[5]。

　本書で扱う「ルクセンブルク語」とは、基本的にルクセンブルク国内で用いられる土着の言語を指すものとする。また、本書で「ドイツ語」といった場合、注記がない場合はいわゆる標準ドイツ語を指すものとする。

3節　研究の方法

　本書が対象とする主な期間は、第二次世界大戦後から 1984 年の言語法

---

4) モーザー（1967）p. 110. 第二次子音推移とは、5 世紀から数世紀にわたって上部ドイツ語から始まったとされる現象で、p、t、g が母音の後で二重子音 ff、zz、hh に、子音の後では tz、pf、kh（ch）になったというもので、低地ドイツ語方面へ広がったが途中で停止したとされる。今日でも wat と was、ik と ich、maken と machen、Appel と Apfel などの違いが見られる。
5) Scheidweiler, G.（1988）p. 229.

成立に至るまでの約 40 年間である。言語法成立後、移民の増加などによって人口構成比が急速に変わりゆくなかでどのように現在にいたるまでの言語問題が生じてきたのかも考慮すべきであると判断したため、2000 年以降の現在に至るまでの状況についても記述した。

分析の対象とする一次資料は、言語学者や言語擁護団体 Actioun Lëtzebuergesch に属する人物らの著作や論文、雑誌記事、議事録等である。特に 3 章においては、1946 年の正書法改革については、作業に携わった言語学者 J. フェルテス（Jean Feltes）、及び政治家・歴史学者 N. マルグ（Nicolas Margue）の資料を用いている。その後の 1948 年からの第二次正書法改革については、そこに携わった言語学者の意見について、ルクセンブルク語辞典（Luxemburger Wörterbuch）や各種論文、著作等から引用して検証している。4 章では、1960 年代から 1970 年代の F. ホフマン（Fernand Hoffmann）について、著作や論文等から引用、分析している。5 章では、1984 年の言語法を推した言語擁護団体のメンバーや、逆に言語法に反対した勢力、とりわけ前出のホフマンについて、著作、論文、雑誌記事、新聞記事等から引用し、分析を行っている。

本書は、第一に言語に関わる知識人の言説について取り扱う。すなわち、ルクセンブルク社会における言語使用の分析ではなく、そこに影響を及ぼす言説がどのようなものであったのか、多言語社会とされるルクセンブルクにおいてどのように言語と国民意識が結び付けられていったのかについて考察する。その上で、今日の問題についても扱う。

4 節　先行研究と本書の位置づけ

これまで、第二次世界大戦後のルクセンブルクについて社会言語学的の視点で考察を行った研究はいくつもある。それらの代表的なものを挙げ、本書の位置づけを簡単に確認したい。

はじめに

　まず、1979年のホフマンによる研究 *Sprachen in Luxemburg*[6]が挙げられる。ホフマンはこの著作の中でルクセンブルクの言語使用について明確に記述し、三言語併存（トリグロシア・Triglossie）という概念で理論化に成功している。本書はホフマンの著作を他の論文等も含めて一次資料としても用い、検討の対象としている。

　1993年のG.ベルク（Guy Berg）の *Mir wëlle bleiwe, wat mir sin*[7]も、各場面における言語使用について検証し、当時の最新の社会言語学的な理論でルクセンブルク語がどの程度独立した言語とされているのかについて検証している。

　J.クラーマー（Johannes Kramer）[8]も、ルクセンブルクにおいてどの言語がどんな場面で用いられるのか、三言語の使用領域という点で詳細に検証を行っている。また、ルクセンブルク語の規範化に潜む問題点などを指摘する。クラーマーはルクセンブルクの三言語併存の状態について「望まれた三言語使用（Gewollte Dreisprachigkeit）」と述べるなど、概ね好意的な立場である。

　P.ギレス（Peter Gilles）は、博士論文である著書 *Dialektausgleich im Lëtzebuergeschen* において、ルクセンブルク語の諸方言が平準化していく様子を実証的なデータをもとに言語学的に検証している[9]。また、ルクセンブルク語を言語学的に記述する研究を多数行っている。

　C.ムラン（Claudine Moulin）は、2005年の論文においてルクセンブルク語が独立した言語として成立していく過程とハウゲンの規範文法化の概念を重ね合わせて検証している[10]。

　F.フェーレン（Fernand Fehlen）は、アンケート調査をもとにした社会言語学的な分析を行っている。移民や越境通勤者が増え続ける中で、変わ

---

6) Hoffmann, F.（1979）
7) Berg, G.（1993）
8) Kramer, J.（1984）；（1986）；（1994）；（1998）
9) Gilles, P.（1999）
10) Moulin, C.（2005）

りゆく多言語社会ルクセンブルクの状況を考察する。特にブルデューなどの社会学的な概念を用いて理論化を行い、従来のホフマンらの記述を批判的に論じている[11]。

アメリカ合衆国出身のK.ホーナー（Kristine Horner）は、2004年の博士論文 *Negotiating the language-identity link: Media discourse and nation-building in Luxembourg* 等において、言語とイデオロギー、新聞紙上などにあらわれる下からの言説と、国民意識が再生産されていく様子を扱った研究を行っている[12]。

P.ペポルテら（Pit Péporté et al.）による著作である2010年の *Inventing Luxemboug* は、19世紀にルクセンブルク国家が作られた後に、過去を語り、国境を意識することで「ルクセンブルク人」の意識と言説がどのように生産・再生産されていったのかについて綿密な研究を行っている。特に第3部において言語が集中的に取り扱われ、ルクセンブルク語がドイツ語から独立していく際に言語がどのように意識されたのかが述べられている[13]。

なお、近年は日本においてもルクセンブルクを社会言語学的に扱った研究が出始めている。その代表格と言えるのが田村建一による研究である。田村は、1994年の「ルクセンブルクの『言語法』をめぐる問題」や2005年の「ルクセンブルクの言語法」において、社会的な背景や議事録から、言語法の成立過程を追っている。

他に、田原憲和は自身の博士論文を再構成した「言語の屋根と階層構造」において、U.アモン（Ulrich Ammon）の「言語の屋根」という概念を用いて、スイス・ドイツ語と標準ドイツ語が使用されるドイツ語圏スイス、元来はドイツ語圏であった、ルクセンブルクと国境を接するフランスの東ロレーヌ、そしてルクセンブルクの言語使用について言語共同体と言語的

---

11) Fehlen, F.（2009）
12) Horner, K.（2004）;（2005）
13) Péporté, P. et al.（2010）

な不平等という観点から論じている。

　以上のどの研究も、筆者の研究にとって非常に示唆に富むものであり、必須文献であることに間違いはない。しかし、ルクセンブルクの言語史において大変重要な事象である1984年の言語法について、言説や言語意識がどのように形成されてきたのかという点で詳しく検証しているものは、筆者の知る限りまだ存在しない。ペポルテらの研究は、筆者にとって新しい知見も多いが、歴史学なアプローチを用いており、本書のような社会言語学的な視座からの研究とは少々異なっている。

5節　本書の構成

　本書は、序章である本章と1章から7章からなる本編、および終章から構成される。特に3章から5章までが、本書の中でも中心的な部分となる。
　1章ではルクセンブルク語が国語として認識される歴史的な過程を、社会言語学的な理論をもとに把握する。
　2章では三言語併存を紹介し、単一言語性と多言語性の意識について見る。
　3章では第二次世界大戦後の言語ナショナリズムの中で行われたルクセンブルク語の正書法改革と、それに携わった人物がどのような考えを持っていたのかを考察する。
　4章では、ルクセンブルク語の母語意識は大変強いのにもかかわらず、外国語の運用能力を重視し、1984年の言語法にも強く反対することになった、言語学者ホフマンの言語観を考察する。特に1960年代および1970年代の文献を中心に扱う。
　5章では、1984年の言語法に至るまでの、1970年代および1980年代の

議論を追う。
　6章では、5章までの議論を踏まえ、2000年以降の人口変動と言語問題の関連について検証する。
　7章では、1984年の言語法が議論されていた時代には見られなかった、公的な分野での書き言葉としてのルクセンブルク語について解説を試みる。

1章 国語としての
ルクセンブルク語

現在のルクセンブルクでは、フランス語、ドイツ語、ルクセンブルク語の三言語が用いられており、言語状況は複雑である。これら3つの言語はどれも日常の生活で使用されているが、それぞれが使用される領域はある程度決まっており、機能分担がなされているということができる。

　なかでも、ルクセンブルク語は元来ドイツ語のモーゼル・フランケン方言の一種であり、近代国家が成立した後の19世紀からルクセンブルク国民の象徴として、徐々に意識されるようになった。それとともに、話し言葉としてはルクセンブルク語が用いられ、書き言葉としてはフランス語とドイツ語がお互いの領域を侵犯しない形で用いられるという了解が時間をかけて成立した。

　本章では、ナショナリズムと言語という文脈で、ルクセンブルク語の国語[1]としての位置づけを確認しながら、ルクセンブルク語がルクセンブルク人の国民を表象する言語として意識されていく歴史的な変遷を追う。多言語社会といわれるルクセンブルクでも、国民の間にルクセンブルク語を母語とする意識が浸透していくという点では、いわゆるヨーロッパの近代国民国家と変わりないことを示す一方で、標準語への道はまだ半ばであることに言及していく。

1節　歴史的な背景

　現在のゲルマン語（ドイツ語）圏のみを領土とする近代ルクセンブルクは、1839年のロンドン協定によって成立した。それ以前の領土は、隣のベルギー領内に同じ名前を持つ州（リュクサンブール州）があることが示唆するように、フランス語圏とゲルマン語圏にまたがっていた。この地域

1）本書では、ドイツ語のNationalsprache、フランス語のlangue nationale、英語のnational languageに相当する語は「国語」で統一する。

1章 国語としてのルクセンブルク語

DIE BEIDEN SPRACHGEBIETE IM HERZOGTUM LUXEMBURG

- ▨ "Quartier allemand" （ドイツ語地区）
- ▨ "Quartier wallon" （フランス（ワロン）語地区）
- ----- Sprachgrenze （言語境界線）

西のワロン語地区（左側）と東のドイツ語地区（右側）

Joseph Meyers（1969）Geschichte Luxemburgs p. 186 より筆者が一部改変

では、行政言語として中世から長い間ラテン語が用いられてきたが、14世紀になるとフランス語がそれに取って代わった[2]。

1340年、行政上の区分として、ロマンス語圏（フランス語圏）が「quartier wallon（ワロン語地区）」、ゲルマン語圏（ドイツ語圏）が「quartier allemand（ドイツ語地区）」として分けられた。これは必ずしも民衆の言

---

2) Kramer, J.（1984）p. 175.

語状況を反映したものとはいえなかったが[3]、フランス語圏とドイツ語圏に領土を分類したという事実は多言語状況の発端としては象徴的な事象となった。

　その後、1441年にブルゴーニュ公国が支配して（～1493年）中央集権的な機構を確立し、行政ではもっぱらフランス語が用いられるようになる。ハプスブルク家（1493年～1556年）、スペイン・ハプスブルク家（1556年～1684年）、フランス・ブルボン家（1684年～1714年）、オーストリア・ハプスブルク家（1714年～1795年）、フランス共和国・フランス帝国（1795年～1814年）と支配者が変わっても、一貫してフランス語の地位が揺らぐことはなく、公的で正式な文書は常にフランス語で書かれた。一方でドイツ語は、フランス語を十分に理解できない人のための補助的な手段として用いられる言語であった。

　1815年、ウィーン会議によってルクセンブルクの領地はオランダのオランィェ＝ナッサウ家の私有するところとなり、現在のベルギーを含むオランダ王国と同君連合となる。プロイセンに対する対抗意識もあり、オランダ国王ウィレム1世は公的な言語としてフランス語を使う政策をとった。

　1830年のベルギー革命の際に、ベルギーとともにその一部としてルクセンブルクもオランダから独立した。当時のベルギーでは憲法で言語の自由が保障されたが、事実上、行政に用いる言語はフランス語であったとされる[4]。

　1839年、ベルギー革命による混乱を収拾するため、24箇条からなるロンドン協定が結ばれ、ルクセンブルクはフランス語圏（現在のベルギー領リュクサンブール州）をベルギー側に譲渡し、その結果ゲルマン語圏のみで構成される現在の国境線が確立した[5]。この協定では、大国の利益のみ

3）Bruch, R.（1953a）p. 56.
4）Nelde, P. H.（1979）p. 28. ベルギー革命後もルクセンブルク市はオランダ国王の勢力圏に入っており、ドイツ語が行政・教育の言語とされていた。
5）例外として、西部に位置するごく一部の地域（Lasauvage）がフランス語圏であった。Kloss, H.（1986）p. 141.

が重視され、ルクセンブルクは歴史のいわば「副産物」として成立した。一部のエリートは別として、民衆がこの時点でルクセンブルク国民としての意識を持っていたとはいえない。この後の 19 世紀後半から 20 世紀にかけて、徐々にルクセンブルク人としての意識を作り上げていくことになる。また、ルクセンブルクはフランス語圏を持たなくなったにもかかわらず、1848 年の憲法から一貫して、フランス語はドイツ語と並んで公用語とされた[6]。実際の使用においては、民衆のフランス語に対する憧憬、知識階層のフランス語使用などもあり、フランス語はドイツ語よりも常に優位に立っていた。今日に至るまでの唯一の立法の言語であり、国家レベルの行政機関の文書の大部分がフランス語で書かれていることからも、そのことが読み取れる。

　ルクセンブルクの国民意識は、他のヨーロッパ諸国のナショナリズムの高揚と歩を合わせるように、徐々に形成されてきた。独仏両大国に囲まれた小さな国土ゆえの外国からの度重なる圧力、フランス語、ドイツ語の二言語使用が、「我々はドイツでもなく、フランスでもない」という意識を作りだし、ルクセンブルクの国民意識の形成を手助けしたことも考えられる。そして国民意識の形成は、民衆の話す言葉がドイツ語の一方言ではなくルクセンブルク特有の言語、すなわちルクセンブルク語であるという母語意識をもたらした。これは、1 つの言語を話す、1 つの民族が、1 つの国家を有するという国民国家的な考え方がこの国にも定着してきたことを意味している。

　このような意識の醸成は、19 世紀半ばに活躍した、ディックス（Dicks）の名で知られるエドモン・ド・ラ・フォンテーヌ（Edmond de la Fontaine, 1823 年～1891 年）、ミシェル・レンツ（Michel Lentz, 1820 年～1893 年）、ミシェル・ロダンジュ（Michel Rodange, 1827 年～1856 年）ら三大詩人による方言文学、1912 年の教育法改正によるルクセンブルク語の初等教育

---

[6] Hoffmann, F. (1979) p. 33. 1948 年憲法では、"L'emploi des langues allemande et française est facultatif."「ドイツ語とフランス語の使用は任意である」とされた。

への導入等によって[7]も進んでいく。ルクセンブルク国民の間にこの母語意識を決定づける契機となったのは、1940年から1944年のナチス・ドイツの支配であった。近代国家の成立から100年が経過した1939年、ナチス・ドイツの侵攻が間近に迫るなか、基礎的なルクセンブルク語の習得が国籍取得の条件とされた[8]。ナチス・ドイツのモーゼル大管区長官（Gauleiter）はフランス語の使用を禁止し、ルクセンブルク語はドイツ語の一方言であると位置づけ、ルクセンブルク人のゲルマン化、ドイツ化を促進しようとした[9]。しかし、この政策はかえってルクセンブルク人の反感を買うことになり、結果として結束意識を高めることになった。

特に、1941年10月10日の国勢調査は国民意識と言語意識の結合を決定づけたとされている。これは、ドイツ化プロパガンダの一環として行おうとした調査であった。そこでは国籍（Staatsangehörigkeit）、母語（Muttersprache）、民族（Volkszugehörigkeit）を記入する項目があり、母語にはバイエルン方言や低地ドイツ語、ルクセンブルク語などの方言は記入してはならないこと、民族の項目にはルクセンブルク人やバイエルン人などは種族（Stamm）を指すので記入してはならないことなどが指示されていた。すなわち、すべてに「ドイツ（deutsch）」が記入され、ナチス・ドイツの国威発揚の場にするというのが指揮官の意図であった。これに対し、住民の96％以上が「3つともルクセンブルク（dreimol Lëtzebuergesch）」と書く準備をしていたことがわかり、この国勢調査は急遽中止になったというものである。この事件はルクセンブルクのナチス・ドイツに対するレジスタンスの象徴となるだけでなく、母語が完全に独立した言語「ルクセンブルク語」であるという意識が民衆レベルで根付き、母語意識と国民意

---

[7] Hoffman, F.（1996）p.131.
[8] Berg, G（1993）p.17; Moulin, C.（2005）p.308.
[9] フランス語の人名はすべてドイツ語に改められ、フランス語授業は廃止され、公用語は完全にドイツ語となり、道路名、地名、標識等から、新聞、雑誌、書物、広告、案内等まですべてをドイツ語とした。

識を結び付ける決定的なマイルストーンとなった[10]。

つまり、ルクセンブルク人はドイツ語を話すのであるからドイツ人である、というナチス・ドイツの占領政策の根拠へのアンチテーゼとして、それまでのルクセンブルク語に対する一般的な呼称であった「ルクセンブルク人のドイツ語（Lëtzebuerger Däitsch・Luxemburger Deutsch）」は、ドイツ語の一種ではない、1つの独立した言語「ルクセンブルク語（Lëtzebuergesch）」へと変化を遂げたとされる[11]。

1944年のナチス・ドイツからの解放後、ナショナリズムは母語意識の高まりとなり、反ドイツ感情はドイツ語への嫌悪感をも招いた。その結果、ルクセンブルク語の心理的な地位は大幅に向上し、ドイツ語の地位はそれまでになく低いものになった。このような経緯から、それまでドイツ語の習得を前提にした書き方をしていたルクセンブルク語の正書法改革が行われた[12]。この正書法改革では、音声にきわめて忠実な書き方、英語的な綴りが定められ、これまでの正書法とは視覚的に全く異なったものとなった。

ところがこの試みは失敗し、結局またドイツ語的な書き方を前提とした正書法に戻った。また、1948年の憲法改正議論の際には、それまで法的にはフランス語と同等の地位を持っていたドイツ語の地位をどうするのかが議論されたが、結局は言語に関する規定は棚上げにされた。フランス語が社会の上層部や知識階層の言語だったのに対して、ドイツ語は民衆に密着した言語であり、一時的な反ドイツ感情だけでドイツ語を公用語から外すというのは当時の状況から見ても非現実的だったのである[13]。

結果的に、これら一連の出来事は、第二次世界大戦後の反ドイツ・ドイ

---

10) Hoffmann, F.（1979）p. 36; Scheidweiler, G.（1988）p. 234; トラウシュ（1999）p. 165. なお、この逸話は後に言語と国民を結び付ける言説として再生産されていく。詳細は5章。
11) Kramer, J.（1994）p. 395.
12) 第二次世界大戦後の正書法改革については、3章に詳述。
13) Kramer, J.（1994）p. 395. 憲法の言語に関する規定（29条）は、1984年の言語法の制定まで空白となった。

ツ語感情が随所に見られるルクセンブルクにおいて、皮肉にもドイツ語、特に書き言葉としてのドイツ語の存在が必要不可欠であることを示すこととなったのである。

2節　国語としてのルクセンブルク語

1. 法的な地位[14]

　ルクセンブルクの憲法では、1848年以来、1948年の改正まで、第29条でフランス語とドイツ語が公用語として規定されていた。1984年の言語法（言語の規制に関する1984年2月24日の法、Loi du 24 février 1984 sur le régime des langues）によって初めてルクセンブルク語が国語（langue nationale）として法律で規定される[15]。この法律の立法の経緯からして、第1条はルクセンブルク国外、とりわけ隣国ドイツに対して、ルクセンブルクに独自のルクセンブルク語という言語の存在を示すことを目的としていた。
　さらに、第4条において行政上の申請書はフランス語、ドイツ語、ルクセンブルク語のいずれを使用して記載してもかまわず、それに対して役所は「可能な限り（dans la mesure du possible）」申請者の選択する言語で回答する、としている[16]。すなわちここで、ルクセンブルク語は事実上の公

---

14) 詳細は5章。
15) 言語法第1条は次のようになっている。"La langue nationale des Luxembourgeois est le luxembourgeois."
16) 言語法第4条は次のようになっている。"Lorsqu'une requête est rédigée en luxembourgeois, en français ou en allemand, l'administration doit se servir, dans la mesure du possible, pour sa réponse de la langue choisie par le requérant."

用語としての地位を与えられている。これは、ルクセンブルク語に公文書レベルでフランス語やドイツ語と同等の地位を与え、今後書き言葉として育成していきたいという考えと、フランス語やドイツ語の読み書きには慣れているもののルクセンブルク語の読み書きには不慣れな民衆の声との妥協の結果であったといえる。

2. ナショナリズムと言語

　ルクセンブルク語はルクセンブルクの国語である、という。では、国語とはどのようなものと考えることができるのであろうか。そもそも、国語（langue nationale）の根幹となるネイションとはどのように定義されるのであろうか。英語の「ネイション（nation）」、フランス語の「ナシオン（nation）」、ドイツ語の「ナツィオン（Nation）」がどれもラテン語の natio に由来しているにもかかわらず、それぞれ与えられているニュアンスは異なるため、定義するのは難しい。

　ネイションを作り上げる運動もしくは思想、すなわちナショナリズムについて、今のところ最も有力な定義として、E. ゲルナーの「ナショナリズムとは、第一義的には、政治的な単位と民族的な単位とが一致しなければならないと主張する一つの政治的原理である[17]」が挙げられる。そしてゲルナーは次のように続ける。

> 　感情としての、あるいは運動としてのナショナリズムは、この原理によって最も適切に定義することができる。ナショナリズムの感情とは、この原理を侵害されることによって喚び起こされる怒りの気持ちであり、また、この原理が実現されたときに生じる満ち足りた気分である。ナショナリズムの運動とは、この種の感情によって動機づけられたものにほかならない。[18]

---

17) ゲルナー（2000）p. 1.
18) ゲルナー（2000）p. 1.

ゲルナーはナショナリズムについて近代主義、すなわち産業化によって多様に分断されていた文化が次第に標準化され、その結果均質な文化共同体としてのネイションが生じたという立場である[19]。すなわち、民族というものも、ゲルナーに言わせれば「国家と同じように偶然の産物であって、普遍的に必然的なものではない[20]」となり、近代的なものであるということになる。ではゲルナーにとって、民族とはどのように定義されるであろうか。ゲルナーは次の2点を民族の定義として挙げている。

> ①二人の人間[21]は、もし彼らが同じ文化を共有する場合に、そしてその場合にのみ、同じ民族に属する。その場合の文化が意味するのは、考え方・記号・連想・行動とコミュニケーションとの様式から成る1つのシステムである。
>
> ②二人の人間は、もし、彼らがお互いを同じ民族に属していると認知する場合に、そしてその場合にのみ、同じ民族に属する。換言するならば、民族（ネイション）は人間が作るのであって、民族とは人間の信念と忠誠心と連帯感によって作り出された人工物なのである。[22]

ではゲルナーにとっての文化とは何か。ゲルナーは次のように説明する。

> 暫定的に受け入れられる文化の基準は、言語であろう。それは必須というのではないが、少なくとも文化の十分な試金石であろう。[23]

---

[19] 佐藤（2009）p. 46.
[20] ゲルナー（2000）p. 11.
[21] 本書で参照している日本語訳では「男」とされているが、本書では本来の趣旨である「人間」という訳をあてた。
[22] ゲルナー（2000）p. 12.
[23] ゲルナー（2000）p. 74.

ゲルナーのこの考えからすると、暫定的とはいえ、文化を言語と言い換えることが可能になる。矢野（2009）が論じているように、ゲルナーにとって、ナショナリズムとは、「言語的＝政治的＝民族的単位の一致を目指す政治原理[24]」ということができる。

次に、ナショナリズムの主体となる、もしくは目指す対象となる、ネイションについての定義を考えたい。ドイツの社会言語学者 U. アモン（Ulrich Ammon）は、ネイションというものは「共通の歴史、共通の文化、共通の伝統、共通の慣習を持った、または持っていると信じており、たいていの場合（ただし常にではなく）共通の言語によって結び付けられた人々」であり、さらに、「同じネイション（場合によっては同じ民族（Volk）でもある）に属していると感じている大きな集団が構成する[25]」ものであると定義している。また、O. ライヒマン（Oskar Reichmann）は、「ネイションは同時に、行政、軍隊、経済、教育システムの中でもっとも高度に歴史的に現実化した広がりを持つ共同体（Gemeinschaft）である[26]」としている。すなわち、ネイション内部の個々人や集団の地域（出身地）的、階級的、歴史的な違いを超え、内部の構成は相対化され、ネイションという集団への帰属を提供するのである[27]。

では、言語とナショナリズムについてはどう考えるべきであろうか。次の引用に示すように、米国の社会言語学者 E. ハウゲン（Einar Haugen）は、ネイションというものは独自の言語を持とうとする、としている。

---

24) 矢野（2009）p. 11.
25) Ammon, U.（1995）p. 33.
26) Reichmann, O.（2000）p. 439.
27) もちろん、国家（Staat）とネイション（Nation）の境界線が必ずしも一致するわけではなく、国境線をまたいで同じネイションが存在することもあれば、1つの国家の中に複数のネイションが存在することもある。さらに、スイスやベルギーのように、言語の面だけで見れば複数のネイションが存在しているような国家が、その国家で1つのネイションを作ろうとすることも考えられる。

2節　国語としてのルクセンブルク語

ナショナリズムは、(中略) 外部との区別を促進する傾向にあった。言語においては、これは唯一の言語を持つだけでなく、自分たちだけの言語を持とうという衝動を意味する。このことは、人々を自動的に、忠誠を壊しかねない他の人々から引き離すのである。[28]

また、J. ブロンマールト／J. フェルスフエレン (Jan Blommaert / Jef Verschueren) は、独自の言語がないと独立した国家 (国民) であることに対して疑問を投げかけられることになりかねないこと、独自の言語を基礎に持つ集団こそが真のエスニック・グループとして認識されると指摘している[29]。ブロンマールトは、この現象をシルバーステインの用語を用いて「単一言語イデオロギー (monoglot ideology)」と呼び、「『純粋な』標準語と、民族言語的に定義された (ethnolinguistically defined) 人々のメンバーシップと、民族言語的に同質なこれらの人々によって占められた特定の地域との関連に基づく」ものと述べている。そして国家自身が「言語 (language) ＝民衆 (people) ＝国 (country)」という理想化のための管理者となる、と指摘している[30]。この指摘は、前述したゲルナーの定義と大きな違いはない。そしてルクセンブルクについても、三言語併存という形態ではあるが例外ではない。民族と国家と言語が相互に重なり合うべきである、すなわちルクセンブルク人の母語はルクセンブルク語であるという、国民国家的なイデオロギーが時間をかけて作り上げられたのである。

次に、すでにナショナリズム論の古典となっているアンダーソンの『想像の共同体』について簡単に取り上げたい。アンダーソンは、出版語の登場が国民意識の基礎を築いたとし、「かれら (国民) は、かれらのこの特定の言語の場には、数十万、いや数百万の人々だけがこの場に所属するのだということをしだいに意識するようになっていった[31]」と述べている。

---

[28] Haugen, E. (1966) p. 245、訳は筆者。
[29] Blommaert, J. / Verschueren, J. (1998) pp. 192-193.
[30] Blommaert, J. (2006) p. 19.
[31] アンダーソン (1997) p. 84.「(国民)」は筆者による。

すなわち、出版資本主義の発生によって、新聞・雑誌や本などが流通し読まれるようになり、面識のない人々の間で「想像の共同体」が形成され、それが国民意識につながる、とした。

　しかし、出版語とはその共同体に特有のものであるかというと、必ずしもそうではない。ルクセンブルクにおいては長年、出版語、特に新聞の言語はドイツ語であり続けた[32]。一方で、ルクセンブルク語は（その名の示す通り）国民、もしくは言語共同体を表象する言語として意識され、育成されてきた。このことはどのように説明されるだろうか。例えとして、タイ語と大変近い関係にあり、ラオスで用いられるラーオ語（ラオス語）についての先行研究を見てみたい。矢野（2009）は、東南アジアのラオスにおける言語ナショナリズムを論じるなかで、言語を表象の機能とコミュニケーションの機能に分け、アンダーソンがコミュニケーション機能を重視している点を批判する[33]。すなわち、出版資本主義を重視するのであればラオスにおいてはタイ語が国語であってもよかったのにもかかわらず、ラーオ語を国語として育成してきたことを説明できないとする[34]。その上で矢野は、多くのアウスバウ言語（造成語）[35]において見られると断った上で、ラーオ語は隣の大言語であるタイ語との違いを強調することによって実像を浮かび上がらせ、「我々の言語」と「彼らの言語」の関係を「ラオス国民」と「タイ国民」の関係と同一視し、その過程において言語は国民の表象として意識されると論じている。

　ラオスでは現在ラーオ語が読み書きに用いられていることなど、状況や

---

[32] フランス語教育を十分に受けた教養層においてはフランス語も用いられていた。
[33] アンダーソン（1997）pp. 210-211.「言語を、国民というものの表象として、旗、衣装、民族舞踊その他と同じように扱うというのは、常に間違いである。言語において、そんなことよりずっと重要なことは、それが想像の共同体を生み出し、かくして特定の連帯を構築するというその能力にある。（中略）言語は排斥の手段ではない。」
[34] 矢野（2009）pp. 15-18. なお、矢野は「国語」ではなく「国民語」という用語を用いているが、本書では統一性を持たせるために便宜的に「国語」としている。
[35] アウスバウ言語とは、ある相対的に大きな言語の方言とされる変種が、独立した言語となることである。Kloss, H.（1978）p. 25.

歴史的文脈はルクセンブルクとは異なる。しかし、ルクセンブルク語もドイツ語との違いを意識することによって、さらにそれが故郷、国民という共同体を意識させることによって、民衆に定着してきた言語である。田原（2010）が19世紀のルクセンブルク語を言語の実体としてよりも、むしろ国民や言語共同体を想起させる「思想」として論じた理由はここにあろう[36]。

3. ルクセンブルクにおける国民意識の形成と言語意識

ルクセンブルクは、1839年のロンドン条約によって、歴史の中で半ば偶発的に成立した近代国家であった。このことは、ルクセンブルクというネイションを作ろうとして作られたものでも、ルクセンブルク人という民族、またはネイションが国家を作ったものでもないことを示している。すなわち、国家（Staat）がまず存在し、それを基礎にして徐々に国民意識（Nationalgefühl）が作られたといえる。

国民意識という集合的な記憶を形成する際、共通の過去を語ることによって、帰属する国家や民族の歴史と自己を同一化させる作業がしばしば行われる。すなわち、ネイションを言説によって構成される共同体と考えるものである[37]。ルクセンブルクの場合、近代国家が成立したのは1839年であるが、その歴史を963年の中世まで遡り、外国による支配を経て、三度にわたる国家の分断を経験し、今日のゲルマン語圏（ドイツ語圏）のみからなる近代国家へと至ったとするものである[38]。この歴史記述をペポ

---

[36] 田原（2010）p. 12.
[37] 佐藤（2009）。ネイションの意味や概念がどのように構築され、解釈されていくのかを分析する研究上の手法である。
[38] 963年にジークフロイトが城塞を建設し、ルクセンブルク家が支配、1443年からブルゴーニュ家、ハプスブルク家、ブルボン家、再度ハプスブルク家の外国の領主によって支配され、1795年からはフランス革命によるフランスの支配下におかれ、1815年のウィーン会議の結果国家が「再生」し、1830年のベルギー革命、1839年のロンドン条約を経て現在の領土となり、1890年にルクセンブルク独自の国家元首を

ルテらは国民の「主たる物語 (master narrative)」とし、近代ルクセンブルクの教育、文化活動など様々な場で生産され、消費され、一方で主たる物語から外れたものは歴史認識からは排除されがちであることを示している[39]。

またペポルテらは、ルクセンブルクの歴史記述の言説形成には「求心力 (centripetal)」と「遠心力 (centrifugal)」の2種類の戦略があったとしている。求心力の言説形成戦略は共同体の過去と故郷 (Hémecht) もしくは母国 (Vaterland) を結び付けようとするものであった。すなわち、ルクセンブルク人というエスニックな集団が古くから存在したかのような言説が形成され、国境線内部の国民を意識させるものであった[40]。一方、遠心力の言説形成戦略は、1980年代以降、独仏国境地域[41]の、さらにはヨーロッパの中心へとルクセンブルクが躍り出て、模範的なヨーロッパ人像を自ら表象することで意識を国境線の外へ向かわせようというものである[42]。

国民意識が生まれ、再生産されていくとともに、言語に対する意識も徐々に変化していったと考えられる。フランス語は、公用語として、また知識層の間では使用されていたが、ロンドン協定によりフランス語圏を切り離されたことにともなって、民衆の言語はドイツ語のモーゼル・フラン

戴く、というものである。また、国家の分断については、1659年に南部地域をフランスへ、1815年に東部地域をプロイセンへ、1839年に西部地域をベルギーへ割譲したという流れである。なお、三度にわたる分裂の地図は巻末資料に掲載。
39) Péporté, P. et al. (2010) p. 3.
40) このような言説は今日においても見られる。例えば、トラウシュ (1999) 5頁の次の言葉が好例であろう。「外国人のこの国にかんする知識は、外交官やジャーナリストなどの情報通でさえ、きわめて不完全である。この小国が、いまから10世紀も前の中世の時代に、堂々の威を張って、れっきとした国家として存在していた事実など、ほとんど知られていない。」
41) Saar-Lor-Lux、もしくはGroussregionと呼ばれ、ルクセンブルクを中心としてドイツのザールラント、フランスのロレーヌ、さらにドイツのラインラント・プファルツ、及びベルギーのワロン地域である。ここではルクセンブルクが地理的・経済的に中心に位置する。
42) Péporté, P. et al. (2010) pp. 131-225.

ケン方言のみとなった[43]。したがって、方言の点から見ても、国内で意思疎通が不可能なほどの違いはなかった。しかし一方で、ルクセンブルクの言語はドイツ語の一方言という位置づけには変わりはなく、言語的にはドイツ側のビットブルクやトリーアの方言と連続体としてつながっており、明確な違いはなかった[44]。また農業国であったこともあり、小国であるにもかかわらず国内の各地域でそれぞれの方言が話されていた。これではドイツ語との明確な区別はつかず、ルクセンブルク語という「国語」を主張することはできない。

そこで、前述のハウゲンが指摘するように、外部との区別を促進し、唯一の言語を持つだけでなく、言語的にも独自の言語を持とうという考えが生まれてくる。国民意識は母語意識を育み、やがては国語の意識にまで変容させた。これは、「言語が違うから民族も違うのだ」という発想とは逆の、「違う民族だから言語も違うべきだ」という考え方であり、結果として彼らの言語はモーゼル・フランケン方言の一部ではなく、ルクセンブルク語という1つの言語である、と考えに至った。

19世紀の間は、ルクセンブルク語がドイツ語とは異なった名称を持つ、独立した言語であるという認識はまだなかった。しかし、国民意識と言語を結び付ける動きは19世紀から出てくる。1847年にはJ.-F. ガングラー（Jean-François Gangler）によって辞書が出される（*Lexicon der Luxemburger Umgangsprache*[45]）。ガングラーはこの中で、「ルクセンブルクの言語（Luxemburger Sprache）は、オランダ語と同様にゲルマン語に属し、また、236あるドイツの方言（Mundarten）に属する[46]」としている。詩人であったディックスは、1855年に「ルクセンブルクのドイツ語方言（Luxemburger deutsche Mundart）」という言葉を用いているが、同時に方言で書くことに

---

43) ただし、北部の方言はケルンやアーヘンに見られるようなリプアリア方言の色彩が強い。Kramer, J.（1994）p. 392.
44) Kramer, J.（1994）p. 392.
45) この辞書は首都ルクセンブルク市の方言をもとに作られたものであった。
46) Gangler, J.-F.（1847）p. 1.

よってルクセンブルクの独自性を表そうとしている[47]。一方、同じ1855年、P. クライン（Peter Klein）は著作 *Die Sprache der Luxemburger*（ルクセンブルク人の言語）において、「我々の方言（unser dialekt、unsere mundart）」だけでなく「我々の言語（unsere sprache）」も並行して用い、「ルクセンブルク人のネイションの形成（nationale (n) bildung für den Luxemburger）」、「我々のナショナリティ（unsere nationalität）」などの言葉を用いている。しかし、このようにルクセンブルク人の独自の言語意識を表現してはいるものの、ルクセンブルク人のドイツ性は否定していない[48]。このような点から、19世紀においては、まだドイツ語の一方言という意識からは抜け出していなかったが、同時に、徐々にルクセンブルク人にとってルクセンブルク語は標準ドイツ語とは別の、ルクセンブルクに特有な存在となっていったことがわかる。P. ギレス／C. ムラン（Peter Gilles / Claudine Moulin）によると、フランス語とドイツ語が書き言葉では主要な言語であり続けたのに対し、20世紀初頭にはすでにルクセンブルク語は話し言葉として主要な地位を占め、国民の象徴的な存在となっていた。すなわち、この時すでに三言語併存状態になっていた。これには、19世紀後半にルクセンブルクの独立が隣国フランスやドイツによって幾度も脅かされてきたことや[49]、国立の研究機関の設立などによる共通の歴史の認識が広まったことなどが大きく影響していると考えられる。1910年には、フランスやドイツのナショナリズムに刺激を受けたL. ケーニヒ（Lucien Koenig）を中心としてナショナリズムを訴えるグループである

---

47) Gilles, P. / Moulin, C.（2003）p. 307.
48) Klein, P.（1855）p. IV. "Wenigstens wird der unbefangene leser überzeugt werden, dasz das Luxemburger volk, wie seine Sprache, durchaus deutsch ist."
49) トラウシュ（1999）pp. 101-111. 1867年、フランスのナポレオン3世が当時ルクセンブルクを領有していたオランダ国王ウィレム3世に対してルクセンブルク領土の売却を持ちかけ、オランダ国王が一度はそれを承認したことや、1872年には鉄道の領有権がプロイセンの手に渡り、ドイツ国内ではルクセンブルクの併合が論じられたことなどが挙げられる。

d'Letzebuerger nationalunio'n が結成されるなどの動きがあった[50]。彼らはそれまでルクセンブルク語を指していた"Platt"や"Lëtzebuerger Däitsch"などの呼称を止めさせ、"Lëtzebuergesch"を用い、ルクセンブルク語の地位の強化を主張した。しかしこの団体は極端なナショナリズムを行動原理の基盤としていたこともあり、支持は得られなかった。そしてルクセンブルク特有の方言がルクセンブルク人を代表する言語「ルクセンブルク語」であるというコンセンサスを得るには、ナチス・ドイツによる占領まで待たなければならなかった。

4. 共通語とその意義

ルクセンブルクには、その国土の小ささにもかかわらず、地域によっていくつもの言語的変種がある。しかし、20世紀初頭からは国内共通語の存在が指摘されている。これはいわゆる標準ドイツ語ではなく、ルクセンブルク内部での共通語である。これに関連し、前述のハウゲンは、ネイションの特徴として、次のように述べている。

> ネイションは内部の相違を最小化し、外部との相違を最大化する。個人の、また地域的なアイデンティティに、ネイションは、その人自身をネイション内の他の全ての人と同一に扱い、そしてネイションの外の全ての人と分けることによって、ナショナルなアイデンティティを重ね合わせる。(中略)理想的なのは、内部の結束(internal cohesion)と外部からの区別(external distinction)である。[51]

ルクセンブルクという国家、行政システム、その中で行われる経済活動、そして言語によって19世紀後半を通じて育まれた国民意識は、母語に対

---

50) Hoffmann, F. (1979) p. 10.
51) Haugen, E. (1966) p. 244、括弧と訳は筆者。

する意識をも育むと同時に、国内の超地域的な言語変種の生成を促した。その変種はギリシャの共通語の概念をもとにコイネー（Koiné もしくは Koinè）と呼ばれ、今日までその呼称が用いられている。これは、19世紀末頃からの製鉄業が盛んになってきたことで南部の工業都市への人口移動と、それに伴って国内の人の動きが促進されたことが大きく関わっている[52]。すでに 1910 年の時点で、R. エンゲルマン（René Engelmann）はルクセンブルク北東部のフィアンデン方言について記述した際、コイネーについて次のように述べている[53]。

> Das bedürfnis einer gemeinsamen umgangssprache hat hierzulande infolge unserer politischen selbständigkeit und des offiziellen bilinguismus an der hochdeutschen schriftsprache vorbei zur entstehung einer über den lokalmundarten stehenden koinè geführt.
>
> この国には共通の話し言葉の必要性があり、我々の政治的な独立と公的な二言語主義の結果、標準ドイツ語の書き言葉を通り越して、土着の方言の上位に位置するコイネーが出現した。[54]

エンゲルマンによれば、コイネーとは南部に位置する首都ルクセンブルク市の方言の影響を受けた、ルクセンブルク市より北に位置するアルゼット渓谷（Alzettetal）の方言を指し、アルゼット渓谷付近の住民や、ルクセンブルク各地からやってくる役人やビジネスマンの日常言語（Alltagssprache）である。同時に普段は地域の方言を用いている人が他の地域の人と話す際に、自らの方言の特色を隠すために用いる予備言語（Reservesprache）であるとされる[55]。エンゲルマンは、あくまでルクセン

---

[52] 田村（2002）p. 65.
[53] エンゲルマンのコイネーについては4章でも触れている。
[54] Engelmann, R.（1910）p. 10、訳は筆者。
[55] Engelmann, R.（1919）p. 10.

ブルクで用いられる言語は公的にはフランス語とドイツ語であるとしているが、20世紀初頭にはすでにドイツ語ではない、ルクセンブルク特有の共通語の存在が意識されていたことがわかる。

さらに、エンゲルマンより50年ほど後、言語学者R. ブルッフ（Robert Bruch）は共通語コイネーについて次のように述べている。

> Allerdings hat sich seit dem Beginn des 20. Jahrhunderts eine Art von Koinè oder basic Luxemburgish hierausgebildet, und zwar zunächst in der Hauptstadt und in den administrativen Zentren, dann in allen großen Ortschaften, die allmählich längs der großen Straßen und der hauptsächlichsten Bahnlinien, besonders im Erzbecken entstanden.
>
> 20世紀の初めからコイネー、または基本ルクセンブルク語（basic Luxemburgish）の類のものが形成された。まずは首都で、そして行政の中心で、その後に大きな集落に、しだいに大通りや主要な鉄道に沿って出来上がった。[56]
>
> Die Gemeinsprache ist vielmehr das Produkt eines langsamen Ausgleichs zwischen allen bodenständigen Ortsmundarten.
>
> 共通語は全ての土着の方言の間でのゆっくりとした均質化の産物である。[57]

コイネーに関して、解釈に若干の違いは見られるものの、エンゲルマンとブルッフの説明から、国内の土着の方言の他に超地域的な変種が20世紀の初頭には存在、または少なくともルクセンブルク人の言語意識の中に存在していたことが明らかになってくる。ルクセンブルク特有の共通語の存在は、ハウゲンの言うところの「内部の相違の最小化」の一歩であり、また同時に、標準ドイツ語がいわゆる超地域的な変種となるドイツ側に対

---

56) Bruch, R. (1955) p. 109、訳は筆者。
57) Bruch, R. (1955) p. 110、訳は筆者。

しては「外部との相違の最大化」の一歩と考えられる。すなわち国語としてのルクセンブルク語、概念的な形での統一言語（Einheitsprache）への構造の変化を起こし始めたといえる。

ライヒマンは、国語の発生と、ばらばらであった変種群が上位の変種へと向かう様子を次のように説明している。それは、ある1つの変種が主導的な変種（Leitvarietät）となると（事実上それは文学語（Literatursprache）である）、多様な変種が急速に構造の変化を引き起こす。すなわちそれは、ある言語の地域的、社会的、状況的、中間的な形態の体系全体の構造の変化であるとしている。ライヒマンはこれを言語の「垂直化（Vertikalisierung）」と呼んでいる[58]。垂直化の結果、それまでは空間的に水平の関係（horizontales Nebeneinander）だったものが、「国語」が発生するとそれは垂直の関係（vertikales Übereinander）になる。

＜垂直化の起こる前＝各変種間の関係・影響は水平＞

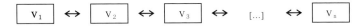

V＝変種、 ⟷ は相互の水平的な影響

＜垂直化の後＞

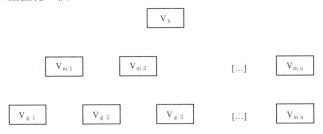

h＝上位（hochschichtig）、m＝中位（mittelschichtig）、
g＝低位（grundschichtig）

(Reichmann, O.（2000）S. 457-458)

---

58) Reichmann, O.（2000）p. 457.

ライヒマンは、主導的な変種になるのは高い威信を持ち、言語ネイションのアイデンティティ化（sprachnationale(n) Identifizierung）に役に立つ変種[59]（文学語が主である）であるとしている。垂直化の起こる前は、それぞれの変種の間は「理解できる／理解できない」「似ている／似ていない」という基準でしか見られなかったのに対し、垂直化後は、「高尚／日常的」「正しい／間違っている」そして何よりも「上／下」の関係になる[60]。ルクセンブルク語に垂直化が起きたと考えると、主導的な変種、または上位（hochschichtig）の変種にコイネーが相当すると考えられる。ライヒマンの考え方を用いれば、ブルッフが「ドイツ語はフランス語に勝るとも劣らず外国語として感じられ、方言話者（Mundartsprecher）にとって意識された模範には決してならない[61]」と述べていることや、ルクセンブルクのドイツ国境の町ヴァッサービリヒとモーゼル川の国境を挟んだドイツ側の町イーゲルの方言は「方言的」にはほとんど差がないにもかかわらず、双方で「上位」とするものがすでに異なっているために、その言語使用に違いが生じているという説明が可能になる[62]。

5. ルクセンブルク語の標準化

　ルクセンブルク語は話し言葉の領域で地位が徐々に確立し、国民の象徴的な存在となっていった。これはすでに見た通り、ドイツ語の「方言」の1つではなく、1つの「言語」であるという認識に至る。まず話し言葉と

---

59) Reichmann, O.（2000）p. 457.
60) Reichmann, O.（2000）p. 457.
61) Bruch, R.（1955）p. 110. ここでいう方言話者（Mundartsprecher）は、文脈上、ルクセンブルク語話者一般を指している。
62) しかし、この考え方にも問題はある。というのは、共通語コイネーの存在はあくまで話し言葉の次元での話であり、三大詩人のようにルクセンブルク語を書くという例外はあっても、書き言葉においてはフランス語とドイツ語が高い地位を持ち続けていたためである。また、ルクセンブルク語がドイツ語やフランス語のような規範を与えられ標準化されることをルクセンブルク人自身が望んでいたかどうかにも疑問が残る。

して、階層や年齢を問わずあらゆる領域で使われるようになるが、この流れの中で一部に規範・標準化への要求、さらにその中には書き言葉としての使用に耐えうる言語への要求が出てくる。この流れについて、ハウゲンは次のように指摘している。

> 自尊心を持つすべてのネイションは、1つの言語を持とうとする。それは単なるコミュニケーション手段でもなく、「土着語（vernacular）」でも「方言（dialect）」でもなく、完全に育成された（fully developed）言語である。[63]

ハウゲンによる、「完全に育成された」言語にする作業とはどういったものであろうか。それは次のような過程によってなされるとしている[64]。

① 規範とすべき言語変種を選ぶ（Selection）
② それをコード化（標準化）する（Codification・Standardization）
③ 教育等において広める（Implementation）
④ 機能の発展等の近代化をする（Elaboration）

これを表にすると以下のようになる。

	形態 Form（言語計画）	機能 Function（言語の文化）
社会 Society（ステータス計画）	1. 選択 Selection（決定の過程） a. 問題の特定 b. 規範の選択	3. 実施 Implementaion（教育の過程） a. 修正 b. 評価
言語 Language（コーパス計画）	2. コード化 Codification（標準化） a. 文字による表記 b. 統辞法 c. 語彙	4. 近代化 Elaboration（機能の発展） a. 用語の近代化 b. 文体の発展

(Haugen, E.（1983）p. 275、カルヴェ（2000）p. 25)

---

63) Haugen, E.（1966）p. 244、訳は筆者。
64) Haugen, E.（1983）p. 270.

2節　国語としてのルクセンブルク語

　このモデルをルクセンブルク語にあてはめて考えてみると、第一の規範とすべき言語変種というのは、近代国家成立後に徐々に作られてきた、民衆の概念にある共通語であるコイネーということになるであろう。

　次にコード化（標準化）であるが、これは言語そのものに手を入れるコーパス・プランニング（corpus planning）と呼ばれる作業の1つで、S. ライト（Sue Wright）によると「形式において最小のバリエーション、機能において最大のバリエーション、すなわちコミュニケーションの共同体内での誤解の最小化であり、国民生活全ての領域における効率の最大化[65]」であるとされている。すなわち国民の誰もが理解できる標準語を作る作業であり、結果として多くの場合は言語共同体の存在を固定化するものである[66]。書き言葉の存在こそがその言語に独立した言語であるという保証を与えられる。そのため、標準化で問題になるのは、話し言葉よりも書き言葉である[67]。

　言語の標準化のプロセスを、ハウゲンは「規範文法化（grammatication）[68]」と呼び、「コード化の典型的な産物は、規範的な（prescriptive）正書法、文法、辞書である」と述べている。また、ムランは、ルクセンブルク語の規範文法化について、正書法（Orthographie）、語彙（Lexikographie）、その後に文法（Grammatik）が来る、としている。そしてそのような言語の標準化とは、「高度に政治的でイデオロギー性を伴った仕事であり、権威の使用する独断的な規範を課す[69]」ものである。

　なお、現代のルクセンブルク語では、正書法、文法、辞書は揃いつつあ

---

65) Wright, S.（2004）p. 52.
66) 田原（2007）p. 77.
67) 田原（2007）p. 85.「チェコ語とスロバキア語との境などは、明確にそれぞれを区別する唯一の要因は書きことばの存在であり、（中略）そしてこの書きことばの存在そのものが人為的操作のたまものなのである」
68) Haugen, E.（1983）p. 271 ; Moulin, C.（2005）p. 315、なお、A. メイエ（Antoine Meillet）の言う文法化（grammaticalisation）と区別するため、本書では「規範文法化」という訳をあてた。
69) Wright, S.（2004）p. 53.

る。教育等において広めるというのは、標準語を使うことを奨励、もしくは要求し、他の言語や方言を用いることを妨げるような教育や法律、規則等によって推進される[70]。ルクセンブルクの公教育では、ルクセンブルク語は義務教育とはいえ初等教育と中等教育の最初の年まで週1時間が割り当てられているのみである。教育で主に用いられる言語がドイツ語やフランス語であることから、ルクセンブルク語は教育において必ずしも重視されていないことがわかる[71]。

次の「近代化」は、言語の機能的な発展、すなわちあらゆる分野での使用に耐えられるようにすることを指す。これには、用語の近代化（terminological modernization）と様式の発展（stylistic development）がある。ギレス／ムランは、ルクセンブルク語の近代化については、これまで中心的な話題になったことがないことを挙げている[72]。これに従うならば、ルクセンブルク語は標準化の最終段階である近代化にまでは十分に至っていないことがわかる。すなわち、ルクセンブルク語をどのように書くのが正しいのか、明確な基準が確立されていないのである。

これまで、ハウゲンのモデル等に基づいてルクセンブルク語の標準化を分析してきたが、注意しなければならないのは、ルクセンブルク政府はルクセンブルク語に標準語を与えて運用していくことに対してほぼ一貫して消極的だったことである。政府は、話し言葉においては行政機関自らもルクセンブルク語を様々な場で公的に用いているが、それ以外では、あくまでフランス語やドイツ語の能力の維持を優先している。政府にとって、ルクセンブルク語は国民統一の象徴としての言語（Einheitsprache）ではあっても、規範を与えた標準語（Hochsprache）になることには消極的であったといえる。

---

70) Kaplan, R. B. / Baldauf, R. B.（1997）p. 36.
71) もっとも、ルクセンブルク語によって外国人の社会統合を目指そうという近年の動きを考えると、この状況は徐々に変化しつつあるともいえる。
72) Gilles, P. / Moulin, C.（2003）p. 231.

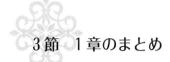
3節　1章のまとめ

　19世紀前半に近代国家ルクセンブルクが成立して以来、徐々に「ルクセンブルク人」という国民が作られてきた。それと同時に、土着のドイツ語方言が国民を象徴する言語「ルクセンブルク語」として成立した。特に、ドイツ語とは異なった国内独自の共通語コイネーの存在が意識されるようになると、もはやルクセンブルクという言語共同体の成員にとって母語はドイツ語の一方言ではなく、ルクセンブルク語という独自の言語となっていった。

　ある言語が近隣の言語から独立した存在として見なされるには書き言葉を近代的な標準語として確立する必要がある。ルクセンブルク語はルクセンブルク国民という後ろ盾があるにもかかわらず、フランス語、ドイツ語という公用語の存在もあることから、標準化が達成されているとは言いがたい。教育においても、フランス語とドイツ語は徹底的に教え込まれるが、ルクセンブルク語は読み書きを習得させることはない。ルクセンブルク語は国民を象徴する言語ではあっても、規範を与えられた標準語とすることに政府が一貫して消極的であったこともその要因である。

　本章では、ルクセンブルク語がルクセンブルクを表象する言語となっていった過程を見てきた。しかし、幾度も言及しているようにルクセンブルクはフランス語、ドイツ語を（そして現在はルクセンブルク語も）公用語とする多言語社会である。次の章では、社会言語学の古典的な理論を用いてフランス語、ドイツ語、ルクセンブルク語の3つの言語がどのような関係にあるのかを示す。さらに、ルクセンブルク人にとってこれらの言語がどのように意識されるのかを考える。

2章 三言語併存と言語意識

ルクセンブルクではルクセンブルク語を育成してきたにもかかわらず、書き言葉としてはフランス語やドイツ語が使用され続けている。この結果、ルクセンブルクの内部、外部双方からルクセンブルクは母語＋2つの外国語を使いこなす、三言語併存（Triglossie・トリグロシア）、もしくは一般的に三言語状態（Dreisprachigkeit）の多言語社会として言及されてきた。

　本章では、そういった多言語状態について、C. ファーガソン（Charles Ferguson）の二言語併存（diglossia・ダイグロシア）の概念を用いて考察する。さらに、ルクセンブルク語の単一言語性に根ざす言説と、フランス語やドイツ語の運用能力という多言語性に根ざす言説について検討する。

1節　三言語併存

1. 実際の使用

　ルクセンブルクは一人一人がフランス語、ドイツ語、ルクセンブルク語を用いるが、それら3つの言語の使用される領域はある程度区分されている。ここでは、三言語が実際に使われる領域について、先行研究をもとに記述する。

　フランス語は、今日に至るまで唯一の立法言語とされ、行政機関の文書や公共施設の表示等にも用いられており、常にドイツ語よりも公的な場で用いられる言語である[1]。ドイツからルクセンブルクに入ると表示はいっせいにフランス語に変わり、そこはもはやドイツ語圏ではないという印象を強く与える。また、ルクセンブルクはフランス語を公用語とする国々を

---

1) Hoffmann, F.（1979）p. 33.

2章 三言語併存と言語意識

中心に構成される国際組織であるフランコフォニーの発足当初からのメンバーでもある。1843年に初等教育にフランス語教育が導入されて以来、学校教育の場では初等教育の早い段階からフランス語教育が始まり、中等教育の前半では一部の科目で、後半からはほとんどの科目で媒介言語としてフランス語が用いられる。一方で、ルクセンブルク人とフランス語圏から来た外国人、またはイタリアやポルトガルのようなロマンス語圏からの外国人とのコミュニケーション手段としてもフランス語は用いられる。企業の文書にも多く採用されるなど、多くの場面で書き言葉としても、話し言葉としても使用される[2]。現在のルクセンブルクにおいて、フランス語は、国内で最も通用する言語となっているといってよい。しかし、ゲルマン系の言語であるルクセンブルク語を母語とする人にとって、フランス語はドイツ語と比較して習得が難しく、能動的に使用する能力は話者の教育の度合いや社会階層と強く結び付いている。

　ドイツ語は、法的には長い間フランス語と並んで公用語の地位を持っているが、フランス語に比べるとその威信性は高くない。例えば、地方行政の文書ではドイツ語が用いられることが多いが、中央政府の文書ではフランス語が多用される。しかし、元来ドイツ語の方言とされたルクセンブルク語を母語とする人々にとって、ドイツ語はほぼ全ての民衆が理解できる書き言葉であるため、新聞等のジャーナリズムではドイツ語が多く用いられる[3]。学校教育では、初等教育からドイツ語教育が始まるだけでなく、教育の初期段階からほとんどの科目で媒介言語としても用いられる。ただし、ルクセンブルク社会全体ではドイツ語が話し言葉として用いられる場は限られており、学校教育現場や、長年にわたってドイツ語が用いられてきたカトリック教会、ドイツ語圏出身の外国人とのコミュニケーションの場において用いられる。

---

2) Fehlen, F. (2002) p. 91.
3) しかし今日ではフランス語の無料新聞も出るなど、新聞をはじめとしてドイツ語の独擅場ではなくなってきているのも事実である。

ルクセンブルク語は、ルクセンブルク人のアイデンティティの象徴と考えられている。話し言葉であれば、社会階層や場面を問わずルクセンブルク語話者同士で用いられる。ルクセンブルク語によるラジオ放送やテレビ放送もあり、近年は放送時間も増加している。議会での議論の際にもほとんどルクセンブルク語が使用されている。このように話し言葉としては広範囲において使用されるが、書き言葉としての整備は遅れており、公的な文書で使われることもあまりない。フランス語やドイツ語の習得が優先される学校教育の現場でも、ルクセンブルク語を書き言葉として積極的に使用する訓練はあまりなされていない。

2. 言語併存と言語使用

　ルクセンブルクにおいて三言語が日常的に使用されている状況を、ルクセンブルクの言語学者 R. ブルッフ（Robert Bruch）は、「三言語使用」（Trilingualismus）と呼んだ[4]。一方、H. クロス（Heinz Kloss）は「三言語併存」と呼び、ルクセンブルクにおける言語状況を表した[5]。
　ルクセンブルクの言語状況を説明するために、まずはファーガソンによるダイグロシア論を見ていきたい。これは、2つの異なる機能を持つ変種が一つの共同体に併存する状況を説明したものである。ファーガソンは、スイスのドイツ語地域におけるスイス・ドイツ語と標準ドイツ語、ハイチにおけるフランス語系のクレオールとフランス語、アラビア語圏におけるアラビア語の俗語とその古典語を例に挙げ、それぞれの前者を L 変種（low variety）、後者を H 変種（high variety）と呼び、2つの変種が1つの社会に併存する状態を二言語併存（ダイグロシア）として示した[6]。ファーガソンは両変種の関係を次のように述べている。

4）Bruch, R.（1953a）p. 95.
5）Kloss, H.（1978）p. 330.
6）Ferguson, C.（1959）p. 326.

ダイグロシアとは、比較的安定した言語状況のことである。その言語状況では、言語の主要な方言（それは標準形、もしくは地域的な標準形を含みうる）に加えて、非常に多岐にわたり高度に標準化された（しばしばその文法は大変複雑である）、上に重ねられた変種が存在する。その変種は過去の、もしくは他の言語共同体によって書かれた、多くの尊敬を集める文学の媒体となっており、また公教育によって広く学ばれ、多くの書き言葉や公式の場での話し言葉として用いられるが、日常会話では共同体のどの分野でも用いられることはない。[7]

　また、ファーガソンは、ダイグロシアの特徴としてL変種とH変種の間には機能（function）、威信（prestige）、文学遺産（literary heritage）、習得（acquisition）、標準化（standardization）、安定性（stability）、文法（grammar）、語彙（lexicon）、音韻（phonology）の点で違いがあることを示している[8]。

　ファーガソンのダイグロシア論で挙げられている例は、スイス・ドイツ語（L変種）と標準ドイツ語（H変種）のように、どれもL変種とH変種には言語的な近親性があることを前提としているが、ダイグロシアの概念は後に近親性のないものにも応用されるようになる。例えばJ.フィッシュマン（Joshua Fishman）は、二言語併存は「いくつかの『言語』を公式に認めている多言語社会においてのみ、また、口語変種と古典的変種を用いる社会においてのみ存在するのでなく、別々の方言、使用変種（registers）、すなわち、どういう種類のものであれ機能的に区別された言語変種を用いる社会においても存在する[9]」とし、例としてパラグアイにおけるグァラニ語（L変種）とスペイン語（H変種）を挙げている。また、フィッシュマンの考え方は厳密で、「言語をいくつかしゃべれる能力とい

---

7) Ferguson, C.（1959）p. 336、訳は筆者。
8) Ferguson, C.（1959）p. 326.
9) フィッシュマン（1972）p. 84.

う一特徴」としての二言語使用（bilingualism・バイリンガリズム）と、「ちがった言語もしくは変種に対する諸機能の社会的配分という一特徴である」ダイグロシアとを分けて考え[10]、その関係を次のような図で示した[11]。

	二言語併存（diglossia）	
二言語使用 （bilingualism）	＋	－
＋	1 二言語併存と 二言語使用の共存	2 二言語併存なしの 二言語使用
－	3 二言語使用なしの 二言語併存	4 二言語併存も 二言語使用もない状態

一方、H変種がL変種話者の多数によって用いられる場合と少数によってのみ用いられる場合、さらに両者の近親性の有無とで、クロスは次のモデルを用いて6つに分類している[12]。また、モデルAやBのようにH変種とL変種に近親性がある場合を「内部のダイグロシア（Binnendiglossie）」、モデルCやDのように近親性がない場合を、「外部のダイグロシア（Außendiglossie）」として区別している。

（1）L＝人口全体のL-言語形式（Sprachform）
（2）H＝成人したL変種話者の大部分によって第二言語として使われるH-言語形式
（3）h＝成人したL変種話者の一部によってのみ第二言語として使われるH-言語形式
（4）N＝LとH（もしくはh）が近親関係にある
（5）U＝LとH（もしくはh）が近親関係にない

---

10) フィッシュマン（1972）p. 93.
11) フィッシュマン（1972）p. 85.
12) Kloss, H.（1978）p. 323.

モデル A　　$\frac{L+H}{N}$　　例：スイスのドイツ語地域
　　　　　　　　　　　　　L＝スイス・ドイツ語、H＝標準ドイツ語

モデル B　　$\frac{L+h}{N}$　　例：ハイチ
　　　　　　　　　　　　　L＝クレオール語、h＝フランス語

モデル C　　$\frac{L+H}{U}$　　例：パラグアイ
　　　　　　　　　　　　　L＝グァラニ語、H＝スペイン語

モデル D　　$\frac{L+h}{U}$　　例：1700年頃のドイツ
　　　　　　　　　　　　　L＝ドイツ語、h＝フランス語

モデル E　　$\frac{\underline{HのないL\&LのないH}}{N}$　　例：1600年頃のウクライナにおけるポーランド人の上層階級と土着の下層階級

モデル F　　$\frac{\underline{HのないL\&LのないH}}{U}$　　例：植民地に多く見られる状況で、1900年頃のツァーリズム時代シベリアや中央アジア、1950年頃のケニア、1960年頃のアンゴラなど。

　クロスによれば、ダイグロシアという概念は、集団の構成員によって是認され、L変種にもH変種にも高い度合いで「言語忠誠（Sprachloyalität）」が与えられているとされる。この意味で、ドイツにおけるトルコ人労働者がトルコ語とドイツ語を使い分けるような例とは区別している[13]。
　フランス語、ドイツ語、ルクセンブルク語の三言語を考慮の対象とする必要のあるルクセンブルクの言語状況に、これまで見てきたダイグロシアの概念をそのまま応用することは困難である。フランス語をH変種とし、ルクセンブルク語をL変種とした場合には、その両者には近親性がない

---

13) Kloss, H.（1978）p. 325.

（少なくとも話者は近親性を感じない）ことから、クロスが述べる外部のダイグロシアとして考えられる。一方、ドイツ語とルクセンブルク語の関係は近親性があり、内部のダイグロシアとして考えられ、2つの異なる二言語併存が併存することになる。さらに、ルクセンブルク人は母語に近いドイツ語を比較的容易に習得するのに対し、フランス語の使用能力はその人の社会階層や教育の度合いに大きく左右される。この点から考えると、ルクセンブルク語とドイツ語の関係はクロスのモデルAに相当し、ルクセンブルク語とフランス語の関係はモデルCにあてはまるとはいえ、そのニュアンスは異なってくる。また、フィッシュマンの二言語使用と二言語併存の考えをルクセンブルクに応用するのであれば、ルクセンブルクは三言語使用と三言語併存の共存と考えることができる。しかし、フランス語とドイツ語とではその社会的な機能に違いがあり、同列のH変種として考えることはできない。フランス語、ドイツ語はともに長い間公用語であるが、地方レベルの文書においてドイツ語が多く用いられる一方で、国家レベルの文書の多くはフランス語であることや、初等教育がドイツ語で行われる一方で、高等教育ではフランス語が用いられることなどから、公用語としてのフランス語の地位、威信性はドイツ語のそれに比べて高いことがわかる。

　田原は「言語の屋根」という概念を用いて、ルクセンブルクの状況について3つの言語が重層的に屋根を形成している、とする。ルクセンブルク人にとってフランス語やドイツ語はあくまで外国語であるという考えから、これら2つの言語の屋根は借用したものである、という考えを田原は展開している[14]。

　また、ルクセンブルクの社会学者F. フェーレン（Fernand Fehlen）は、媒体手段ダイグロシア（mediale Diglossie）という概念を用いて説明する。これにより、話すときはルクセンブルク語、書くときはフランス語かドイツ語という単純化した記述を避けることができる。もちろんこれであって

---

14) 田原（2007）pp. 126-130.

も複雑な言語使用を説明しきれるわけではなく、あくまで簡略化した図であると断った上で、フェーレンはルクセンブルクの媒体手段ダイグロシアについて以下のように記している。この図では私的な場ではルクセンブルク語もドイツ語とともに書かれることが示されている。

	話す	書く
H	ルクセンブルク語 （必要に応じて他の言語も）	フランス語
L	ルクセンブルク語の地域変種	ドイツ語 もしくはルクセンブルク語

（Fehlen, F.（2009）p. 48、訳は筆者）

2節　単一言語性の意識と多言語性の意識

　これまでに見てきたように、ルクセンブルクは複雑な構造を持つ多言語社会となっている。この状態は一見、多言語の使用が調和した、言語的な平和にも見える。だが実際には、どこで、誰がどの言語を用いるのかという意識について、時代の節々でぶつかり合ってきた。

　この多言語状態における言語意識は、主に2つに分類することが可能である。すなわち、ルクセンブルク語の母語意識に根ざした単一言語性と、外国語能力に根ざした多言語性である。例えば、1896年にはC. M. シュポー（Caspar Mathias Spoo）が議会で初めてルクセンブルク語による演説を行った。これは当時台頭しつつあった労働者階級の声を代弁しようとしたものであった。しかしそれに対し、別の議員は「シュポー氏はルクセンブルク方言（パトワ）が1つの言語であると考えている。彼は思い違いをしているのだ。ルクセンブルクはずっと二言語の国であり続けたし、その性質を守ろうとしているのだ。それは外国からの侵入、すなわちドイツ化

やフランス化に対する戦いのためなのである」と応じている[15]。これは2つの言語意識の対立としてだけでなく、労働者階級と、教育によってフランス語やドイツ語の運用能力を身につけた層との対立とも捉えることができる。

また、20世紀初頭にナショナリスト団体を結成し活動したL. ケーニヒ（Lucien Koenig）は過度な外国語使用によって外国の影響を受けすぎると国がばらばらになるとを危惧しながら、次のように述べている。

Och fir ons, Jongletzeburger, muß dê Sproch Gesetz gin, och mir musse mâchen wě d'Fransŏsen, d'Deitsch, d'Amerikaner, iwerhâpt wě jidwer Vollek dât erstârke wöllt – mir mussen êneg gin a bleiwen. [...] Jongletzeburg soll kên Ennerschêd mân töschend Lieberal, Klerikal a Sozialist. Fir Jongletzeburg soll dât alles ênt an dât selwécht sin, fir Jongletzeburg soll et nömme Letzeburger oder Netletzeburger gin.

我々若きルクセンブルク人にとっても、言語は法制化されるべきである。我々だってフランス人やドイツ人、アメリカ人、他の強くなりたい民族のように振る舞うべきである。我々は1つにならなければならない。（中略）若きルクセンブルクはリベラル、聖職者、社会主義者の垣根を取り払わなければならない。皆が1つになるべきなのだ。ルクセンブルク人か、非ルクセンブルク人か、どちらかだけが存在するのだ。[16]

ケーニヒは、ルクセンブルクというネイションはルクセンブルク人によって構成され、構成員の他の要素や属性をすべて相対化しようとした。そしてルクセンブルク人か否かを規定するもの、すなわちルクセンブルク人を代表するもの、それが独自の言語なのであった。

15）Scheidweiler, G.（1988）p. 234.
16）Jongletzeburg 1911/1912, Nr. 3, p. 1 ; Horner, K.（2007）訳は筆者。

今度は同時代の全く異なる意見を見てみよう。下に引用するN. リース（Nicolas Ries）は、ルクセンブルク人の二元性（dualisme）という考えのもと、母語であるルクセンブルク語よりは、むしろルクセンブルク人の外国語能力を強調する。

> Notre bilinguisme est nécessaire, et, comme tel, réclamé par l'exiguïté de notre territoire, par l'insuffisance de notre idiome national et par les nécessités de notre "culture"

> 我々の二言語主義（bilinguisme）は必然的なものである。我々の小さな領土ゆえ、我々の国民の言葉（idiome national）の不十分さゆえ、そして我々の「文化」の必然性ゆえに二言語主義は必要とされているのである。[17]

> Nous ne formons pas seulement un pont entre l'esprit allemand et l'esprit français, mais une synthèse vivante de deux civilisations, et, en apprenant les deux langues, nous acquérons la possibilité de jouir des bienfais des deux cultures.

> 我々はドイツの精神とフランスの精神に架け橋を単に築くのではない。我々は両方の文明を合成しながら生き、両言語を習得することによって、両文化の恩恵を享受することができるのである。[18]

リースは、フランス語、ドイツ語のどちらも習得することで、独仏どちらの文化も自分のものにできることにこそ、ルクセンブルク人の強みがあると考えていたことがわかる。

このように、ルクセンブルク人の「国民性」が言語と関連づけて語られる際には、常にルクセンブルク語の「単一言語性」なのか、フランス語・

---

17) Ries, N.（1911）p. 121、訳は筆者。
18) Ries, N.（1911）p. 125、訳は筆者。

ドイツ語の「多言語性」なのかが問われるようになった。この対立は言語イデオロギーとして、ルクセンブルクの歴史の中で様々な形で現れることになる。

3節　2章のまとめ

　本章では、まずルクセンブルクにおけるトリグロシア、すなわち三言語併存について社会言語学の基礎研究を用いて見てきた。ルクセンブルクで教育を受けた者の多くが、土着の言語であり国民の言語として育てられてきたルクセンブルク語を用い、その一方で、それぞれ使用領域は異なるが、フランス語やドイツ語も日常生活において用いられる。この言語共同体の構成員であれば、誰もが日常的にこの3つの言語を用いるとされる。それがルクセンブルクの三言語併存という状態を作り出している。

　次に、言語意識の形成について考察した。ルクセンブルクにおいて言語意識について語られる際、母語であるルクセンブルク語に根ざす単一言語性の意識と、フランス語やドイツ語の外国語能力に根ざす多言語性の意識が持ち出される。前者はドイツ語とは異なった母語であるルクセンブルク語が国民という集合的な意識と結び付いており、後者はフランス語、ドイツ語の両言語を使いこなすことでフランスでもなく、ドイツでもないルクセンブルク人を自ら表象するものであった。この2つの意識は並立し、時代時代で対立することもあった。そして、後述するように、ルクセンブルク語が母語であり、フランス語やドイツ語を教育によって身につけてこそルクセンブルク人であるというモデルが言語のイデオロギーとなっている。

　次の章では、ルクセンブルク語が独立した言語であると国民全体で認識されるようになった、第二次世界大戦後のルクセンブルク語正書法改革の流れ、そして改革に携わった人々がルクセンブルクや多言語使用のような言語や言語使用をどのように捉えようとしていたのかを考察していく。

3章 第二次世界大戦後の言語ナショナリズムと正書法改革

これまで見てきたように、フランス語、ドイツ語、ルクセンブルク語が用いられるルクセンブルクの言語状況は三言語併存（Triglossie・トリグロシア）として位置づけられる。また、ドイツ語方言であったルクセンブルク語を国民の象徴として捉える一方で、フランス語、ドイツ語の運用能力を重視する見方も存在し、コインの両面のように並立してきた。

本章では、ナチス・ドイツによる支配を通じてルクセンブルク語への母語意識がこれまでになく高まった、第二次世界大戦後の1946年と1950年に二度にわたって行われた一連のルクセンブルク語正書法改革について概観しながら、次の3点について考えてみたい。

第1に、正書法改革に関わった人物たちが、ルクセンブルク語がドイツ語とは異なる、独立した言語であることを示そうとした例を挙げる。

次に、一般大衆がドイツ語の読み書きはできるがルクセンブルク語の読み書きには慣れていないという現実的な問題によって、妥協を重ねながら、正書法をどのようにドイツ語的な書き方にしなければならなかったのかについて、考察する。

最後に、突き詰めるほどにルクセンブルク語にドイツ語とは異なった書き言葉を与えることが難しいことがわかり、理想と現実のギャップをどのように思想的に乗り越えようとしたのか、について考察する。

1節　第二次世界大戦による ナショナリズムの高揚とルクセンブルク語

ルクセンブルクでは、第二次世界大戦下、1940年から1944年にかけてのナチス・ドイツによる支配を通じて、国民意識が最高潮に達したとされる[1]。反ドイツ感情が反ドイツ語感情へとつながり、国民感情はルクセンブルク人の言語意識に直結し、「我々の母語はドイツ語ではなく、ルクセ

1）歴史については1章にて述べている。

ンブルク独自の言語、ルクセンブルク語(Lëtzebuergesch)である」という意識が定着した。そのため、1944年のナチス・ドイツからの解放後には様々な分野でドイツ語の使用を排除し、それまでドイツ語が担ってきた役割をルクセンブルク語に担わせようという動きが強くなった。具体的には、戦前は専らフランス語とドイツ語が用いられてきた議会で、1945年の解放後初となる議会では議論が専らルクセンブルク語で行われるようになったことや[2]、1944年からレジスタンス組織によってルクセンブルク語のみで記事が書かれる新聞「ウニオゥン(D'Unio'n)」が発行されたこと[3]、1944年から1945年の一時期にドイツ語教育が中止されたことなどである[4]。しかしながらこのような試みは、議会での議論の言語がこれまでのフランス語、ドイツ語からルクセンブルク語に変わったことを除いては、失敗に終わった。刊行時にルクセンブルク語のみで書かれていた新聞「ウニオゥン」は、書く側、読む側双方にとって負担であったことは明らかであり、徐々に発行部数も減少し、記事の大半がドイツ語で書かれるようになり、1948年に休刊に追い込まれた[5]。また、それまで長年教育において用いられてきたドイツ語を教育から排除することも非現実的であり、すぐにドイツ語教育は復活した[6]。

　公用語の規定についても、第二次世界大戦後に見直されることになる。それまで憲法第29条ではドイツ語はフランス語と同等の地位を持っていたが、反ドイツ語感情から公用語の地位からドイツ語を外すべきかが議論された。しかし、フランス語が主に社会の上層部や知識階層が用いる言語

---

2) Hoffmann, F. (1987) p. 52 ; Hoffmann, F. (1988) p. 48.
3) Friedrich, E. (1975) p. 26. 第二次世界大戦後、新聞の名前をルクセンブルク語にする動きも相次いで見られた。D'Zeitung vum Letzebuerger Vollek (1946年7月から)、Revue Letzeburger Illustre'ert (1945年から)、Lëtzebuerger Journal (1948年4月から)、d'Letzeburger Land (1954年1月から) など。Péporté, P. et al. (2010) p. 283 ; Hilgert, R. (2004) pp. 208-217.
4) Hoffmann, F. (1988) p. 48.
5) Friedrich, E. (1975) p. 26. D'Unio'n は Obermosel-Zeitung に吸収された。また、当時のルクセンブルクの新聞記事の9割はドイツ語で書かれていた。
6) Hoffmann, F. (1988) p. 48.

であったのに対して、ドイツ語は誰もが読むことができ、エリート層以外に密着した言語であったため、一時的な感情だけでドイツ語を公用語から外すというのは非現実的であった。結局、言語に関する規定は先送りにされた[7]。

このように、話し言葉の次元ではルクセンブルク語は戦前に比べてさらにその使用領域を増し、地位向上に成功したといえる。しかし、ルクセンブルク語はそれまで一部の作家や言語学者以外に読み書きされることはあまりなく、長い間フランス語やドイツ語が担ってきた書き言葉としての役割をルクセンブルク語に負わせるのはほとんど不可能であった。結局反ドイツ語感情は、皮肉にもドイツ語、特に書き言葉としてのドイツ語が国民生活に必要不可欠であることを浮き彫りにしてしまったのであった。

2節　マルグ・フェルテスの正書法改革

1. 正書法改革の流れと内容

1946年と1950年、高揚するナショナリズムを背景に、二度にわたってルクセンブルク語正書法改革が行われた。ルクセンブルク語に正書法を与える意義は、書き言葉の次元でルクセンブルク語をドイツ語から独立させ、標準化するための作業の一環として理解されなければならない。この点についてムランは、ルクセンブルク語の標準化の動きは、俗語から標準語を持つに至った他のヨーロッパ言語と同じ軌跡として理解しなければな

---

7) Kramer, J. (1994) p. 395. 1948年の憲法第29条では、「行政の言語使用は法によって定められる（L'emploi de la langue d'administration sera réglé par la loi.）」とされた。なお、公用語に関する規定は1984年の言語法（Loi du 24 février 1984 sur le régime des langues）の制定まで待たれることになる。

3章　第二次世界大戦後の言語ナショナリズムと正書法改革

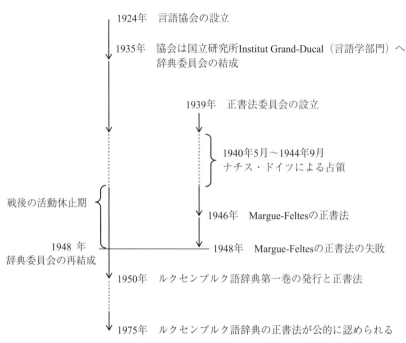

図 3-1　第二次世界大戦前後の正書法改革の流れ

らない、と指摘している[8]。

　ルクセンブルク語がドイツ語とは異なった言語であることを示すには確固たる書き言葉が必要であり、視覚的にもドイツ語とは異なったものでなければならないという考えから行われたのが、1946年の「マルグ・フェルテスの正書法改革」であった。

　図 3-1 に示したように、正書法改革の流れは、ナチス・ドイツによる侵攻直前の 1939 年、反ドイツ的な風潮やナショナリズムの高揚を背景にして、できるだけドイツ語の綴りから離れた正書法の確立を目指し、正書法委員会（Orthographiekommission）が作られたことからはじまる[9]。これは

---

8) Moulin, C.（2005）p. 314.
9) Moulin, C.（2005）p. 325.

2節　マルグ・フェルテスの正書法改革

歴史家でもあり、当時の教育大臣であった N. マルグ（Nicolas Margue）[10] の行った政策であった。解放後の 1944 年、音声学者であり英語学者であった J. フェルテス（Jean Feltes）[11] はマルグに依頼されて本格的な正書法の作成作業を開始した。そして 1946 年になって、「マルグ・フェルテスの正書法（Maruge-Feltes-Orthographie）」と呼ばれるようになる正書法 *Ofizièl lezebuurjer ortografi*（Offizielle Lëtzebuerger Orthographie）が発表された[12]。

「マルグ・フェルテスの正書法」は、政府によって公認された初の正書法であり、その内容は徹底して音声に忠実かつ論理的なものであった。また、ドイツ語的な綴りから極力離れ、むしろ英語に近い綴りをあえて用いたことが最大の特徴として挙げられる。以下が、その綴り表記の代表例である[13]。

　　　＜旧綴り＞→＜新綴り＞
　　・＜ß＞→＜ss＞　　　＜sch＞→＜sh＞　　＜ck＞→＜k＞
　　・＜tz＞→＜z＞　　　＜ä＞→＜ae＞　　　＜ö＞→＜oe＞
　　・長母音の＜h＞や＜ie＞を用いない
　　・/f/ の音に＜v＞をあてない
　　・短母音は母音の文字 1 つ
　　・長母音は母音を 2 つ重ねる
　　・名詞の語頭を大文字書きしない

また、音声に忠実であるということから、以下のように、外来語であっ

---

10) マルグは 1988 年生まれ、1976 年没の政治家（キリスト教社会人民党）であり、教師であった。1945 年から 1972 年まで国立研究所（Institut Grand-ducal）の歴史学部門の所長を務めた。
11) フェルテスは 1885 年生まれ、1951 年没。
12) Arrêté ministériel du 5 juin 1946. この正書法は、頭文字をとってしばしば「OLO」とも表される。巻末資料を参照。
13) Arrêté ministériel du 5 juin 1946; Gilles, P.（2006）巻末に資料として掲載。

ても新しい綴りを用いるなど、例外を認めないものであった。

 kwafeur（仏：coiffeur（床屋））
 oiroopa（独：Europa（ヨーロッパ））

　このように、マルグ・フェルテスの正書法では、それまでのルクセンブルク語の書き方や、民衆がドイツ語を書くことに慣れている事実からあえて目をそらすかのように、ナチス・ドイツから解放されたことによって盛り上がるナショナリズムを背景としてドラスティックな改革を行ったのだった。

2．マルグとフェルテス

　上記の「マルグ・フェルテスの正書法」からは、ルクセンブルク語はドイツ語の方言ではないということを、フェルテスやマルグが視覚的に明らかにしようとしたことがわかる。中心となって作成に携わったフェルテスは、自らの正書法について次のように述べている。

> In 1941 the Germans prohibited the public use of the written language. Then, after the liberation in September 1944 the idea of discarding everything German had led up to an increasing demand for a fixed spelling apart from the German.
>
> 1941 年に、ドイツ人は公共での書かれた言語の使用[14]を禁止した。そして、1944 年 9 月の解放の後、ドイツ語的なものを全て消し去ろうという考えは、ドイツ語から切り離した、固定した綴りに対する要求の増大へとつながった。[15]

14）ここではルクセンブルク語を指す。
15）Feltes, J.（1948）p. 3、訳は筆者。

2節　マルグ・フェルテスの正書法改革

　このように、フェルテス自身が意図的にルクセンブルク語の綴りをドイツ語から乖離させようとしたことを認めていることがわかる。また、「新しい綴りは基本的に音素的である[16]」と述べていることからもわかるとおり、新正書法は音声に忠実な綴りを目指していたが、これはあまりにも劇的な改革であった。ドイツ語は書き言葉として民衆に根付いており、学校で最初に習得し、媒介言語として用いられる言語である。一方、ルクセンブルク語は週に一度授業が行われるのみであり、ドイツ語の知識を前提とするからこそ行えるものである。マルグ・フェルテスの正書法はそれを無視するものであり、現場の実情から著しく乖離してしまった[17]。この正書法は民衆に受け入れられることはなく、1948年に挫折してしまった。「マルグ・フェルテスの正書法」は、法的には1975年まで公的な正書法としての地位を維持するが、事実上、正書法は以前まで用いられていた、ドイツ語の習得を前提とした1916年のヴェルター・エンゲルマンの正書法に戻った。

　このように失敗に終わった正書法改革であるが、その正書法を作成したフェルテスは、次のようにも述べている。すなわち、国語としての合意があるのにもかかわらず、ルクセンブルク語の標準化は道半ばであり、今後さらに標準化を推し進めなければならないことを示唆している。

　It must be pointed out that many words still have alternative forms, the language not yet being the same all over the little country.

　多くの語がいまだ別の形を持っている、つまりこの言語は、この小さな国でまだ同じものとはなっていないということを指摘しなければならない。[18]

またフェルテスは、自身の正書法が世に出る26年も前の1920年の時点

---

16) Feltes, J.（1948）p. 3.　"The new spelling is essentially phonetic…"
17) Moulin, C.（2005）p. 325.
18) Feltes, J.（1948）p. 3、訳は筆者。

61

で、ルクセンブルク語が社会的な機能の点から見てドイツ語からは独立したものと認められるにもかかわらず、それを主張する根拠に欠けていることについて、次のように述べている。

> Zudem ist unser Dialekt in der Praxis einer wirklich selbständigen Sprache gleichgestellt, weil er von den Gebildeten nicht als etwas Untergeordnetes angesehen wird, sondern weil im täglichen Gespräch der Staatsminister und der Richter sich desselben mit dem Gefühle der Selbstverständlichkeit bedienen. Nur die geringe Zahl derer, die ihn sprechen, verhindert unsern Dialekt als eine selbständige Sprache zu gelten, denn wissenschaftlich läßt sich da nichts Genaues behaupten.
>
> 我々の方言は、実際には本当に独立した言語と同等に扱うことができる。それは、この方言が教養のある人からもある種の下位分類されるものとして見られておらず、首相や裁判官が当然のように日々の会話でそれを使っているからである。方言を話すごく少数の人が、我々の方言を1つの言語として認めることを妨げようとする。というのも、学問的に正しいことを1つも主張できないからである。[19]

フェルテスにとって、他のドイツ語方言と比較して、ルクセンブルク語がより多くの場面で、より多くの階層によって用いられることを示すだけでは不十分であった。ルクセンブルク語が言語的にドイツ語と異なる存在であることを示す必要があった。そのような考えは、次のように、言語研究と正書法の必要性の主張へと結び付いてくる。

> Wenn einmal der überragende luxemburgische Dialektkünstler kommt, so wird man ihn nicht lesen, weil man nur lesen kann, was mit einer bekannten Reihe von Zeichen geschrieben wurde. Eine solche bekannte Schrift aber gibt es bei uns nicht.

---

19) Feltes, J.（1920）p. 260、訳は筆者。

ルクセンブルク語による傑出した方言文学の作家が出てきたとしても、それは読まれないだろう。というのも、人は既知の綴りをしたものしか読めないからだ。そのような既知の綴りは我々にはまだ存在しないのだ。[20]

Die luxemburgische Philologie hat aber einen doppelten Zweck: die Sammlung, die Sichtung und, möglicherweise, die Erklärung unseres Sprachmaterials und die Verwertung des Ergebnisses zu so praktischen Dingen, wie etwa die Rechtschreibung des Sprachstoffes ist an sich schon eine praktische und eine wissenschaftliche Pflicht, und als Grundlage für die Schaffung einer brauchbaren Orthographie eine praktische Notwendigkeit.

ルクセンブルクの文献学は、二重の目的を持っている。それはまず収集、選別、そして可能であれば我々の言語資料を説明することであり、次にその成果を実用的なものに活用することである。言語の材料の収集と処理は、それ自体が1つの実用的で学問的な義務であるが、さらに利用可能な正書法を作るための基礎となるものとして、実用的に必要なものなのである。[21]

　また、上記の記事が書かれた1920年当時、すでにヴェルター・エンゲルマンの正書法が使われていたが、その正書法はあくまで非公式のものであり、またドイツ語の習得を前提としたものであった[22]。フェルテスは自身が音声学者であったこともあり、ドイツ語とは全く異なった、新しく、論理的なルクセンブルク語正書法が、政府レベルで公認されて広められるようになることを求めていた。少々長い引用だが、見ていきたい。

---

20) Feltes, J.（1920）p. 259、訳は筆者。
21) Feltes, J.（1920）p. 260、訳は筆者。
22) 1916年のヴェルター・エンゲルマンの正書法は、事実上の公式な正書法であったとされるが、法的に認められたものではなかった。

Auf jeden Fall muß die Schreibweise einheitlich geregelt werden, und zwar durch eine Instanz, die Ansehen genug besitzt, um sie allgemein aufzudrängen. Wenn jemand meint, man solle „schreiben, wie einem der Schnabel gewachsen ist", so ist nicht nur diese Ausdrucksweise reichlich komisch, sondern es wird damit zugleich das Wesern der Orthographie selbst zerstört. [...] Wir brauchen nun jedenfalls keine so schlechte Orthographie zu machen wie die englische, und wir haben einen Grund mehr, sie jetzt möglichst nahe an die Aussprache heranzubringen, da wir etwas Neues schaffen sollen und nicht tiefeingewurzelte Gewohnheiten auszureißen brauchen.

どんな場合でも、書き方は統一して規則化されなければならない。そしてそれは、書き方を一般に広める意思を十分に持った官庁によってなされなければならない。もし「べらべらと話すように書く」べきであると思うのであれば、その書き方は大変おかしなものになるだけでなく、同時に正書法の存在そのものを傷つけることになる。（中略）我々は英語のような悪い正書法を作る必要は全くない。我々は正書法をできるだけ発音に近づけなければならない。我々は何か新しいものを作り出さなければならないし、深く根付いているわけでもない慣習を抜き取る必要がある。[23]

　以上、フェルテスの考えについて見てきた。フェルテスが1920年の時点で独自の正書法案をあたためていたのかどうかまではここからはわからない。しかし、言語政策、とりわけルクセンブルク語がどのように書かれるべきかということが彼の長年の関心の対象であったことはわかる。
　一方、フェルテスに正書法の作成を依頼した、当時の教育大臣であり歴史学者であったマルグは、ルクセンブルク人の言語意識やルクセンブルク語についてどのような考えを持っていたのであろうか。彼は1937年にルクセンブルク人の国民感情について書いた論文 "Die Entwicklung des Luxemburger Nationalgefühls von 1780 etwa bis heute" の中で、19世紀半ば

---

23) Feltes, J.（1920）p. 266、訳は筆者。

の時点では「ルクセンブルクの愛国とは何か？」という問いに対する答えは簡単なものではなかった、ということを次のように示している。

> die Massen wollten ihr Luxemburgertum dadurch beweisen, daß sie sich als deutsch gaben und ihre Sprache, Luxemburger*deutsch*, wie es langue hieß, im Gegensatz zum Französischen hochhielten.
>
> 民衆は、自らドイツ人として振る舞い、長年ルクセンブルク人のドイツ語と呼ばれている彼ら自身の言葉をフランス語に対して高く掲げることによって、自らのルクセンブルク性を証明しようとした。[24]

マルグは、ルクセンブルク人の国民意識の形成はゼロからスタートしたものであり、近代国家が建設されてからすぐの19世紀半ばでは郷土愛（Heimatliebe）こそ存在していたものの、それが国民感情（Nationalgefühl）にまでは至っていなかった、と述べている[25]。第一次世界大戦（1914～1918年）後になってようやく、「ルクセンブルク人はその存在の正当性や民族（Volk）の独立の意志を問うことはなくなった」[26]としており、徐々に国民意識が形成されてきたことを物語っている。このことからもわかるように、マルグの歴史解釈は近代国家成立以前、特に中世からのルクセンブルクの特殊性を際立たせようとする神話性を伴わせようとはしていない。また、両大戦間期当時の国民意識では、自らがドイツに属するのか、それともフランスに属するのかが問われるのではなく、2つの方向性を持つ、としている。1つは「文化的、政治的な観点から、東西の仲立ちをし、文化的な実りある交流や国際的な理解をヨーロッパのために促進する」ということである。もう1つが「ルクセンブルク独自の意味を何らかの現実

---

24) Margue, N.（1937）p. 10、斜体字は原文、訳は筆者。
25) Margue, N.（1937）p. 13.
26) Margue, N.（1937）p. 15. "überhapt kein Luxemburger mehr die Erxistenzberechtigung und den Unabhängigkeitswillen des Volkes als diskutabel ansah."

3章　第二次世界大戦後の言語ナショナリズムと正書法改革

のものとし、ルクセンブルク的な性質を育て、(中略)ルクセンブルクの文化を育て、尊重する」ということである[27]。後者の要素に、マルグは歴史研究や言語研究、すなわち正書法作成や辞書作成等に代表される、言語に関する活動を挙げている[28]。また、独自の大公家を持ったこと、国民の休日を持つことなどが、「先祖の遺産を投げ売りするのではなく、ルクセンブルクの独自性を尊重する」ことにつながることになり、それは国境を開いた小さな国が過度に外国の影響を受けるという、外国に政治的に併合されることよりも悪いことにならないようにしている、と述べている[29]。

マルグはその後、第二次世界大戦を通じて反ドイツ的な風潮がルクセンブルクを包み込むなか、フェルテスに対して新しい正書法の作成を依頼し、1946年にそれを了承することになる。この正書法はそれまでの慣例をほぼ完全に無視したことや、細かい点まで議論を徹底させず、きちんと詰めていなかったこと[30]から、前述のように教育や出版どちらでも評判が悪く、受け入れられることはなかった。

ところで、この正書法はルクセンブルク語をドイツ語から引き離しながら、英語との親和性を持つものとしても捉えることができる。その理由として、正書法作成者のフェルテスが英語学者であったというだけでなく、

---

27) Margue, N.（1937）p. 15. "die jene, die Luxemburgs Sendung darin sieht, zu vermitteln in kultureller und auch in politischer Hinsicht, fruchtbaren Austausch der Kulturwerte und internationale Verständigung zum Besten Europas zu fördern, und jene andere, die vor allem darnach trachtet, Luxemburgs eigene Bedeutung zu etwas Wirklichem zu machen, luxemburgische Art zu pflegen und hochalten."
28) Margue, N.（1937）p. 17. マルグは、言語的統一は国民意識の形成にとって、重要な役割を演じてきたが決定的ではなかった、としている。それは、かつて割譲されたベルギーやドイツ、フランスの「ルクセンブルク人」はそれぞれ「ベルギー人」「ドイツ人」「フランス人」なのであり、ルクセンブルク人がそれを認めていることからわかるとしている。
29) Margue, N.（1937）p. 16.
30) マルグ・フェルテスの正書法は確かに論理的ではあったが、実際の運用にはまだまだ問題があったという。例えば、マルグ自身も "System" の語に対して "ssistém" "zistém" "zistem" と綴っており、書き方が統一されていない。
Margue, N.（1946）p. 1.

ナチス・ドイツからの解放者としてのアメリカに対する国民全体の好意的な姿勢をそこに見ることができる[31]。また、ルクセンブルク語と英語の言語的な関連性についても、ルクセンブルク語におけるドイツ語性を否定するためという文脈から、19世紀から何人かの識者によって研究され、語られてきた[32]。多くの場合は両者の文法よりも語彙の類似性の研究に力点が置かれ、ゲルマン人の部族の移動との関わりなどが論じられてきた。それは後述のルクセンブルク語辞典においても言及されており、強いイデオロギー性を持ちながら当時の研究者の間でもある程度は受け入れられていたことがわかる。フェルテス自身もルクセンブルク語と英語の関係、類似性について述べており[33]、彼はこの正書法によって、ルクセンブルク語と英語との関連性に何らかの活路を求めようとしたのかもしれない。

3節　ルクセンブルク語辞典の正書法改革

1. 正書法改革の概要

1948年に「マルグ・フェルテスの正書法」が失敗すると、同年に組織された辞典委員会（Wörterbuchkommission）による「ルクセンブルク語辞典（Luxemburger Wörterbuch）」によって、1950年に新しい正書法が出さ

---

31) トラウシュ（1999）p. 175.
32) Fehlen, F.（2002）p. 86; Weber, N.（2002）p. 2. 英語とルクセンブルク語の関連性でしばしば例として用いられるのが、L: Ham E: ham D: Schinken（ハム）、L:Enkel E: ankle D: Knöchel（足首・くるぶし）、L: Knäip E: knife D: Küchenmesser（ナイフ）等である。ルクセンブルク語がドイツ語よりも英語に近いのではないかという説は今日では信憑性をもって語られることはなく、N. ヴェーバーは2002年の論文でその近親性を言語学的に完全に否定している。
33) Feltes, J.（1946）pp. 11-14.

れた。

　図 3-2 に示したように、辞典委員会の歴史は、1924 年に J. トッケルト (Joseph Tockert)[34] ら当時のゲルマニスト、言語学者を中心にして設立された、言語協会 (Luxemburgische Sprachgesellschaft (Gesellschaft für Sprach- und Dialektforschung) / Société luxembourgeoise d'études linguistique et dialectologiques)[35] にさかのぼる。この協会は設立当時はまだ私的なものであった。その目的は、ルクセンブルク国内、または周辺の方言研究・言語研究等によって、言語遺産（材料）を収集し、最終的には辞書の発行に結び付けるというものであった[36]。また、1906 年に作られたルクセンブルク語の辞書「ルクセンブルク方言辞典 (Wörterbuch der luxemburgischen Mundart)」の拡充を目指すものでもあった。

　この協会は 16～18 世紀のヨーロッパで相次いで発足した言語協会を念頭に置いて作られていた。ルクセンブルク国内の土地それぞれの言語資料を収集することで、ルクセンブルク語の純粋な形を保存しようとしており、その理念は言語と民族 (Nation) を結び付けようとするロマン主義的なものとなっていた。以下の言葉からもそれが見てとれる[37]。

> Die Sprache ist der geistige Niderschlag der Geschichte und Kultur eines Volkes. Und die Mundarten sind nicht etwa, wie man im Volke meint, verderbt, „schlechte" Sprache im Gegensatz zur „guten", d.h. zur Allgemeinsprache, sondern sie sind älter und auch besser als diese, in dem Sinne, dass die Allgemeinsprache zum Teil ein Kunst- und Gelehrtenprodukt ist das sich auf Grundlage eines der bestehenden

---

34) トッケルトは、1875 年生まれ、1950 年没の言語学者。言語協会の初代代表を務めた。
35) 協会名の日本語訳は、その手段や方法が言語学的であっても、目的はルクセンブルク語という国語 (Nationalsprache) の研究にあったことから「国語協会」の訳の方が正しいかもしれないが、清水 (2004) などの先例にならって本書では「言語協会」をあてている。
36) Jahrbuch 1925 (1926) p. 14.
37) ここでいう一般的な言語 (Allgemeinsprache) は文脈から標準ドイツ語を意識していると考えられる。

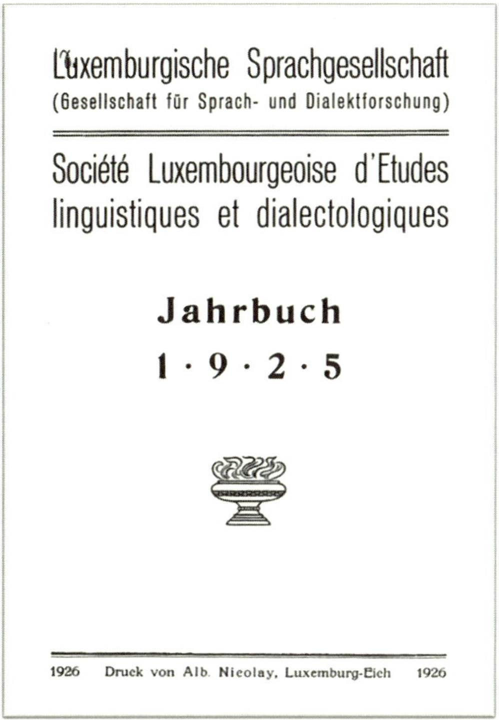

3節　ルクセンブルク語辞典の正書法改革

図 3-2　言語協会の年報
（1925 年（初年））

Dialekte eintwickelt hat.

言語というのは民族の歴史や文化の精神的な表現である。そして方言とは、人々が言うような、一般的言語とも言われる『良い』言葉に対する、堕落した『悪い』言葉などではない。そうではなく、存在する一方言を基礎に作り上げられた、人工的で教養のある生産物が一般的な言語であるという意味では、方言は一般的な言語よりも古く、そして良いものですらある。[38]

---

38) Jahrbuch（1925）p. 20、訳は筆者。

3章　第二次世界大戦後の言語ナショナリズムと正書法改革

　1935年、言語協会は国立研究所（Institut Grand-Ducal）の言語学部門（Section de Linguistique, de Folklore et de Toponymie）に移行し、そのままルクセンブルク語辞典委員会となった。このグループは第二次世界大戦中は活動を中止するが、「マルグ・フェルテスの正書法」が失敗した後の1948年、国家プロジェクトとして再結成され、1950年に発行されるルクセンブルク語辞典第一巻（図3-3）の中に新しい正書法が示された。この正書法は、後に設立される言語擁護団体（Actioun Lëtzebuergesch・AL・アクスィオウン・レッツェブィエッシュ）の協力を経て拡充され、1975年、正式に公式なものと認められた[39]。

　ルクセンブルク語辞典で示された正書法は、6ヶ月間の議論を経て作られたものであった[40]。その特徴としては、以下のことが挙げられる。

- どの方言にも偏ることなく、共通語コイネーを基準としている。
- 基本的に綴りはドイツ語的であり、名詞の語頭も大文字書きにする。
- 慣用的な伝統に配慮し、フランス語の単語はフランス語、ドイツ語（もしくはルクセンブルク語）の単語はドイツ語（ルクセンブルク語）のまま書く。例えば、< ou >はフランス語系のBoulevardでは/u/、ルクセンブルク語のSchoulでは/ow/、< au >はフランス語系のFauteでは/o/、ルクセンブルク語のfaulでは/au/になる[41]。

---

39) Arrêté ministériel (1975).「ルクセンブルク語辞典の正書法（Wörterbuch-Orthographie）」と呼ばれる。本書の巻末に資料として掲載。ルクセンブルク語辞典に記載されている正書法は、序文を含めても7頁の分量であるが、1975年に最終的に法令として出されたものは24頁にわたっている。また、この正書法は1999年にルクセンブルク語常設評議会（Conseil Permanent de la Langue Luxembourgeoise）によって、特にF. シャーネン（François Schanen）やJ. ルリング（Jérôme Lulling）といった言語学者によって、より音声表記に近づくように改定された。Règlement Grand-Ducal (1999)

40) Luxemburger Wörterbuch 1. (1950) p. XLV; Bruch, R. (1953b) p. 25.「民衆の正書法を精緻にするために不毛でいらいらする協議（délibérations stériles et agaçantes）に6ヶ月費やした。」

41) ドイツ語にも外来語において、例えばRestaurantの/o/のような例が見られるのは事実であるが、ルクセンブルク語には数多いフランス語系の語彙が流入していることを考慮に入れなければならない。

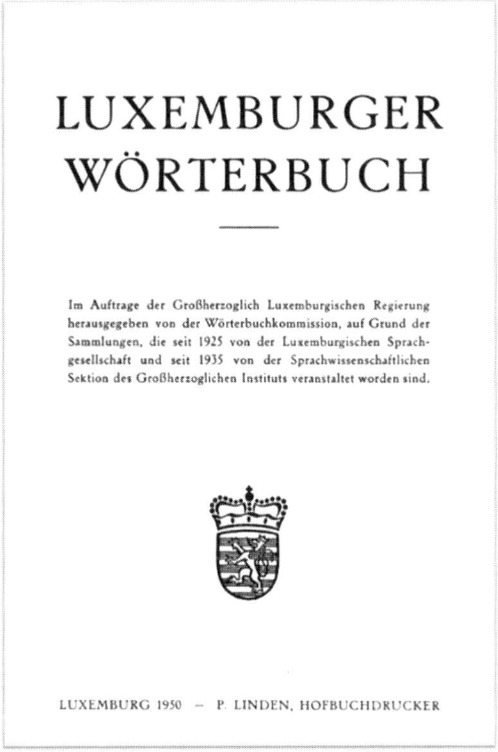

3節　ルクセンブルク語辞典の正書法改革

図3-3　ルクセンブルク語辞典第一巻
（1950年）

　ルクセンブルク語辞典で示された正書法は、ヴェルター・エンゲルマンの正書法と同様に、ドイツ語の習得を前提としたものであり、マルグ・フェルテスの正書法のような劇的な変革は見られない。しかし、それゆえに、そもそもルクセンブルク語を読み書きする機会に乏しい民衆に受け入れられたのだった。

2. ルクセンブルク語辞典委員会のメンバー

それでは、ルクセンブルク語辞典委員会のメンバーは、ルクセンブルク語に対し、どのような考えを持っていたのであろうか。

辞書編集者自身が「我々の小さな言語空間でさえも、正書法の分野で学問性と伝統を仲立ちすることがどれだけ難しいことであるか、最近の経験でたっぷり思い知らされた[42]」と述べているように、正書法において音声と綴りの辻褄を合わせることに困難を極めたことがわかる。ルクセンブルク語辞典の作成に精力的に関わったR. ブルフ（Robert Bruch）[43]は、正書法について次のように述べている。

> Die besonderen Lautungen der luxemburgischen Mundarten, die weder im Bühnendeutschen noch im Französischen vorhanden sind, werden durch besonders bezeichnete Buchstaben oder Buchstabengruppen, unter möglichst genauer **Berücksichtigung des phonetischen Tatbestandes**, wiedergegeben.
>
> 舞台ドイツ語やフランス語に存在しないルクセンブルクの方言群に特有の音は、できるだけ音声の現実に対して正確に配慮しながら、特別な記号を用いてあらわされる。[44]
>
> Die so verstandene Rechtschreibung des Luxemburgischen übernimmt also weitgehend die **phonetischen Unzulänglichkeiten** des schriftdeutschen und des

---

42) Luxemburger Wörterbuch 1.（1950）S. XLVI. "Jüngste Erfahrungen haben zur Genüge bewiesen, wie schwierig es ist, selbst in unserem engen Sprachraum, auf dem Gebiete der Orthographie zwischen Wissenschaftlichkeit und Tradition zu vermitteln."
43) ブルフの詳細については後述。
44) Bruch, R.（1955） p. 10, 太字による強調は原文、訳は筆者。本文献はフランス語、ドイツ語の二言語によって同一内容が書かれているが、本書においてはドイツ語から引用している。

französischen Systems: Mehrdeutigkeit von Buchstaben, Wiedergabe desselben Lauts durch verschiedene Zeichen, sogenannte <tote> Buchstaben, Angabe des Lautwerts durch Stellung, Großschreibung der Dingwörter (also notgedrungen auch der Lehnwörter aus dem Französischen).

ルクセンブルク語の正書法は、ドイツ語やフランス語の体系の音声の不完全さを広範囲に及んで引き継いでいる。それは文字の曖昧さ、異なる文字に対して同じ音があたること、いわゆる「死んだ」文字の使用、文字の位置によって音価を決定すること、(フランス語系の外来語も同様に) 名詞の語頭は大文字書きすることなどである。[45]

このブルッフの言葉からもわかるように、この正書法は結局のところ、音声と文字の対応にこだわりすぎることなく、あくまでドイツ語の習得を前提とし、フランス語系の外来語もそのまま残したことから、実情に合わせた妥協の結果と捉えることができる。その結果、音声と文字の対応にこだわったために実情とかけ離れてしまった「マルグ・フェルテスの正書法」とは一線を画し、民衆には比較的容易に受け入れられたのだった。委員会のメンバーの1人であるJ.ヘス (Joseph Hess)[46]は、1946年、音と文字を合わせてもいずれは言語が変化してしまい両者は乖離してしまうのだから、正書法とはわかりやすいことが最重要であると述べている[47]。

ただ、ルクセンブルク語辞典そのものは、語彙等の面で規範を積極的に示そうというものであったとは言いがたい。正書法こそ定めているものの、内容は言語学者たちが長年にわたって方言資料を収集し、分析した研

---

45) Bruch, R. (1955) p. 11、太字による強調は原文、訳は筆者。
46) ヘスは、1889年生まれ、1973年没の言語学者。1935年から国立研究所 (Institut Grand-Ducal) 言語学部門副所長、1960年から同所長であった。
47) Hess, J. (1946) p. 99. "Die beste Rechtschreibung ist nun nicht etwa diejenige, die allen phonetischen Tatsachen Rechnung trägt, nicht einmal die jenige, die jeder der Reformer als die beste ansieht, sondern einfachhin diejenige, die leicht faßlich und bereits einigermaßen gekannt ist."

究の成果として見るべきものであり、すなわち記述に徹しようとしていると考えるべきであろう。ルクセンブルク語辞典の序文において次のように述べられているように、第二次世界大戦後のナショナリズムが背景にあるにもかかわらず、たとえ正書法を作ることはできても、当時の段階では書き言葉としてルクセンブルク語を運用することは不可能であったことがわかる[48]。

> Unsere Art zu sprechen (langage) ist ja keine Hochsprache (langue) geworden, trotz der vielen Anstrengungen, die seit 1945 in diesem Sinne gemacht worden sind.
>
> 1945年以降、この意味において大変な苦労をしてきたのにもかかわらず、我々の話し方(ランガージュ)は標準語(ラング)にはならなかった。[49]

また、すでにどんな場面でも、どんな階層の人であってもルクセンブルク人同士であればルクセンブルク語が用いられる(とされている)ことや、ルクセンブルク語には共通語(コイネー)が存在していることが共通の認識であったのにもかかわらず、標準的な書き言葉を作り出すことはできなかった。特に、ヘスはコイネーについて、「それ自体で国の言語的な統一へ導くものである」として、コイネーの存在によってルクセンブルク国内の言語が統一されることに言及している[50]。さらに、委員の1人であるE. ルドヴィスィ (Ernest Ludovicy)[51] は、以下のように、ルクセンブルク語を「国語 (Nationalsprache)」として認識し、話し言葉の次元では共通の、一種の標準形態の存在を認めている。これは、独自の言語意識が醸成され

---

48) なお、この言葉はJ. トッケルト (Joseph Tockert) によるものである。
49) Luxemburger Wörterbuch 1. (1950) p. VII、訳は筆者。
50) Hess, J. (1946) p. 11. "Die Koiné hat es in sich, zur sprachlichen Einheit des Landes zu führen." さらに、「この道のりは、残念ながら(言語の)平準化につながり、また響きや特徴に満ちた地域の方言を押しのけることにつながる。(Leider wird dieser Weg notgedrungen zu einer Verflachung und Verdrängung der klang- und farbenfreudigen Lokalmundarten führen.)」とも述べている。
51) ルドヴィスィは、1904年生まれ、1975年没の言語学・文学者。

ていながら、書き言葉としての規範を与えることがいかに難しいかを示していると言える。

> Jeder Luxemburger aus jeder Gesellschaftsschicht spricht jedoch seine Mundart, die für ihn als eine Art Hochsprache gilt, in allen Lagen des privaten und selbst in vielen Beziehungen des öffentlichen Lebens. [...] Luxemburger Nationalgefühl und Nationalwille beruhen zum großen Teil auf dieser gemeisamen Basis.
>
> どんな社会階層から来たルクセンブルク人でも、その人にとって標準語と考えられている方言を、私的な、そして多くの公共の生活の場で話している。(中略) ルクセンブルク人の国民意識と国民の意志は、大部分において、この共通の土台にもとづいているのだ。[52]

　ルクセンブルク語をドイツ語から完全に独立させ、書き言葉としての標準語を与えることは辞典委員会にとってもまだまだ厳しいものであった。辞典委員会の人物たちは、ルクセンブルク語とドイツ語との関係をどのように位置づけていたのであろうか。メンバーの中核を占めていた言語学者は、前述のヘスを含めて、I. コメス（Isidor Comes）[53]、J. トッケルト、H. パルゲン（Hélène Palgen）[54]らをはじめ、その多くはゲルマニストであり、彼らにとってルクセンブルク語はドイツ語学（Germanistik）、とりわけ方言学（Dialektologie）の分析対象として位置づけられるものであった。したがって、彼らにとってルクセンブルク語は母語であり、国語であると同時に、言語学的にはドイツ語方言の一種であるモーゼル・フランケン方言の１つであるという認識に違いはなく、研究者としては一歩引いて客観的な視点を持たざるをえなかった。例えばパルゲンは、ルクセンブルク語と

---

52) Luxemburger Wörterbuch 1. (1950) p. XXXIV、訳は筆者。
53) コメスは、1875年生まれ、1960年没の言語学者、英語教師。
54) パルゲンは、1902年生まれ、1993年没の言語学者。国立研究所（言語学部門）の所長、辞典委員会の委員長などを務めた。

ドイツ語の副文の頭語の相違について論じた 1935 年の論文の序文で、自らの言語が共時的にはドイツ語から独立した言語でありながらも、通時的にはドイツ語の歴史の中に自ずと含まれることを認めていた。

> Ich möchte hier auf einen Punkt hinweisen, der die Satzlehre berührt und uns zeigt, wie verschieden unser Dialekt vom Neuhochdeutschen ist, wie er aber viele Berührungspunkte mit der ältern deutschen Sprache, dem Mittelhochdeutschen, hat.
>
> 私はここで、統語に関して、どれだけ我々の方言が新高ドイツ語と異なっていて、しかしより古いドイツ語、中高ドイツ語といかに多くの関係性があるのかを示したい。[55]

一方で、ヘスは 1946 年の著作では次のように述べ、当時のルクセンブルク語の、さらにはルクセンブルクが一国家として独立している状況と、ルクセンブルク語が歴史的にはドイツ語の方言であることの意味を区別しようとしている[56]。

> Die wissenschaftliche Forschung zwingt uns zu der Feststellung, daß das Luxemburgische zum westmoselfränkischen Sprachgebiet gehört. Mit diesem Geständnis tun wir unserer staatlichen Sonderstellung keinen Eintrag.
>
> 学問的な研究は、ルクセンブルク語が西モーゼル・フランケン方言の言語域に属しているという認識を、我々に強いる。この告白をもってして、我々は我々の国家の特別な位置づけに何らかの害を与えるものではない。[57]

これまで見てきたように、辞典委員会の言語学者たちは、ルクセンブル

---

55) Palgen, H. (1935) p. 30、訳は筆者。
56) 第二次大戦終結直後の著作であることもあり、ヘスは、ドイツ語との近親性を強調することに対して警鐘を鳴らそうとしている。Hess, J. (1946) p. 7.
57) Hess, J. (1946) p. 7、訳は筆者。

ク語をドイツ語とは異なる独自の言語にしたいと願いながらも、現実にはドイツ語の習得を前提とした正書法を作成した。この背景には、そもそも書き言葉を作り出すことは無理であることを認識せざるをえなかった状況がある。さらに、彼らはゲルマニストであるがゆえに、ルクセンブルク語とドイツ語が歴史的に深い関係にあることを認めざるをえなかった苦悩が垣間見える。

3. R.ブルッフの思想

　ルクセンブルク語辞典委員会のメンバーたちにとって、母語たるルクセンブルク語をドイツ語から独立させること、とりわけ書き言葉としての標準語を与えることがいかにむずかしく、正書法ですら妥協の産物とせざるをえなかったことはこれまでに見てきた通りである。ここでは、ルクセンブルク語辞典委員会の中で最若手であり、ルクセンブルク語のドイツ語との違いや独自性を証明しようとし、イデオロギー的な支柱となった言語学者、ブルッフについて扱いたい。

　ブルッフは1920年に生まれた。ゲルマン語学、およびロマンス語学をドイツのミュンヘン、エアランゲンにて専攻した後、第二次世界大戦後の1946年からはフランス・パリのソルボンヌ大学に移った。辞典委員会のメンバーになったのはその頃である。1951年から1952年、ドイツ・マールブルク大学のW. ミツカ（Walter Mitzka）のもとでドイツ語方言学の研究を行い、1952年に博士論文を執筆した。1953年に同論文をベースにした主著 *Grundlegung einer Geschichte des Luxemburgischen* を、1954年に *Das Luxemburgische im westfränkischen Kreislauf* を刊行した。その後も多くの論文を発表するが、1959年に自動車事故で亡くなった。1950年代は、ルクセンブルクの言語学史上「ブルッフの年代[58]」とまで言われるほど、ブルッフの影響の大きな時期であった。

---

58) Péporté, P. et al.（2010）p. 289.

ブルッフの展開した理論は、ドイツ語方言が高地・中部・低地といったように南北に分布する以前に、東西に分けるべきであると提唱するものであった[59]。そしてその中でも特にルクセンブルクの地域の方言は西側、すなわちロマンス語（フランス語）の影響を多く受けており、ルクセンブルクの地域はゲルマン語圏とロマンス語圏の中間的な地帯となっていた、とした。その証拠に挙げたのが、ゲルマン人、特にフランク人の移動であり、「イストヴェオーン理論（Istwäonentheorie）」や「西フランク人の巡回（Westfränkischer Kreislauf）」などと呼ばれる[60]。これは、ゲルマン人の一派であるイストヴェオーン人がジーク川およびリッペ川の地域からアントワープの地域を通ってパリ盆地に進入し、パリ盆地でロマンス語の文化的な要素を吸収し、その後シャンパーニュ、ブルゴーニュ、ロレーヌを通って現在のルクセンブルクまでやってきたというものである。この地域はしばらく二言語状態が保たれ、7～10世紀になってようやく現在のロマンス語とゲルマン語（フランス語とドイツ語）の言語境界線が確定した、というものであった。

> In den westfrk. Kulturströmungen mischen sich eine istväonische Unterschicht, eine fast gleichzieige gemeiningväonische （= ingväonisch-istväonische Bindungen aus der Zeit der frühen Nachbarschaft - Frings） und eine jüngere galloromanische Schicht. Lautungen, die wir （wie besonders die Diphtongierungen urspr. langer und sekundär gedehnter e- und o-Laute） im heutigen Westfalen （der Urfrankenheimat）, im Pariser Becken （nicht aber sonst im Romanischen） und längs der Mosel-Lahnachse wieder finden, haben wir als urtümlich < istväonisch > anzusehen.

西フランクの文化の潮流の中で、イストヴェオーン人の下層と、共通イング

---

59) Westfränkische Bucht（西フランクの湾）と呼ばれるもの。
60) Bruch, R.（1953a）pp. 30-62; Bruch, R.（1954a）pp. 133-134; Berg, G.（1993）p. 10. 今日ではこの理論はルクセンブルクにおいても否定されている。なお、ブルッフの理論や思想を1960年代以降に一部継承したのが後に述べるF.ホフマンであった。

ヴェオーン人（フリングス[61]）によると以前の隣人関係の時代からのイングヴェオーン人とイストヴェオーン人の結束)、そしてその後のガロ＝ロマン人の層が混合するのである。我々が（特に元来は長く、後に長音化された e や o の音が二重母音になるように）古フランク人の故郷である今日のヴェストファーレンや（ロマンス語圏の）パリ盆地、そしてモーゼル川－ラーン川の軸に沿って見つけることのできる発音は、原初的な「イストヴェオーン的」なものとして捉えるべきである。[62]

　ブルッフによると、ルクセンブルクの地域のゲルマン語方言は歴史的に西側、すなわちフランス語圏に開かれたもので、他のドイツ語方言とは古くからその存在自体が異なったものであり、独立した発展を遂げたもの、ということであった。この理論によって、そもそも同じゲルマン人でも自分たちはドイツの他のゲルマン人とは異なり、ロマンス語圏の文化や言語的な要素を必然的に伴った固有の「民族」であり、古代や中世から独自性を保持していたという証拠が提示されたのであった。そして現在の多言語国家ルクセンブルクの出現は必然的なものであったかのような説得力を持たせた。ブルッフの言説は、辞典委員会のメンバーであり、歴史家であった J. マイヤース（Joseph Meyers）のような、近代国家が生まれる以前からのルクセンブルクの独自性、すなわち神話的なナショナル・ヒストリーを探し求めていた研究者の意見と相乗効果をもたらした[63]。
　ブルッフは、辞典委員会の他の多くの言語学者たちの姿勢や、ルクセンブルク語は近代国家成立後に徐々に作られてきた言語であるという考え方は弱腰だと言わんばかりに、自身の理論を用いて説明しようとした。ルク

---

61) ドイツ人で言語学者、ゲルマニストの Theodor Frings（1886-1968）を指す。
62) Bruch, R.（1954b）p. 134、訳は筆者。
63) Meyers, J.（1944）p. 8. 次のような記述が一例として挙げられる。「マースやモーゼルの地で新しい政治的な独自のもの（Eigenleben）が生まれた。ルクセンブルクの独自意識（Eigenbewußtsein）はそれに合致する。（中略）この独自意識は、すでに長期にわたって、伯爵領（Grafschaft Lützelburg）が存在する前から存在したものである。」

3章　第二次世界大戦後の言語ナショナリズムと正書法改革

センブルク語というものはその本質においてドイツ語とは異なっており、偶然にも近親性があるドイツ語を用いているだけである、ということを示すために次のように述べている。

> Die linguistische Etikette *deutsch* ist also in unserem ureigensten Raum entstanden und meint letzten Endes < volkstümliche > sprachliche Eigenarten, die von allen mitteldeutschen Mundarten gerade die luxemburgischen in ihrer zunächst territorialen, dann nationalen Abgeschiedenheit am treuesten bewahrt haben. Die Mundart war tatsächlich lange Zeit einzige volkstümliche Sprache der großen Masse der Luxemburger – lange Zeit noch, nachdem die sogenannte < hochdeutsche > Schriftsprache sich in einer für diese Masse nur schwer oder nicht mehr verständlichen Form herausgebildet hatte. Der moderne Unterricht（wie ihn erst das ausgehende 19. Jahrhundert bringt）führt das Volk in seiner Masse in die Welt der beiden Schriftsprachen des Landes ein, wovon die eine – wir könnten fast sagen: zufällig – eine sehr nahe Verwandte unserer volkstümlichen Mundart ist.
>
> 言語学的なレッテルである「ドイツ（deutsch）」というのは、我々にまさに独自の空間で生まれたものである。つまりは民族的、そして言語的な独自性である。その独自性は、すべての中部ドイツ語方言の中から、まさにルクセンブルクの方言を、まずは地理的な、次第にナショナルな孤立の中で忠実に保持したのである。方言は事実、長い間ルクセンブルクの大衆にとって唯一の民族的な言語であった。いわゆる「標準ドイツ語」の書き言葉がこのルクセンブルクの大衆にとって単に難解で、かつもはや理解できない形になってから、長い時を経たのである。近代の教育（19世紀に導入されたが）は民衆をこの国の両方の書き言葉の世界に導き入れた。そのうちの1つは、ほとんど偶然と言っていいのだが、我々の民族的な方言に大変近い親戚なのである。[64]

64）Bruch, R.（1954c）p. 41、斜体字は原文、訳は筆者。

ただし、ブルッフのこのような言説、すなわちそもそもルクセンブルク語はドイツ語、もしくは他のドイツ語方言とは全く別の道を歩んだ、という考え方は必ずしも新しいものとは言えなかった。むしろ、以前から存在していた言説を、より「学問的に」検証し、実証しようとしたと考えられる。それによってルクセンブルク語とルクセンブルクという国民国家をより強固に結び付けようとしたのではないだろうか。例えば、1916年の正書法を R. エンゲルマン（René Engelmann）とともに作成した N. ヴェルター（Nikolaus Welter）は次のように述べているが、その根幹部分はブルッフの考えと大きく異なってはいない。

> Es gab eine Zeit, wo noch kein großes deutsches Volk war, sondern nur eine Unzahl deutsche Volksstämme. [...] Jeder Stamm pflegte seine eigentümliche Mundart. Eine deutsche Sprache gab es also damals noch nicht. Es fanden sich nebeneinander nur Stammessprachen, die aber an zahlreichen Merkmalen als innerlich verwandt empfunden und als deutsch bezeichnet wurden.

> 大きなドイツ民族など存在せず、ただ無数のドイツの部族が存在しただけの時期があった。（中略）どの部族も自分たちの独自の方言を育てた。その当時、1つのドイツ語というものはまだなかった。ただ部族の言語が併存していただけであり、多くの特徴から、内部で近親性があると受け止められ、ドイツと呼ばれたのだ。[65]

ルクセンブルク語はドイツ語から徐々に独立したものなどではなく、また当初から標準ドイツ語の下位に位置づけられる方言からではなく、純粋な民衆語から作られたものであったという考えが、上記のブルッフにもヴェルターにも見られる。結果的に失敗に終わった1946年の「マルグ・フェルテスの正書法」を作成した前述のフェルテスも、ルクセンブルク語

---

65) Welter, N.（1935）p. 13、訳は筆者。

は独立した言語であるという考えの持ち主であった。1938 年には次のように述べ、ルクセンブルク語が他のドイツ語方言とは異なった歴史を歩んできたことを示そうとしている。

> L'idiome luxembourgeois représente la langue parlée inofficielle qui s'emploie dans la conversation de tous les Luxembourgeois sans exception, et ne peut pas être comparée à un dialecte gemanique quelconque. L'indépendance politique y est, certes, pour une large part, mais la région luxembourgeoise, à raison de sa situation périphérique, n'a pas suivi le rythme de l'évolution linguistique des autres terres germaniques.
>
> ルクセンブルクの言葉は、すべてのルクセンブルク人の会話において例外なく用いられる非公式な話し言葉を意味するものとなっており、そこらのゲルマン語の方言と比較できるものではない。政治的な独立というのも確かに大部分においてあるが、しかしそれだけではなく、ルクセンブルクの地域が、その周辺の状況ゆえに他のゲルマン語圏の言語的な発展に従わなかったというのもある。[66]

ブルッフは、自らの研究を用いてヴェルターやフェルテスの持っていたルクセンブルク語に対する言語観、すなわちルクセンブルク語とは他のドイツ語方言とは異なり、歴史的に全く別のものであるのではないかということを学問的に実証しようとした。

そして純粋に民衆語から作られたルクセンブルク語は、かつてロマンス語の文化を吸収したというのがブルッフの思想であった。それは以下のようにエスニックなルクセンブルク人に元来備わっている二元性（dualisme・デュアリズム）として語られるようになった。

> Le dualisme ethnique de notre caractère, dénoncé par Michel Rodange, perce à travers la facture de son épopée < Renert > .

---

66) Feltes, J.（1938）p. 424、訳は筆者。

我々の特徴としてのエスニックな二元性は、ミシェル・ロダンジュによって示されていることだが、彼の叙事詩「レーネルト」の様式に一貫して表されている。[67]

　この「二元性」の考え方は、すでに述べた N. リース（Nicolas Ries）によるもの、すなわちフランス語、ドイツ語のどちらも用いることにルクセンブルク人の特徴を見いだそうとしたものとは異なることに注意しなければならない。ブルッフのいう二元性とは、19 世紀からしばしば言われてきた 2 つの方向の国民意識、もしくは言語意識、外国語の運用能力に根ざす多言語性と、ルクセンブルク独自のもの、特にルクセンブルク語こそが国民性なのであるという単一言語性の考えという、一見別の方向性を持った両者の意識を結び付け、言語と国民を一致させる役割を果たそうとしたと考えられる。

　しかしブルッフは、ルクセンブルク語はまだ言語として完全なものではない、という考えの持ち主でもあった[68]。すなわちルクセンブルク語の使用領域は話し言葉に限定されるものであり、書き言葉としては純粋な外国語であるフランス語やドイツ語を用いるべきであると考えていた。言語使用に関するこの考えは後に述べる F. ホフマン（Fernand Hoffmann）の三言語使用・三言語併存の考えに受け継がれることになる。

4 節　3 章のまとめ

　第二次世界大戦後のナチス・ドイツによる支配を通じてナショナリズムが高揚し、母語意識、すなわちルクセンブルク語に対する愛着がこれまで

67）Bruch, R.（1957）p. 4, 訳は筆者。
68）Bruch, R.（1954c）p. 37.

になく強まった。一方、ドイツ語の心理的な地位はほとんど地に落ちたといってもよかった。このような状況で、ルクセンブルク語の正書法改革が行われた。しかし、英語的な綴りを用い、かつ音声と文字の対応にあまりにも忠実であったこと、それまでのドイツ語的な綴りからあまりに乖離してしまった1946年の正書法改革は失敗に終わった。その後、ドイツ語の習得を前提とする、別組織による正書法が作成され、1950年に発表されて落ち着いた。このことは反ドイツ的な風潮の中でもドイツ語がルクセンブルクにおける社会生活には必要不可欠であったことを浮き彫りにした。

　1950年に発表された正書法はルクセンブルク語辞典委員会によって作られたものであった。彼らの強い母語意識は否定できないが、それでもルクセンブルクにおいてはドイツ語が不可欠であることに加え、ルクセンブルク語を書き言葉として独立した言語にはできないという考えであった。そのなかで、委員の1人であり最若手だった言語学者ブルッフは、独自の理論によってルクセンブルク語は元来他のドイツ語方言とは全く異なるものであることを示そうとした。その思想は過去と現在、言語と国民を強く結び付けようとするものであり、強いイデオロギー性を伴うものであった。

　その一方でブルッフは、ルクセンブルク語はあくまで話し言葉であり、外国語としてフランス語やドイツ語を用いることには特に反対していなかった（彼自身がフランス語やドイツ語で論文を発表していることからもそれは明らかであろう）。これは後に三言語使用・三言語併存と呼ばれる言語の機能分化、機能分担の考えへとつながっていく。1960年代からはブルッフの後継者といってもよいホフマンがルクセンブルクの言語学界をリードする。ホフマンは後にルクセンブルク語を国語とし、公用語の1つとすることにかたくなに反対することになるが、決して母語意識や愛着が弱かったわけではない。むしろそうではなく、ブルッフなどに見られるように、ルクセンブルク語の独自性を守るために公用語の地位に押し上げることに反対したのであった。

4章 1960年代・70年代と言語学者F.ホフマン

3章では、第二次世界大戦後のルクセンブルク語正書法改革と、それに携わった当時の言語学者等の意見を検討し、分析した。特にR. ブルッフ（Robert Bruch）の理論が比較的小さな社会であるルクセンブルクの言語学界に与えた衝撃は大きかった。しかし1959年のブルッフの死後、彼の学説はドイツやルクセンブルクにおいても否定されるにいたった。

　本章では、1960年代から頭角を現し、1970年代、80年代とルクセンブルクの言語学界ではリーダー的存在として活躍し、当初はブルッフ理論の後継者であった言語学者F. ホフマン（Fernand Hoffmann）を取り上げたい。そのホフマンは1971年に登場した言語擁護団体「アクスィオゥン・レッツェブイエッシュ（Actioun Lëtzebuergesch・AL）」と対立し、ルクセンブルク語を国語、さらに事実上の公用語として定める1984年の言語法にも強く反対することになった。次の5章で言語法や単一言語主義、多言語主義について扱うことになるが、その前に単一言語主義へのアンチテーゼを打ち立てることになった、ホフマンのルクセンブルク語、さらに多言語主義への思いがどのようなものであったのかについて本章で考察したい。

1節　背景

1. 歴史的背景

　これまでにも説明したように、フランス語圏の領土を失ったルクセンブルクは、言語的にはドイツ語圏（ゲルマン語圏）に属していたが、フランス語はドイツ語とともに公的な分野で用いられただけでなく、ドイツ語よりも威信性の高い言語として意識され、立法や国家レベルの文書の言語としての地位を保持した。1843年には初等教育においてフランス語とドイ

ツ語の二言語教育が導入され[1]、この両言語を使いこなすことは今日でも要求される。

　フランス語、ドイツ語、そして母語であるルクセンブルク語が用いられる場面や領域はそれぞれある程度分化している。特にルクセンブルク語は、ルクセンブルク人の国民統合の象徴的な存在と見なされ、話し言葉としてならば、そしてルクセンブルク語の話者同士であれば場面や階層を問わず用いられることが多い。しかし、ルクセンブルク語は正書法や辞書が存在するにもかかわらず、長い間書き言葉として用いられることは少なく、標準語として整えられ精緻化されることはなかった。

　このような背景から、ルクセンブルク人の言語意識には歴史を通じて常に2つの方向性を見ることができた。それはルクセンブルク語に対する母語主義（単一言語性）と、外国語能力を武器にして独仏両文化圏の橋渡しとなることを自認する多言語主義（多言語性）である。ルクセンブルク語の地位を規定した1984年の言語法について議論がなされた際にも同様の論争が巻き起こった。すなわち、母語であるルクセンブルク語を公用語として、書き言葉としての使用を促進し、それに伴って言語としての整備を進めるべきであるというものと、ルクセンブルク人のアイデンティティというものはフランス語、ドイツ語を使いこなすことにあるという2種類の言説である。1984年の言語法は結果的に前者の意見が突出する形で作られたものとなったが、その際に言語法、すなわち単一言語性の言説に対し最も強く反対し、フランス語やドイツ語の運用能力の維持を主張したのが、ホフマンであった。

2. F. ホフマンについて

　ホフマンは、1929年にフランス国境に近い南部の都市デュードランジュ（Dudelange）に生まれ、2000年にルクセンブルク市で没した言語学者で

---

1) Kramer, J.（1984）p. 192.

あり、文学研究者であった。1964 年にルクセンブルク語による方言文学の研究書 *Geschichte der Luxemburger Mundartdichtung*（ルクセンブルク方言文学史）の第 1 巻、続いて 1967 年に第 2 巻を刊行して文献学の世界に登場した。1979 年の著作 *Sprachen in Luxemburg*（ルクセンブルクにおける言語）は、ルクセンブルクの言語状況を社会言語学の視点から詳細に記述した研究書として、多くのゲルマニストによってルクセンブルク国外でも幅広く参照された。その知名度もあり、ホフマンは 1970 年代から 1980 年代のルクセンブルク国内の言語学の世界では大きな影響力を持つ人物であった。主な著作には上述のものを含めて以下のようなものが挙げられる。また、単著以外にも多くの論文を発表している。

1964 年・1967 年	*Geschichte der Luxemburger Mundartdichtung. Band 1 & 2.*
1969 年	*Das Luxemburgische im Unterricht.*
1974 年	*Standort Luxemburg.*
1979 年	*Sprachen in Luxemburg. Sprachwissenschaftliche und literarhistorische Beschreibung einer Triglossie-Situation.*
1981 年	*Zwischenland. Dialektologie, mundartphilologischen und mundartliterarische Grenzgänge.*

ホフマンは、1980 年に入って言語法に関する議論が始まる以前から、ルクセンブルク語の使用を促進していた言語擁護団体（AL）の活動をショーヴィニスト的であるとして厳しく批判していた[2]。言語法の議論開始後は言語法、およびルクセンブルク語の規範化はフランス語、さらにド

---

[2] Hoffmann, F.（1979）p. 38. さらに、「いささか過剰に保守的で純化主義的な活動と度を超したナショナリスティックな熱意（mit etwas zuviel konservativ-puristischem Aktivismus und überholtem nationalistischen Elan.）」とも評している。

イツ語の運用能力に支障をきたすとして強く反対した。

では、ホフマンにとってルクセンブルク語とは、また多言語主義とはどのようなものであったのだろうか。1980年代に彼が言語法に反対していく契機は何だったのか考えたい。

2節　ホフマンにとってのルクセンブルク語の位置づけ

1. 方言（Mundart・Dialekt）と標準語（Hochsprache・Standard）

　ホフマンは、1960年代から1980年代まで、ほぼ一貫してルクセンブルク語を「標準語（HochspracheもしくはStandard）」の対立概念としての「方言（MundartもしくはDialekt）と表現している[3]。方言であって標準語ではない、すなわち、規範、特に書き言葉を持たない変種である、としている。そのような主張には、どのような意味があるのだろうか。

　ホフマンを引用する前に、方言と標準語の定義についてごく簡単に整理してみたい。方言学者H.レフラー（Heinrich Löffler）は、方言というのはそれ独自で定義されるものではなく、方言でないものとの区別によってのみ定義が可能である、とした上で[4]、方言と標準語を区別する基準とし

---

[3] Hoffmann, F.（1964）p. 13. "Die eigentliche Muttersprache des Luxemburgers ist seine Mundart."; Hoffmann, F.（1969）; Hoffmann, F.（1974）. 学説によってはMundartとDialektに異なった定義を与えることもあるが、ホフマンは両者を区別していない。

[4] Löffler, H.（2003）p. 8. レフラーや他の研究者も指摘しているように、言語形態を方言と標準語という単純な二項対立で捉えることで半方言（Halbmundart）や、方言よりも通用範囲の広い日常語（Umgangssprache）といった他の重要な概念や、そもそも定義に潜むイデオロギー性を見失う恐れがあるが、本章の主題ではないため割愛する。

て6つの要素を挙げている。それは次のとおりである[5]。

① 言語学的な基準（文法的な全てのレベルを網羅しているか）

② 言語の使用領域による基準（親しい間柄や地域で、話し言葉として用いられるのか、それとも公的な分野で、広域に、書き言葉としても話し言葉としても用いることができるのか）

③ 言語の使用者による基準（労働者や農民、学校教育を十分に受けていない者といった下層に属する人なのか、高級な役人や企業家、学問的な職業に就いているような中層・上層の人なのか）

④ 言語の歴史的な成り立ちによる基準（標準語になる前の方言なのか、方言が規範を獲得して価値を伴っているのか）

⑤ 空間的な広がりによる基準（地域に根ざしたものなのか、超地域的なものなのか）

⑥ コミュニケーションの範囲による基準（制限された、最小限のコミュニケーション範囲なのか、制限されない、最大限のコミュニケーション範囲なのか）

また、A. ヒュスマン（Anette Huesmann）によると、標準語[6]は次に挙げる特徴のうちのいずれか2つ以上を持ち合わせている、としている。

① コード化（規範化）されていること

② 超地域的であること

---

5) Löffler, H.（2003）pp. 1-9.
6) Huesmann, A.（1998）ヒュスマンは"Hochsprache"ではなく"Standard"の表現を「標準語」概念にあてている。

③　高い威信性を持っていること

　標準語のさらなる特徴として、ヒュスマンは、文化的、政治的に影響力のある特定の集団に用いられ、規範の一部が公的にも認められているもの、とも述べている[7]。規範の存在、超地域性、威信性、広範な通用範囲という点が標準語の特徴と考えるところでレフラーとヒュスマンの考えに大きな相違は見られず、標準語と方言を区別する基準とすることができよう。

　ルクセンブルク語については、辞書や正書法こそ存在するものの、形態や統語、語彙などは標準化されておらず、規範が存在するとはいえない。特に1960年代や70年代前半は国家プロジェクトとして行われた辞書編纂がまだ途上の段階[8]であり、現在のように多くのルクセンブルク語作家が活動していたわけでもなかった。また、超地域性という点では、すでに20世紀初頭にはR. エンゲルマン（René Engelmann）が共通変種コイネーについて言及している。エンゲルマンはルクセンブルク語コイネーについて、諸方言と併存する「予備言語（Reservesprache）」であると定義している[9]。コイネーの存在をきっかけとして他のドイツ語方言とは異なる母語意識を生み出したと考えられよう。広範な通用範囲という点では、20世紀初頭にはルクセンブルク語話者同士であれば、社会階層を問わずルクセンブルク語による会話が成立していたことを考えると肯定できる。しかし威信性や通用範囲という点では、フランス語やドイツ語のように書き言葉として用いられない限りは、限定的と見るべきであろう。

---

[7] Huesmann, A.（1998）さらにヒュスマンはどのような変種が標準に含まれるのかについても定義しているが、本書では省略する。
[8] 1950年から1977年にかけて徐々に出版された *Luxemburger Wörterbuch*（ルクセンブルク語辞典）を指す。
[9] Engelmann, R.（1910）p. 10; 小川（2006）p. 59；田原（2009）p. 4. なお、田原は予備言語としてのコイネーの出現と19世紀のルクセンブルク語正書法論争との関係性について論考を行っている。

2. ホフマンにとって標準語を持ちえないルクセンブルク語

　ホフマンはルクセンブルク語を「方言」と常に表していたが、ルクセンブルク語が国民意識の形成と密接に結び付いていると認識していたこと、そしてルクセンブルク語こそがルクセンブルク人の独自性の証であると見なしていたことは次の言葉からも読み取れる。

> In der Geschichte der Luxemburger Mundartdichtung spiegelt sich ein gutes Stück der Geschichte des Erwachens und der Festigung des luxemburgischen Nationalbewußtseins.
>
> ルクセンブルクの方言文学の歴史には、ルクセンブルク人の国民意識の目覚めと強化の歴史が映し出されているのだ。[10]
>
> Das Luxemburgische ist einer der Hauptträger unserer nationalen Eigenart.
>
> ルクセンブルク語は、我々の国民的独自性の主要なものを持つものの1つである。[11]
>
> Dieses Nationalgefühl, mag auch vieles davon künstlich gezüchtet worden sein, ist heute ein wichtiger – wenn auch nicht der einzige – Garant unserer Unabhängigkeit.
>
> この国民感情は、多くは人工的に作られてきたものとも言えるが、今日では我々の独立性を保証する、（唯一のものでないとしても）重要なものの1つである。[12]

---

10) Hoffmann, F.（1964）p. XIII、訳は筆者。
11) Hoffmann, F.（1969）p. A87、訳は筆者。
12) Hoffmann, F.（1969）p. A87、訳は筆者。

また、話し言葉としての使われ方という点でも、他のドイツ語圏の方言とは位置づけが異なることを認識していたこと、ルクセンブルク語はすでにドイツ語とは別の、独自の道を歩んでいると認識していたことが、次の引用からも読み取ることができよう。

> Jenseits der Grenzflüsse beginnt die preussische Staatsgesinnung an Boden zu gewinnen und alle Schichten der Bevölkerung zu durchsetzen. Dadurch wird dort die Mundart nach und nach umgebildet und von der Hochsprache verdrängt, während sie im Luxemburgischen nach wie vor alle Lebensbereiche beherrscht, und sogar, besonders nach dem letzten Weltkrieg, im offiziellen wie im kirchlichen Leben, neben dem Französischen und Deutschen an Bedeutung gewinnt. [...]
>
> Bis in unsere Tage hat das Luxemburgische nicht aufgehört, seine eigenen Wege zu gehen.

> 国境線の向こう側[13]では、プロイセンの国家の考え方が底辺まで、住民のどの層にも行き渡った。その過程で、そちらでは方言は次第に形を変えていき、標準語によって押しのけられてしまった。その一方で、ルクセンブルクでは依然として方言[14]が生活のすべての領域で用いられ、そしてさらには、第二次世界大戦後には教会のような公的な場でもフランス語やドイツ語と並んで方言が重要性を持つようになった。
>
> 今日に至るまで、ルクセンブルク語は独自の道を歩むことをやめなかったのだ。[15]

ルクセンブルク語がルクセンブルク人の独自の言語であるならば、単一言語性の意識からすれば、ルクセンブルク語は国語として、規範を与えら

---

13) ドイツを指す。
14) ルクセンブルク語を指す。
15) Hoffmann, F.（1964）p. 20、訳は筆者。

れた標準語に育成されるべきものであると考えられる。ナショナリズムが「外部との区別を促進」し、「言語においては、唯一の言葉を持つだけでなく、自分たちだけの言語を持とうとし、ネイションは独自の言語を、近代化を伴って完全に育成された（fully developed）言語、すなわち標準語にしようとする」と E. ハウゲン（Einar Haugen）が述べているように[16]、ナショナリズムと言語を結び付けるはずである。しかしホフマンは、強い母語意識、そして国民意識を持つにもかかわらず、その点においては全く見解が異なっていた。1964年の著作において、ホフマンは次のように述べている。

> Auch hier nimmt das Luxemburgische eine Sonderstellung ein. Unsere Mundart weigert sich, sich zu verjüngen.
>
> （B. マルティン（Bernard Martin）が方言には語彙を創造する力があると述べているのを指摘して）この点においてもルクセンブルク語というのは特別な位置にある。我々の方言は若返ることを拒むのである。[17]
>
> Das Luxemburgische ist nähmlich nicht nur unfähig geworden, aus sich neue Worte zu gebären, sondern es verliert auch eine Menge alten Wortbestandes. Hier stellt sich der Mundartdichtung eine wichtige Aufgabe: altes, kostbares Wortgut für kommende Generation zu bewahren.
>
> ルクセンブルク語は新しい語彙を作り出す力をなくしたばかりでなく、多くの古い語彙を失いつつある。ここにこそ、方言文学の重要な課題がある。それは、古い、価値のある言語の素材を将来の世代のために保存することである。[18]

---

16) Haugen, E.（1966）pp. 244-245；Haugen, E.（1983）p. 271. ハウゲンはこの過程を規範文法化（grammatication）と呼んでいる。詳細は1章を参照。
17) Hoffmann, F.（1964）p. 27、訳は筆者。
18) Hoffmann, F.（1964）p. 28、訳は筆者。

4章　1960年代・70年代と言語学者 F. ホフマン

　この言葉からわかるのは、ルクセンブルク語は根本的に古いものであり、古いルクセンブルク語こそが本来の姿であるとホフマンが考えていたことである。すなわち、ホフマンは言語の純粋な（もしくは純粋であると思われる）状態を保つことに力点を置いているのである。言語が近代化していく過程で、古いものをよりよいものと見なす考え方は言語の純化にありがちなことではある。しかしそれは言語が近代化するからこそ、その反作用として生じる考えであろう。ホフマンは、この点でルクセンブルク語を近代的なものに育成することには後ろ向きであったことがわかる。

　また次の言葉からは、ホフマンがルクセンブルク語の歴史的な特殊性の根拠としてブルッフの思想を継承していたことがわかる。

> Was wir sprechen, ist eine alte Bauernsprache, die im Luxemburger Lande gesprochen wird, seit der erste Franke im 6. Jahrhundert nach Christus sich mit seiner Familie in den reichen Niederungen des Gutlandes eine Wohnstatt schuf.
>
> 我々が話している言葉は、ルクセンブルクで話される古い農民の言葉である。それは、最初にフランク人が紀元6世紀にグートラント[19]の豊かな低地に居住して以来のものである。[20]

> Was die Entlehnung aus dem Französischen angeht, so bin ich persönlich der Meinung, dass man dort, wo eine Neuprägung sich aufdrängt oder wo im Sprachgebrauch bereits zwei Wörter, davon ein französisches und ein deutsches, sich gegenüberstehen (z. B. „Televisioun" – „Fernseh"), man dem französischen Wort den Vorzug geben soll. Auf diese Weise behält das Luxemburgische seine historische Eigenständigkeit und manifestiert sich auch in der Gegenwart noch als westlichste der deutschen Idiome, das seit salischen Zeiten dem Einfluss aus dem

---

19) 一般的に、グートラント（Gutland）とはルクセンブルクの首都を含めた南部地域を指す。
20) Hoffmann, F.（1969）p. A109、訳は筆者。

romanischen Westen immer weit offen war.

フランス語からの借用に関して言えば、個人的に思うことであるが、造語が必要となる場合、もしくは言語使用においてすでに 2 つの語、すなわちフランス語系とドイツ語系（例えば"Televisioun"と"Fernseh"[21]）が対立して存在している場合、フランス語系の語に優先順位を与えるべきである。このようにすることで、サーリ人の時代からロマンス語圏西部からの影響に常に開かれていたルクセンブルク語は、歴史的な独自性を保ち、今日のドイツ語圏で最も西に位置することをはっきりさせるのである。[22]

　ルクセンブルク語は元来フランス語の要素を持ったものであり、他のドイツ語諸方言とは出自からして異なる、というブルッフの理論を援用しながら、郷土、言語、農民という言葉を用いることによって、民衆と言語を歴史的に強固に結び付けようとしていることが上記の言葉からわかる。特に後者の引用は 1981 年の著作からのものであり、比較的新しいものであることに留意しなければならない。この時点でもなおブルッフの考えを否定はせず、ホフマンはルクセンブルク語のドイツ語諸方言における独自性を強調しているのだ。
　ホフマンはさらに、ルクセンブルク語には標準語ではなく方言だからこそできることがあると主張している。標準語、すなわちフランス語やドイツ語にできることとルクセンブルク語のそれにできることを明確に区別しようとしていたのである。以下にその主張を引用する。

Die Mundart ist die Sprache des einfachen Menschen, des Alltags, der aller Raffinesse und Differenzierung waren naïvern Empfindens. [...]

Die Mundart eignet sich nicht zu hohem Gedankenflug, zu philosophischer

---

21）テレビのこと。フランス語の原語は"télévision"、ドイツ語は"Fernseher"である。
22）Hoffman, F.（1981）p. 74、訳は筆者。

4章　1960年代・70年代と言語学者 F. ホフマン

Meditation.

この方言[23]は、普通の人の日常的な、狡猾さの言葉であり、ナイーブな感覚を細分化できるものなのである。（中略）

この方言は、高いレベルでの思考や哲学的な瞑想には適していない。[24]

　フランス語やドイツ語の役割と、ルクセンブルク語の役割を明確に区別するというのは、言語の役割分担にほかならない。彼のこの考えは、H変種・L変種の概念で2つの言語変種が併存する状況を説明したC.ファーガソン（Charles Ferguson）のダイグロシア理論を応用しながら、ルクセンブルクの三言語併存（Triglossie・トリグロシア）の記述、そして理論化へとつながっていくことになる[25]。

3. ホフマンにとってのルクセンブルク語共通語コイネー

　ホフマンは、ルクセンブルク語が標準語、特に書き言葉の機能は持ち得ないと認識していた。では国内の共通ルクセンブルク語であるコイネーについては、どのように考えていたのであろうか。
　すでに1章でも述べたが、コイネーについてはホフマン以前では1910年のエンゲルマンによる記述、1953年のブルッフによる記述などが挙げられる。エンゲルマンは、「この国には共通の話し言葉の必要性があり、我々の政治的な独立と公的な二言語主義の結果、標準ドイツ語の書き言葉を通り越して、土着の方言の上位に位置するコイネーが出現した[26]」と述べている。エンゲルマンは、ルクセンブルク語と他のドイツ語方言は性質を異にするものであり、ルクセンブルク語の中の共通語であるコイネーは

---

23) ルクセンブルク語のこと。
24) Hoffmann, F.（1964）p. 31、訳は筆者。
25) Ferguson, C.（1959）; Hoffmann, F.（1979）
26) Engelmann, R.（1910）p. 10.

2節　ホフマンにとってのルクセンブルク語の位置づけ

標準ドイツ語とは異なるものであるとする[27]。また、コイネーはルクセンブルク市の北に位置するアルゼット渓谷の言葉がルクセンブルク全土に広まったものとしている[28]。ブルッフも同様に、コイネーはアルゼット渓谷で生まれ、人の往来を通じてルクセンブルク市から各地に広まったものであり、すべての土着の方言の間でのゆっくりとした均質化の産物であると定義する。さらに、それは土着の方言の位置をすでに狙うところまで来ている、と主張している[29]。それに対しホフマンは、コイネーについて次のように述べている。

Da es in Luxemburg gleich zwei Schriftsprachen（Französisch und Deutsch）und keine eigentliche Hochsprache gibt, machte dieser Prozeß vor den Grenzen des Großherzogtums Halt. Ein Hauptgrund für diesen Vorgang dürfte die durch moderne Verkehrsmittel geförderte, weitere und tiefere Durchdringung der einzelnen Mundarträume sein. In Luxemburg ist ein ähnliches Phänomen in der immer größeren Ausdehnung der Koinè, des Gemeinluxemburgischen zu sehen.

ルクセンブルクには2つの書き言葉、すなわちフランス語とドイツ語があり、ルクセンブルク語の独自の標準語というものが存在しないため、このプロセス（ドイツ語圏において標準語と土着の方言が混じり合い、中間形態である日常語（Umgangssprache）ができたこと）は大公国の国境を前にして停止した。この（標準語と土着の方言の中間形態である日常語ができるという）事象の最大の要因は、近代の交通手段によって促進された、広くて深い、それぞれの方言圏の浸透であると捉えることができる。ルクセンブルクでも類似の現象が、コイネー、すなわち共通ルクセンブルク語が常に広がりつつあることに見られる。[30]

---

27) 田原（2009）p. 4.
28) Engelmann, R.（1910）p. 10.
29) Bruch, R.（1953）p. 96, Bruch, R.（1955）p. 109.
30) Hoffmann, F.（1964）p. 20、括弧内は筆者による補足、訳は筆者。

この主張は、エンゲルマンやブルッフらのそれと大きな差はない。特にエンゲルマンの言う「政治的な独立」と「公的な二言語主義」、コイネーの存在、ルクセンブルク語の独立性を結び付ける姿勢は同様である。また1964年の著作においては、ホフマンはコイネーの説明はそのほとんどをブルッフの説明に依拠している[31]。

ルクセンブルク国内の共通語であるコイネーの出現は、言語社会学的に見れば標準語の出現の契機になり得ると考えられる。すなわち外部、ルクセンブルクについてはドイツという「外部」に対する違いを強調し、ルクセンブルク内部においては土着の方言間の違いを最小化することの第一歩と考えられる[32]。だが、ホフマンはブルッフの説を強調する形で次のように述べている。

> Robert Bruch möchte diese Koinè weder als „Halbmundart" noch als „Umgangssprache" gewertet wissen, wie sie A. Bach charakterisiert, weil sie ja kein „Ausgleichergebnis" zwischen dem Idealtyp der Schriftsprache und den bodenständigen Formen der Mundart darstellt. Am besten eignet sich nach ihm Bachs Formel von der „überlandschftlichen Verkehrssprache".
>
> ロベール・ブルッフはコイネーを『半方言(Halbmundart)』とも『日常語(Umgangssprache)』も評価しようとはしなかった。なぜならば、それは書き言葉の理想的な形と土着の方言の形との間の『均質化の結果(Ausgleichergebnis)』ではないからである。(アドルフ・)バッハの言い方を用いれば、『超地域的な通用語(Verkehrssprache)』という言い方が最も適している。[33]

コイネーから書き言葉が作られる、言い換えればルクセンブルク語の標

---

31) Hoffmann, F. (1964) p. 25.
32) Haugen, E. (1966) p. 244.
33) Hoffmann, F. (1964) p. 25、括弧内は筆者による補足、訳は筆者。

準語が作られるという考えは、少なくともここからは読み取れない。ホフマンにとって、コイネーは「超地域的な通用語（Verkehrssprache）」でしかなく、コイネーから書き言葉を作り出そうという考えはそこには見られない。むしろ後に言語法や言語擁護団体を批判するようになる頃には、その国土の小ささにもかかわらずルクセンブルク国内における土着の方言差は大きく、規範化をしようとすれば争いが起きるだろう、と警鐘を鳴らしている[34]。

ホフマンにとってのルクセンブルク語とは、書き言葉としての機能をフランス語とドイツ語にゆだねる、規範の存在しないものであった。それはドイツのロマンス語学者 J. クラーマー（Johannes Kramer）の指摘する、「規範なき国語（Nationalsprache ohne Norm）」という言葉で表すことができよう[35]。ルクセンブルク語をあえて書き言葉とはせず、書き言葉としてはフランス語やドイツ語を用いることで、隣り合う大文化圏の利点を享受しようというものであった[36]。

この考え方はルクセンブルクにおける多言語主義のイデオロギーを代表するものであり、言語擁護団体の主張と真っ向から対立する。ホフマンは、この後の 1984 年の言語法の議論の際、ルクセンブルク語を規範化し、ルクセンブルク語に標準語を与えること、すなわち書き言葉にしていくことに強く反対することになる。

3 節　4 章のまとめ

1960 年代から頭角を現した言語学者ホフマンにとって、ルクセンブル

---

34) Hoffmann, F.（1988）p. 51.「自分の言語使用が役所によって周辺に追いやられることに耐えられる地域はないだろう」詳細は 5 章を参照。
35) Kramer, J.（1994）p. 391.
36) Hoffman, F.（1964）p. 21. この主張は言語法前後でも繰り返し現れる。

ク語は母語であり、ルクセンブルク人の国民意識の象徴的存在であった。しかし同時に、彼にとってのルクセンブルク語はあくまで方言（Mundart・Dialekt）という位置づけであり、決して書き言葉（Schriftsprache）、もしくは標準語（Hochsprache）にはなり得ないものであった。書き言葉としての役割はフランス語やドイツ語が担うべきもので、ルクセンブルク語はあくまで方言という位置づけにとどまっているべきであるという考えを持っていた。共通語であるコイネーの存在も、ホフマンにとっては標準語に育成されるものではなかった。

このような考えの根本にあるのは、ルクセンブルク語とは古くから農民の用いてきた言語であり、標準語のような役割を担わせるのには不適切なものであるという認識である。またこの考え方はルクセンブルク人の多言語性を擁護することと表裏一体であった。ここにはフランス語、ドイツ語、ルクセンブルク語のそれぞれの言語が役割分担をするべきであり、ルクセンブルク人はフランス語とドイツ語を運用できなければならないという考えがあった。

1970年代初頭にはルクセンブルク語の地位を向上させ、書き言葉として育成しようとする言語擁護団体（Actioun Lëtzebuergesch）が登場する。この団体は1984年の言語法を強く後押しするが、ホフマンはそれに反対する急先鋒であった。ルクセンブルク語への母語愛は必ずしも言語を標準語に育て上げることとはならず、むしろフランス語やドイツ語の能力に主眼を置いていたのである。この点に注意しながら、次章では言語擁護団体（AL）と言語法議論について見ていく。

5章 1984年の言語法と言語イデオロギー

これまで、ルクセンブルクにおいて言語意識が語られる際には母語であるルクセンブルク語に基づく単一言語的な意識と、フランス語、ドイツ語の外国語運用能力に基づく多言語的な意識が並立してきたことについて、第二次世界大戦後の正書法改革や、1960年代から頭角を現してきた言語学者 F. ホフマン（Fernand Hoffmann）の言語意識をもとに考察してきた。

　本章では、さらに時代を進め、1980年に議論が開始され、1984年に成立した言語法を切り口にして、ルクセンブルクにおける言語意識の問題点について考察する。

　言語法によれば、ルクセンブルク語はルクセンブルク唯一の国語としてだけでなく、フランス語、ドイツ語と並ぶ事実上の公用語として規定されている。この内容については、ルクセンブルク語を公用語、すなわち書き言葉として本当に運用できるのかが問われ、大きな議論が巻き起こった。また、それまで事実上の公用語[1]として書き言葉としての地位を維持してきたフランス語やドイツ語についても、その運用と存在意義までもが問われるようになった。

　問題の根底には、従来からの表裏一体ともいえる2つの方向性からなる言語イデオロギーの衝突が存在していた。すなわち、ルクセンブルク語の単一言語性と、フランス語やドイツ語の使用により独仏両文化圏の橋渡しとなることを自認する多言語性である。本章では1984年の言語法成立以前、そして言語法成立に至るまでの双方の意見、議論を取り上げ、検討したい。

---

1) Hoffmann, F.（1979）p. 33; Kramer, J.（1994）p. 395. 1948年の憲法改正の際に言語に関する条項が空白となったため、「事実上の」と付記した。

5章 1984年の言語法と言語イデオロギー

1節 1984年の言語法

1. 1984年の言語法の内容

1984年の言語法、正確には「言語の規制に関する1984年2月24日の法（Loi du 24 février 1984 sur le régime des langues）」は、棚上げにされた1948年憲法の第29条（言語に関する条項）の空白を穴埋めするものとなっている。条文は全部で5条からなっており、ルクセンブルクの公的な言語使用について規定されている。ただし、公用語（langue officielle）という表現は用いられておらず、国語（langue nationale）、立法言語（langue de la législation）、行政言語（langues administratives）、司法言語（langue judiciaire）と分けて規定されている。1984年の言語法の全文は以下のとおりである[2]。

> Art.1er. Langue nationale
> La langue nationale des Luxembourgeois est le luxembourgeois.

> 第1条　国語
> ルクセンブルク国民の国語はルクセンブルク語である。

> Art.2. Langue de la législation

---

[2] Mémorial. Journal Officiel du Grand Duché de Luxembourg – Amtsblatt des Großherzogtums Luxemburg. Recueil de Législation. A-16（1984）pp. 196-197. なお、条文の日本語訳は、定訳となっている田村（2005）298頁に掲載されているものを再掲載した。

Les actes législatifs et leurs règlements d'exécution sont rédigés en français. Lorsque les actes législatifs et réglementaires sont accompagnés d'une traduction, seul le texte français fait foi.

Au cas où règlememts non visés à l'alinéa qui précède sont édictés par un organe de l'Etat, des communes ou des établissements publics dans une langue autre que la française, seul le texte dans la langue employée par cet organe fait foi.

Le présent article ne déroge pas aux dispositions applicables en matière de conventions internationales.

第2条　立法に関する言語

　法令およびその施行規則はフランス語で起草される。法令および規則に翻訳が付される場合、フランス語の条文のみが有効である。

　前項の対象とはならない規則が、国家、地方自治体または公施設の機関によってフランス語以外の言語で制定される場合、当該機関によって使用された言語の条文のみが有効である。

　本条は、国際協定において施行される規定の適用を除外するものではない。

Art.3. Langues administaratives et judiciaires

En matière administrative, contentieuse ou non contentieuse, et en matière judiciaire, il peut être fait usage des langues française, allemande ou luxembourgeoise, sans préjudice des dispositions spéciales concernant certaines matières.

第3条　行政および司法に関する言語

　訴訟的であれ、非訴訟的であれ行政に関して、また司法に関して、フランス語、ドイツ語、またはルクセンブルク語を使用することができる。ただし、特定分野に関する特別な規定についてはこの限りではない。

Art.4. Requêtes administratives

Lorsqu'une requête est rédigée en luxembourgeois, en français ou en allemand, l'administration doit se servir, dans la mesure du possible, pour sa réponse de la langue choisie par le requérant.

第4条　行政上の申請書

　申請書がルクセンブルク語、フランス語、ドイツ語で作成されている場合、行政機関は可能な限りその回答に申請者の選択する言語を使用するものとする。

Art.5. Abrogation

Sont abrogées toutes les dispositions incompatibles avec la présente loi, notamment les dispositions suivantes:
- Arrêté royal grand-ducal du 4 juin 1830 contenant des modifications aux dispositions existantes au sujet des diverses langues en usage dans le royaume;
- Dépêche du 24 avril 1832 à la commision du gouvernement, par le référ. intime, relative à l'emploi de la langue allemande dans les relations avec la diète ;
- Arrêté royal grand-ducal du 22 février 1834 concernant l'usage des langues allemande et française dans les actes publics.

第5条　廃止規定

　本法に抵触するすべての規定、とりわけ次の規定は廃止される。
・大公国で使用される諸言語に関して効力を有する諸規定の改正を内容とする1830年6月4日の大公命令（アレテ）。
・身分制議会との連絡におけるドイツ語の使用に関する、非公式の意見聴取による政府委員会の1832年4月24日付文書。
・公文書におけるドイツ語とフランス語の使用に関する1834年2月22日の大公命令（アレテ）。

2. 言語法の特徴

　この言語法の特徴として第一に挙げられるのは、ルクセンブルク語の公的な地位を初めて法律で保証したことである。順に中身を追うと、第1条では、ルクセンブルク人の国語（langue nationale）はルクセンブルク語である、と宣言している。話し言葉の次元に限られるが、言語法成立時にはすでに、ルクセンブルク人同士では階層を問わずルクセンブルク語によるコミュニケーションが成立していた（少なくともそう考えられていた）。この事実だけに着目すれば、第1条は現状に沿って事実を追認するだけだということになる。しかし第1条は別の、非常に重要な「宣言」という意味合いを持つ条文なのである。つまり、ルクセンブルク語は「言語学的に」ドイツ語の一方言であるという、国外、特にドイツ側の一部に見られる「ドイツ語を話す者はドイツ人であり、ドイツ国民である」というナチス・ドイツやかつての汎ゲルマン主義の思想を思わせる主張に対する反論であり、ルクセンブルク語という言語が存在するという、国外に向けて発せられた宣言である。ここで言う国語とは象徴的なものであるため、第1条では立法や行政機関、または裁判のような公の機関において使う言語を規定しているわけではなく、したがって公用語を定めたものではない。

　第2条と第3条では、言語の公的な地位と使用について規定されている。立法については例外を除いてはフランス語が、行政と司法についてはフランス語、ドイツ語、ルクセンブルク語のすべてが公用語として認められている。第1条と同様、第2条も第3条も、それまでの事実を追認するものとなっている。また、第1条によって国民の象徴としての国語の地位は唯一ルクセンブルク語が占め、第2条では立法の言語は原則としてフランス語が独占的な地位を持つ。それに対し、言語法の文面を見る限りは、ドイツ語が独占する領域、すなわち「ドイツ語でなければならない」領域が存在しないことも特徴として挙げられる。

　第4条は、田村（2005）などでも詳細に述べられているが、言語法の中

で最も紆余曲折を経て作られた条文であった。行政文書にルクセンブルク語の使用を認め、それで応答しなければならないという内容は、フランス語やドイツ語の読み書きに慣れた役人や民衆にとって、決して現実的なものではない。一方で、国語の地位のみならず公用語の地位もルクセンブルク語に与えるべきだという声もあった。妥協点として「可能な限り（dans la mesure du possible）」という文言が入った。

この第4条は、ルクセンブルク人の国民感情の問題だけでなく、これまでは話し言葉として主に用いられていたルクセンブルク語に公用語の地位を与えることで、書き言葉を与え、標準語、規範語として育成するべきなのかどうかという問題につながった。その結果、言語の使用がどうあるべきかについて、議場の内外で大きな問題となった。この点については、この後で検討する。

3. 言語法議論開始の経緯

言語法の議論のきっかけは、西ドイツの右翼的な新聞であるドイチェ・ナツィオナルツァイトゥング紙（Deutsche Nationalzeitung）が1980年3月に掲載した1本の記事であった。その内容は、ルクセンブルク語はドイツ語の方言の1つであり、ルクセンブルク人はエリートの役人にフランス語を押しつけられている、そしてルクセンブルク人の多くがナチス・ドイツのために戦った、というものであ1った。以下に一部を抜粋する[3]。

> 3000 Luxemburger sind als Soldaten für Deutschland gefallen, die Heimkehrer aber waren nach dem Krieg schwersten Verfolgungen ausgesetzt. Die beiden deutschen Niederlagen waren kaum dazu angetan, die Identifizierung mit dem Deutschen zu fördern. Der deutsche Dialekt wurde als „luxemburgische Sprache" deklariert, wobei die französische Amts- und Gerichtssprache für zusätzliche Ent- und Überfremdung

---

[3] 記事の全文は巻末の資料を参照。

sorgt. [...]

Gesetze und Verordnungen erscheinen in französischeer Sprache, deutsche Übersetzungen haben im Zweifelfall keine Geltung. Die Bevölkerung aber redet deutsch und liest deutsch. Die Zeitungen erscheinen in deutscher Sprache, sogar das Blatt der Kommunisten. Die luxemburgischen Kinder werden deutsch unterrichtet, müssen aber schon ab dem zweiten Scfhuljahr Französisch büffeln, damit sie als Untertanen die Amtssprache der Obrigkeit verstehen.

3,000人のルクセンブルク人兵士がドイツのために戦死した。帰ってきた兵士たちも戦後にひどい迫害を受けた。二度のドイツの敗戦は、ルクセンブルク語をドイツ語と同一の言語であるとするのにあまり適さなかったようだ。ドイツ語の方言が『ルクセンブルク語』であると宣言されたのである。その一方ではフランス語という行政言語、司法言語がさらなる疎遠と外からの影響をもたらしている。（中略）

法律や条令はフランス語で発行され、ドイツ語訳は疑わしき場合には効力を持たない。しかし、住民はドイツ語を話し、ドイツ語を読む。新聞も、共産主義の新聞でさえも、ドイツ語で発行される。ルクセンブルクの子供たちはドイツ語を授業で教えられるが、お役所の公用語を家臣として理解するために、学校に入って2年目からフランス語を猛勉強しなければならない。[4]

　上記の記事はルクセンブルク人の反感を買い、国民感情を大いに傷つけた。これを受け、国会では議員によって3つの動議が出された。そのうちのV. レーディング（Viviane Reding）議員が提出したものが同年6月17日に修正、全会一致で可決され、言語を法律によって規定する作業が始まった。採択されたこの動議によれば、ルクセンブルク人のアイデンティティはルクセンブルク国外で正しく理解されておらず、そのアイデンティ

4）Deutsche Nationalzeitung, Nr. 10（1980）p. 5、訳は筆者。

ティを政府が国境を超えて示さなければならないこと、1941年10月10日の国勢調査の結果、ルクセンブルク語が故郷の言語（Hémechtssprooch）として認知されたこと、9万人の居住外国人が言語的な順応抜きには社会に統合できないことなどが示されている。また、実際の言語状況を反映するため、できるだけ早い時期にルクセンブルク語を法的に国語（Nationalsprooch）と認定することなどを述べている。

この後、言語法の作成は国家評議会（Conseil d'Etat）と特別委員会（Commission Speciale）に委ねられることになり、1984年1月25日になってようやく議会で採決された。動議が採択されてから成立まで、実に約3年半の時間を要した。

4. 言語法の成立と第4条

言語法は1984年1月25日に議会において可決された。当時の新聞が「与党議員の多くは言語の規制をめぐって混乱」「国語は難産だった。意見の一致しない多数派は完全に混乱した」という表題で記事にしているように[5]、議会は紛糾した。

混乱した原因は、前述のように言語法第4条に関し、ルクセンブルク語で書かれた申請書に対してルクセンブルク語で答えなければならないのかどうか、というものであった。この第4条は1983年2月10日の特別委員会にて次のように追加されたものであった。

> Lorsqu'une requête est rédigée en français ou en allemand, l'administration doit se servir pour sa réponse de la langue choisie par le requérant.
>
> 申請書がフランス語またはドイツ語で作成されている場合、行政機関はその回答において申請者が選択する言語を使用しなければならない。[6]

---

5) Tageblatt, 1984年1月25日, p. 3; 1984年1月26日, p. 3.
6) Projet de loi sur le régime des langues, No. 2535-1、訳は筆者。

この条文には当初ルクセンブルク語は入っていなかった。しかし同年6月2日、特別委員会によって第4条は急遽、次のように修正された。

> Lorsqu'une requête est rédigée en luxembourgeois, en français ou en allemand, l'administration doit se servir pour sa réponse de la langue choisie par le requérant.
>
> 申請書がルクセンブルク語、フランス語またはドイツ語で作成されている場合、行政機関はその回答において申請者が選択する言語を使用しなければならない。[7]

このように、フランス語、ドイツ語に加えて、唐突にルクセンブルク語がこの条文に含まれることになった理由について、国家評議会は次のように回答している。

> Le Conseil d'Etat est d'avis que la langue luxembourgeoise, tant que sa grammaire et son orthographe ne sont pas généralement admises, ne devra pas être utilisée dans la correspondance des administrations. Il estime d'ailleurs que l'emploi des langues par l'administration peut se régler par instruction ministérielle. Il maintient dès lors son avis du 19 avril 1983.
>
> 国家評議会の意見としては、ルクセンブルク語の文法と正書法は一般に認められていないため、行政機関の文書に使用してはならない。行政による言語の使用については省庁ごとによって決められるものであると判断する。したがって評議会は1983年4月19日の意見を維持する。[8]

---

[7] Projet de loi sur le régime des langues, No. 2535-3、訳は筆者。
[8] 1983年4月19日に国家評議会は第4条の条項の破棄を求めていた。Projet de loi sur le régime des langues, No. 2535-3、訳は筆者。

5章 1984年の言語法と言語イデオロギー

Mittwoch, 25. Januar 1984 Nr. 20

LUXEMBURG

Aus dem Parlament
Viel koalitionsinternes Durcheinander um Sprachenregelung

Gleich zwei Mehrheitsparlamentarier zogen zu Beginn der gestrigen Sitzung eine Show ab. Der zur CSV übergelaufene Weirich reagierte auf die Vorwürfe, die der Sozialist Regenwetter ihm am Freitag gemacht hatte und der Aussteiger der letzten Woche, Herr Pescatore, warb um das Mitgefühl seiner Kollegen, weil ihm im Endeffekt seine 17,5 Mio Abgangsentschädigung bei der ARBED auf den Magen geschlagen ist. Maurice Thoss unterstrich, daß der liberale Abgeordnete mit seinen Vorwürfen gegenüber dem Parlament an der falschen Adresse sei und Pescatore von seiner eigenen Partei abgeschossen worden sei. Nach diesen Zwischenfällen ging das Parlament zur Tagesordnung über. Für viel Durcheinander sorgten die Mehrheitsvertreter beim Gesetz, das unsere Sprache zur Nationalsprache machen soll. Die Vertreter der Mehrheit sind sich nicht einig, ob denn nun Staatsbeamte auf Anträge, die in Luxemburgisch verfaßt sind, Luxemburgisch antworten müssen oder nur weitmöglichst sollen.

Auch gestern blieb das Parlament seinem Motto „Keine Sitzung ohne Spektakel" treu. Nachdem der Präsident die Zusammensetzung der Spezialkommission für die Überprüfung des Antrags auf Aufhebung der parlamentarischen Immunität von Jos Brebsom bekanntgegeben hatte, gab er dem CSV-Überläufer Weirich das Wort in persönlicher Angelegenheit.

Der CSV-Mann ging auf eine Reihe von Aussagen ein, die Jean Regenwetter im Laufe der Nachtsitzung vom Freitag an seine Adresse gemacht hatte. Weirich warf Regenwetter vor, Unwahrheiten gesagt zu haben.

Der sozialistische Abgeordnete hatte am Freitag festgestellt, daß in Weirichs Betrieb Löhne gezahlt werden, die unter dem Mindestlohn liegen. Der CSV Abgeordnete hat sich nun durch die Gewerbeinspektion schriftlich bestätigen lassen, daß er zumindest im Jahr 1983 keine Löhne unter dem Mindestlohn ausbezahlt habe.

Es stimme auch nicht, daß er 5 Mio an staatlicher und kommunaler Unterstützung erhalten habe, um Arbeitsplätze zu schaffen, neue Arbeitsplätze zu schaffen, nicht eingehalten habe.

Der Präsident ist nicht unabhängig!

Als Regenwetter sich das Wort wegen persönlicher Attacken Weirichs gegen ihn fragte, verweigerte Bollendorff es ihm ohne triftigen Grund. Dabei hatte Regenwetter versichert, er habe Belege, um Weirichs Aussagen zu widerlegen.

Der gleiche Präsident sollte sich wenig später selbst das Wort geben, um auf Attacken des liberalen Abgeordneten Pescatore zu reagieren.

Tausch und Verkauf von Grundstücken

Der CSV-Abgeordnete Urwald trug anschließend den Bericht zu sechs kleineren Projekten vor, die den Verkauf bezw. den Tausch von staatlichen Grundstücken in Alzingen, Grevenmacher, Leudelingen, Luxemburg, Diekirch und Ulflingen erlauben sollen. Mit einer Ausnahme (zwei Gegenstimmen) wurden alle Projekte einstimmig verabschiedet.

Neuregelung der Kompetenzen bei der Straßenbeschilderung

Das Projekt 2430 zur Neuregelung der Kompetenzen bei der Straßenbeschilderung hatte bereits Ende letzten Jahres im Kammerplenum zur Diskussion gestanden. Damals war das Projekt jedoch wegen einiger Unklarheiten an die zuständigen Kommissionen zurückgeschickt worden.

Das Projekt war ursprünglich von der Begrenzung der Kompetenzen der Gemeinden bei der Straßenbeschilderung und die Ausdehnung der Kompetenzen der Bauverwaltung vor. Nach längeren Diskussionen in den Ausschüssen hat man allerdings auf die Beschneidung der Kompetenzen der Gemeinden verzichtet. Man allerdings auch die Möglichkeit gegeben, im Falle wo die Gemeinden ihre Aufgabe nicht erfüllen, und eine Gefahr für die Sicherheit der Verkehrsteilnehmer besteht, die Beschilderung zu übernehmen. Allerdings müssen die Gemeindeautoritäten zuvor informiert werden.

Nachdem der Berichterstatter Gitzinger das Projekt in seiner neuen Version vorgestellt hatte, sprach sich der CSV-Abgeordnete Margue für das Gesetz aus.

Marcel Schlechter: Gefahrenpunkte beseitigen

Marcel Schlechter (LSAP) stellte fest, daß das Projekt letzten Endes ausgewogen sei und sowohl den Gemeinden als auch den Staatsinteressen angepaßt sei.

Schlechter begrüßte es, daß die Kommission sich den langeren mit dem ständig wachsenden Schilderwald auseinandergesetzt habe. Den Autofahrern werde es immer schwieriger, die aufgestellten Schilder rechtzeitig zu erkennen und was wichtiger ist, sie zu deuten.

Es sei eine Seltenheit, daß bei einer Distanz von 100 Metern 8-10 verschiedene Schilder aufgestellt sind.

Wichtig sei es zwar, bei Gefahrenquellen Schilder aufzustellen, meinte Schlechter, wichtiger jedoch sei es, die Gefahrenquellen aus der Welt zu schaffen.

Schlechter wies auf verschiedene Gefahrenpunkte hin, die er in der Südgegend im Osten des Landes hin.

Nach einer Intervention des DP Abgeordneten Rippinger kam der Transportminister zu Wort. Barthel hoffte, daß das Gesetz von „Abholzen des Schilderwaldes" beitragen werde. Das Projekt geht an den Staatsrat zurück und wird demnächst in zweiter Lesung vor das Parlament zurückgelangen.

Das Luxemburgische wird zur Nationalsprache

In zweiter Lesung stand das Projekt 2.535, das die luxemburgische Sprache zur Nationalsprache machen soll, zur Diskussion. Anläßlich der ersten Lesung hatte vor allem der Artikel für lange Diskussionen gesorgt, der festhielt daß Anträge in Französisch, Deutsch oder Luxemburgisch in der gleichen Sprache von der Verwaltung beantwortet werden müßten. Die Regierung hatte vorgeschlagen die Muß-Formel durch eine Kann-Formel zu ersetzen. Somit sollten die Beamten nicht Möglichkeit haben luxemburgische Anträge in der gleichen Sprache zu beantworten. Der Staatsrat hatte sich gegen die Muß-Formel ausgesprochen. Nach langen Diskussionen so Berichterstatterin Zois-Reding, hat die Kommission beschlossen, die „Muß-Formel" definitiv zurückzubehalten. Somit müßte ein Antrag an die Verwaltung in der Sprache beantwortet werden, in der der Antrag formuliert worden. Im Klartext heißt das, daß die Beamten in Zukunft Anträge, die auf Luxemburgisch formuliert werden, in der gleichen Sprache beantworten müssen.

Perfektes Durcheinander

Der CSV-Parlamentarier Wagener zeigte mit seiner Intervention, daß es leichter ist für die luxemburgische Sprache zu plädieren, als ein korrektes Luxemburgisch zu reden. Seine Rede war kräftig mit französischen Ausdrücken gespickt.

Er war im Gegensatz zu seiner Parteikollegin Reding der Meinung, daß in Sachen Beantwortung von Anträgen an die Verwaltung mehr Flexibilität angebracht ist, und luxemburgische Anträge nur „dans la mesure du possible" auf Luxemburgisch beantwortet werden sollten.

Somit war die Verwirrung total. Wagener brachte ein Amendement ein, das den in erster Lesung festgehaltenen, flexibleren Text übernimmt.

Werner greift ein

Kulturminister Werner, der heute nicht im Parlament anwesend sein kann, bezog sich gestern zu den ersten beiden in sich für eine flexiblere Lösung und für das Amendement Wagener aus.

Werner stellte fest, daß die Staatsbeamten zur Zeit bei ihren Aufnahmeexamen nur auf die deutsche und die französische Sprache, nicht aber auf die luxemburgische Sprache geprüft werden. Also müsse man eine gewisse Kulanz für die Beantwortung der Anträge gelten lassen.

Heute ab 14.30 Uhr wird die Diskussion weitergehen. Man darf hoffen, daß die Mehrheitsvertreter dann endlich wissen werden, was sie wollen. **M.d.B.**

1984年の言語法について伝える新聞

（Tageblatt 1984年1月25日より）

114

Donnerstag, 26. Januar 1984
Nr. 21

LUXEMBURG

Aus dem Parlament

Nationalsprache wurde zur Schwergeburt
Uneinige Mehrheit stiftete totale Verwirrung

Die schwarz-blaue Mehrheit bringt es selbst bei Fragen wie der Nationalsprache fertig, durch Uneinigkeit zu glänzen. Was die Mehrheitsvertreter, insbesondere aus den Reihen der CSV, gestern zum besten gaben, geht nicht auf die berühmte Kuhhaut. Offensichtlich wußten sie nicht was sie wollten. Die CSV-Berichterstatterin, die vorgestern die Positionen der Kommissionsmehrheit vertreten hatte, brachte es gestern fertig, einen Purzelbaum zu schlagen und in eigenem Namen genau das Gegenteil von dem zu sagen, was sie am Vortag als Berichterstatterin gepredigt hatte. Das Projekt wurde letzten Endes mit großer Mehrheit gestimmt. Über das Projekt zur Erhöhung des legalen Zinsfußes konnte nicht mehr abgestimmt werden, weil nicht mehr genügend Abgeordnete anwesend waren. Zum Schluß der Sitzung waren nicht mal mehr 10 Abgeordnete im Saal.

Ein „Knätschgummiparagraph"

Luxemburg, so der erste Redner der gestrigen Sitzung, der CSV-Parlamentarier Margue, könne sich glücklich schätzen, daß es keinen Sprachenkrieg, wie es ihn in Belgien gibt, kenne. Der Redner sprach sich dafür aus, daß die Verwaltungen in Zukunft ihre Antworten in der Sprache verfassen müssen, in der der Antragsteller ihr geschrieben hatte. Den von Werner vorgeschlagenen Zusatz „dans la mesure du possible" bezeichnete er als „Knätschgummiparagraph".

Robert Krieps: Überladen wir den Esel nicht...

Mit dem vorliegenden Gesetz, so der Sozialist Robert Krieps, werde über die ursprüngliche Zielsetzung hinausgeschossen. Ursprünglich habe das Parlament lediglich die nationale Identität unseres Landes unter anderem durch seine Sprache unterstreichen wollen. Nun habe sich die Lage jedoch kompliziert. Krieps meinte, daß es sicherlich sinnvoller gewesen wäre, statt ein formelles Gesetz zu verabschieden, eine gemeinsame Erklärung von Parlament und Regierung über die Nationalsprache abzugeben. **Der Redner warnte davor, den Esel mit guten Absichten so sehr zu überladen, daß er schlußendlich zusammenbricht.** Er trat für eine realistische Lösung ein und sprach sich gegen Paragraphen aus, die ab dem 1. Tag nicht respektiert werden. Krieps forderte deshalb das Parlament auf, bei dem in erster Lesung verabschiedeten Text zu bleiben und festzuhalten, daß ein in luxemburgisch formulierter Antrag weitmöglichst auch auf luxemburgisch beantwortet werden soll. Übrigens habe auch die „Aktioun Lëtzebuergesch" unterstrichen, daß sie den Zwangscharakter nie gefordert habe.

Krieps wies darauf hin, daß man auch das Problem der Verständigung zwischen Fremdarbeitern und Verwaltungen nicht aus den Augen verlieren dürfe.

Der sozialistische Sprecher betonte, daß die deutsche Kultursozene allmählich hierzulande Überhand nehme. Er plädierte für die Aufrechterhaltung unserer Dreisprachigkeit und unseres Bikulturalismus.

Kein Fraktionszwang

Der liberale Vertreter Hübsch gab bekannt, daß es bei diesem Projekt in seiner Fraktion keinen Fraktionszwang gebe und jeder Abgeordnete gemäß seinem Gewissen entscheiden könne. Allerdings habe sich die große Mehrheit der liberalen Abgeordneten für eine flexible Lösung ausgesprochen.

Herr Bisdorff (KP) plädierte, wie schon anläßlich der ersten Lesung, für die obligatorische Beantwortung eines Antrags in der Sprache, in der er verfaßt worden war.

An die Lernfähigkeit der Verwaltung glaubte Herr Dichter (CSV). Die Beamten würden ohne größere Schwierigkeiten die Luxemburger Schreibweise erlernen. Er sprach sich gegen das Amendement seines Fraktionskollegen Wagener aus.

Der PSI-Vertreter Gremling sagte ja zum Gesetz, sprach sich jedoch gegen die Zwangsformel bei der Beantwortung von luxemburgischen Anträgen aus.

Der neue CSV-Mann Weirich bedauerte, daß bei diesem Projekt keine Einmütigkeit zustande kam. Man dürfe nicht den Weg der Bequemlichkeit gehen. Er bekannte sich zum Text der Kommission (Zwangsformel).

Herr Frieden warnte davor, aus unserer Sprache eine Verwaltungssprache zu machen. Seit Menschengedenken seien unsere Verwaltungen auf die französische und deutsche Sprache aufgebaut gewesen und man solle nun nicht alles noch zusätzlich komplizieren.

Herr Bürger (CSV) gab sich realistisch und sprach sich gegen eine Zwangsformel aus.

CSV-Opportunismus

Die CSV-Berichterstatterin Zols-Reding ergriff dann in persönlichem Namen das Wort. Sie, die im Namen der Kommissionsmehrheit die Zwangsformel verteidigt hatte, machte nun eine Kehrtwendung und warnte vor einem Sprachenstreit. Sie stellte sich hinter die Empfehlungen ihres Premiers und desavouierte ihre eigene Kommissionsmehrheit.

Legislativer Blödsinn

Zum Schluß war die Lage so verworren, daß im Parlament nicht mal mehr Klarheit darüber herrschte, welcher Text denn nun zur Abstimmung gelangen sollte.

Schließlich wurde das Amendement Wagener, das eine Beantwortung eines luxemburgischen Antrags in luxemburgischer Sprache „dans la mesure du possible", mit 45 gegen 5 Stimmen, bei 7 Enthaltungen, angenommen.

Der Text heißt also nun wie folgt: „Lorsqu'une requête est rédigée en luxembourgeois, en français ou en allemand, l'administration doit se servir, dans la mesure du possible, pour sa réponse de la langue choisie par le requérant".

Herr Rippinger, der sich beim Votum enthalten hatte, meinte, daß diese Formulierung „legislativer Blödsinn" sei, da eine Zwangsformel „doit" von einer „Kannformel" gefolgt werde, also eine fakultative Verpflichtung darstelle.

Das Projekt wurde mit 48 gegen 3 Stimmen, bei 5 Enthaltungen, angenommen.

Erhöhung des legalen Zinssatzes

Ebenfalls in zweiter Lesung gelangte das Projekt zur Erhöhung des legalen Zinssatzes vor das Parlament. Der legale Zinssatz, der bei Gerichtsurteilen zum Tragen kommt, wird in Zukunft jährlich an die auf dem Geldmarkt geltenden angepaßt werden. Der Staat schließt sich also nun dem Zinswucher auf dem Geldmarkt an.

Der CSV-Sprecher Mosar sprach sich für den Text aus.

Lasten einseitig verteilt

Die sozialistische Partei, so Robert Krieps, könne das Projekt nicht stimmen, weil die Lasten zu stark auf die Schultern der Leute gelegt werden, die Geld schulden.

Krieps bedauerte auch, daß das Projekt als Vorstand für die Erhöhung der Versicherungsprämien diente. Der Zeitpunkt sei nicht angebracht, um die Zinsen zu erhöhen. Das Projekt sei nicht konjunkturgerecht und es bestehe die Gefahr, daß es dadurch zu zusätzlichen Bankrotten kommen werde. Krieps hoffte, daß die Regierung vorsichtig mit den Kompetenzen umgeht, die ihr vom Gesetz zugestanden werden.

Frau Wagner-Brasseur (DP) wies ihrerseits darauf hin, daß die bisher geltende Regelung die Gläubiger stark benachteilige.

Für die KP meinte Herr Bisdorff, daß der legale Zinssatz nicht an die Zinsen auf dem Kapitalmarkt, sondern an die Inflationsrate angepaßt werden sollte.

Der Text, so Staatssekretär Helminger, stelle einen akzeptablen Kompromiß dar. Er forderte das Parlament auf, ihn zu stimmen. Das wird jedoch erst heute geschehen.

Schenkungen an Staat und gemeinnützige Institutionen

Über das Gesetz 2614 wird die Prozedur geregelt, die bei Schenkungen von Mobiliar und Immobilien zum Tragen kommt. Bei mobiliaren Gütern (auch Geldsummen) bedarf es keiner Genehmigung der Regierung von einem Gegenwert von 500.000 Franken (bisher unter 10.000 Franken). Bei immobilienschenkung bedarf es immer eines großherzoglichen Reglementes. Der CSV-Sprecher Fischbach stellte fest, daß das Projekt Schenkungen erleichtere. Es sei ein gutes Projekt, das das Parlament getrost stimmen könne. Auch Herr Hübsch (DP) sprach sich für das Projekt aus. Herr Bisdorff ging auf die historischen Hintergründe des Projektes ein, und Herr Margue begrüßte, daß der Staat sich gegenüber Schenkungen weniger mißtrauisch zeige.

Auch über dieses Projekt kann erst heute abgestimmt werden.

Sitzungsbeginn: 14.30 Uhr.

M.d.B.

5章　1984年の言語法と言語イデオロギー

Donnerstag, den 26. Januar 1984

POLITIK UND GESELLSCHAFT

Aus dem Parlament

Gesetz über unsere Nationalsprache verabschiedet

Abstimmung über die Erhöhung des gesetzlichen Zinsfußes soll heute erfolgen

jp. Den weitaus größten Teil der gestrigen Parlamentsdebatten nahmen die Diskussionen zum Gesetz über die Erklärung der luxemburgischen Sprache zur Nationalsprache ein. Meinungsverschiedenheiten gab es quer durch alle Reihen was den Artikel 4 der Gesetzesvorlage betrifft, in dem festgelegt werden sollte, daß Verwaltungen an die gerichtete Gesuche in der vom Antragsteller gewählten Sprache zu beantworten hätten. Mehrheitlich entschied sich die Kammer nach langen Diskussionen jedoch dafür, daß dies nur im Rahmen des Möglichen geschehen soll. Auf heute vertagt wurde die Abstimmung über die Erhöhung des gesetzlichen Zinsfußes, doch dürfte ein positives Votum zu erwarten sein.

Ebenfalls heute gelangt eine gestern durchdiskutierte Gesetzesvorlage über die Vereinfachung von Schenkungen zugunsten verschiedener Vereinigungen zur Abstimmung.

Mit den Diskussionen um den Gesetzesentwurf über die Erklärung der luxemburgischen Sprache zur Nationalsprache nahm die Abgeordnetenkammer ihre Arbeit auf. Im Mittelpunkt der Diskussionen stand wie am Vortrag der Artikel 4 des Entwurfs, in dem es heißt, daß die Verwaltungen in luxemburgischer, französischer oder deutscher Sprache verfaßte Gesuche in der vom Antragsteller gewählten Sprache beantworten müssen. Während sich der parlamentarische Sonderausschuß für diese strikte Regelung stark machte, plädierte Staatsminister Pierre Werner schon am Dienstag dafür, die Änderungsantrag des CSV-Abgeordneten Pol Wagener anzunehmen, der in den Artikel den Zwischensatz „im Rahmen des Möglichen" einzufügen, um Schwierigkeiten bei der Behandlung von Anträgen aus technischen Themen zu vermeiden.

Als erster Redner wies gestern der CSV-Abgeordnete Georges Margue darauf hin, daß dies das erste Mal ist, daß sich das Luxemburger Parlament mit der Sprachenregelung in unserem Land befaßt. Wir wissen nicht, wie weit gekommen sind und wie unsere belgischen Nachbarn, meinte der Redner und beleuchtete dann in einem interessanten geschichtlichen Rückblick die Stellung und den Gebrauch der luxemburgischen Sprache in unserem Land.

Was den Vorschlag von Staatsminister Pierre Werner betrifft, der Gesetz die Wahl der Sprache durch die Verwaltungen nach dem Rahmen des Möglichen auszurichten, per Regierungsantrag geantwortet wird, die der Bürger gegenüber der Verwaltung gewählt hat, meinte der Redner, dies sei nicht durchzuführen, da längst nicht alle Verwaltungen der Regierung unterstehen und die lockere gesetzliche Bestimmung nur zu Mißbräuchen und Verwirrungen führe. Georges Margue sprach sich deshalb klar für den Vorschlag des Spezialausschusses und gegen den Änderungsantrag aus

Keine Schikanen durch strikte Sprachregelung

Robert Krieps (L. AP) verwies auf die Tradition der deutschen und der französischen Sprache in Luxemburg und fragte sich, ob es einen Sinn habe, etwas gesetzlich festzulegen, was in der Praxis kaum durchzusetzen ist, da man einen Beamten, der auf einen Antrag in luxemburgischer Sprache in deutscher Sprache antwortet, wohl kein Disziplinarverfahren androhen wird. Der sozialistische Redner sprach sich für die lockere Version des Artikels 4 aus.

René Hubsch (DP) betrachtete das Problem vom praktischen Standpunkt aus und erklärte, daß die Mehrheit der DP-Fraktion dem Änderungsantrag zustimmen werde. Es gelte in der Tat nicht, unsere Beamten mit allzu strikten Sprachregelungen unnötig Schikanen auszusetzen.

Aloyse Bisdorff (KP) hingegen machte sich aus dem vom parlamentarischen Sonderausschuß vorgeschlagenen Text stark.

Jean-Pierre Dichter (CSV) meinte, auch die Schreibweise der luxemburgischen Sprache lasse sich ohne große Probleme erlernen. Er erinnerte an die Anstrengungen und Erfolge der Aktioun Lëtzebuergesch auf dem Gebiet der Propagierung der luxemburgischen Sprache. Die Abgeordnetenkammer sollte nicht am guten Willen der Beamten zweifeln und dem Vorschlag des Spezialausschusses zustimmen.

Aus dem Luxemburgischen keine Verwaltungssprache machen

Jean Gremling (PSI) meinte, es sei eine gute Sache, wenn eine Verwaltung einen Brief auch in luxemburgischer Sprache beantworten kann, doch dürfe sie nicht dazu gezwungen werden

Jos Weirich (CSV) wiederholte im wesentlichen die Argumente seiner Vorredner und entschied sich für „den praktischen Weg".

Pierre Frieden (CSV) war der Meinung, es sei zwar gut, aus der luxemburgischen Sprache unsere Nationalsprache zu machen, doch werde man auf Schwierigkeiten stoßen, wenn man versuche, daraus auch eine Verwaltungssprache zu machen. Die luxemburgische Sprache zu einer komplizierten Verwaltungssprache zu machen hieße, ihr einen schlechten Dienst erweisen. Deshalb sei er für den Änderungsantrag.

Im gleichen Sinne äußerte sich auch der CSV-Abgeordnete René Burger.

In ihrem persönlichen Namen sprach sodann die Berichterstatterin des parlamentarischen Sonderausschusses Viviane Reding. Sie meinte, man riskiere, mit dem vieldiskutierten Artikel 4 der Gesetzesvorlage einen Sprachenkampf zu entfachen. Die ganz technische oder juristische Ausdrücke nur schwer oder gar nicht ins Luxemburgische übersetzen werden können, sei es dafür, die lockere Version des Artikels 4 anzunehmen, laut der eine Antrage im Rahmen des Möglichen in der Sprache des Antragstellers beantwortet werden soll.

Im Namen des verhinderten Staatsministers brachte Transportminister Josy Barthel der Präferenz der Regierung für die lockere Version zum Ausdruck.

Bei der anschließenden Abstimmung nahm die Kammer mit von Pol Wagener (CSV) eingereichten Änderungsantrag mit 45 gegen 5 Stimmen bei 7 Enthaltungen an. Den gesamten Gesetzestext über die Erklärung der luxemburgischen Sprache zur Nationalsprache nahm das Hohe Haus sodann mit 48 gegen 3 Stimmen bei 5 Enthaltungen an.

Gesetzlicher Zinsfuß wird erhöht

Der DP-Politiker Camille Hellinckx erstattete sodann in zweiter Lesung Bericht über eine Gesetzesvorlage, mit der gesetzliche Zinsfuß der aktuellen Gegebenheiten auf den öffentlichen Kapitalmärkten angepaßt werden soll. Während auf den öffentlichen Kapitalmärkten die Zinssätze zur Zeit um die 10-Prozent Marke pendeln, beträgt der gesetzliche Zinsfuß immer noch lediglich 6 Prozent, was in einer Reihe von Ungerechtigkeiten geführt habe.

CSV-Fraktionspräsident Nicolas Mosar wies darauf hin, daß die Differenz zwischen gesetzlichem und auf dem freien Markt üblichem Zinssatz unredlichen Schuldnern selbst im Falle einer Verurteilung staatliche Gewinne auf Kosten ihrer Gläubiger eingebracht habe. Im Namen seiner Fraktion bat er der

Kammer, den von der Kommission vorgelegten Gesetzestext anzunehmen.

Robert Krieps (LSAP) sprach sich gegen eine Erhöhung des gesetzlichen Zinssatzes aus, da eine solche Erhöhung die Versicherungsprämien in die Höhe treibe und so Auswirkungen auf den Index habe. So würden auch die Leute geschädigt, die keine Schulden haben. Seine Fraktion stimme daher gegen die Gesetzesvorlage.

Anne Brasseur (DP) wies darauf hin, daß eben auch bei Gläubigern das Geld knapp ist und diese vor unredlichen Schuldnern geschützt werden müssen. Ihre Fraktion werde daher für die Vorlage stimmen.

Nach kurzen Stellungnahmen des KP-Abgeordneten Aloyse Bisdorff und von Staatssekretär Paul Helminger wurde die definitive Abstimmung über die Gesetzesvorlage auf heute vertagt.

Schenkungen sollen erleichtert werden

Die Erleichterung von Schenkungen zugunsten des Staates und anderer moralischer Personen des öffentlichen Rechts sowie Vereinigungen ohne Gewinnzweck und Anstalten öffentlichen Nutzens war das Ziel einer ebenfalls von Camille Hellinckx dargelegten Gesetzesvorlage. Diese sieht vor, daß Immobilienschenkungen weiter genehmigungspflichtig bleiben, daß jedoch Zuwendungen von beweglichen Gütern bis zu einem Wert von 500.000 F ohne spezielle Genehmigung erfolgen können.

Marc Fischbach (CSV) wies darauf hin, daß alle bestehenden Bestimmungen über Schenkungen eine vorherige Genehmigung vorsehen. Der Redner stellte die Notwendigkeit einer Kontrolle der testamentarischen Schenkungen von unbeweglichen Gütern an, fragte sich jedoch, ob eine Kontrolle der Schenkungen zugunsten von Vereinigungen des privaten Rechts noch angebracht ist. Marc Fischbach brachte die Zustimmung seiner Fraktion zu dieser Gesetzesvorlage zum Ausdruck.

René Hubsch (DP) kündigte ebenfalls ein positives Votum seiner Fraktion zu dieser Gesetzesvorlage an.

Nachdem die KP-Abgeordnete Bisdorff seine Zustimmung zur Gesetzesvorlage angekündigt hatte, wunderte sich Georges Margue (CSV) darüber, daß der Staat bei Schenkungen gegenüber Vereinigungen ohne Gewinnzweck mißtrauischer ist als gegenüber Vereinigungen mit Gewinnzweck. Margue fragte sich, wenn die Organisation des Roten Kreuzes angesehen wird und Vereinigungen profitieren können. Staatssekretär Paul Helminger wies darauf hin, daß die zur Diskussion stehende Gesetzesvorlage nicht zum Ziel habe, jede staatliche Kontrolle abzubauen, sondern diese der modernen und den heutigen Gegebenheiten anzupassen.

Außerdem, wie denn die Organisation des Roten Kreuzes angesehen wird und eine Reihe von geplanten Erleichterungen profitieren könne. Die definitive Abstimmung über diese Gesetzesvorlage wurde auf heute vertagt.

Ende der Sitzung: 18.30 Uhr.

1984年の言語法について伝える新聞

（Luxemburger Wort 1984年1月26日より）

上記から、国家評議会としては、ルクセンブルク語が第4条に含まれることには消極的であったことがわかる。これに対して特別委員会は、ルクセンブルク語、フランス語、ドイツ語の三言語は平等に扱われるべきであること、ルクセンブルク語を国語として宣言している第1条と矛盾することなどを根拠として、第4条にルクセンブルク語を入れたままにしておくように主張した。そして次のように述べている。

> Elle pense en outre, que la grammaire du luxembourgeois est bien établie et que son orthographe officielle, déjà admise par grand nombre de compatriotes et d'étrangers, [...] sera rapidement admise par tout un chacun.
>
> 特別委員会はさらに、ルクセンブルク語の文法はきちんと確立し、正式な正書法はすでに多くの同胞と外国人に受け入れられており、早急にすべての人に受け入れられるようになると考える。[9]

このように、国家評議会と特別委員会ではルクセンブルク語に対する姿勢は全く異なるものであった。国家評議会は書き言葉として運用できるのはこれまで通りフランス語とドイツ語のみであるという意見を持っていたが、特別委員会は、ルクセンブルク語は書き言葉として運用可能なものであるという立場であった。紆余曲折の末、特別委員会の法案が議会で審議にかけられることになった。また、第4条にルクセンブルク語が入るのがあまりにも唐突であったことから、国語としての地位は確実になったと確信したルクセンブルク語擁護団体側が、さらなる地位向上を目指してロビー活動を行ったと考えることもできる[10]。

住民がルクセンブルク語で行政に問い合わせた場合、行政文書はルクセンブルク語で答えなければならないという内容を含む条文は、それまでの

---

9) Projet de loi sur le régime des langues, No. 2535-3、訳は筆者。
10) 後述するが、言語擁護団体（Actioun Lëtzebuergesch・AL・アクスィオゥン・レッツェビィエッシュ）の代表 L. ロートは言語法の作成に関わっていた。

公的なレベルにおける言語使用のバランスを変えることに他ならない。また、書き言葉としてのルクセンブルク語を作ることはルクセンブルク語に標準語を与え、規範化することを意味し、法的な地位向上だけではない、大きな挑戦となるものであった。

　役人がルクセンブルク語で文書を作成し、市民の問い合わせに答えられるかどうかについては、1983年7月6日から7日にかけて議論されたが結論は出ず、7日に「可能な限り（dans la mesure du possible）」という文言を入れる妥協案が提示された[11]。翌年の1984年1月24日から25日にかけても議論され、「可能な限り」の文言を入れて可決に至ったものの[12]、議員それぞれの言語観は様々であり、政党によって拘束もされなかったため、議論は全く収拾がつかなかったようである[13]。

　さて、このような経緯で成立した言語法であったが、その成立過程には1つ疑問が浮かび上がる。今日ほどではないとしても、すでに欧州統合が進展しつつあり、独仏両国が政治的に大きく対立する心配がもはやなく、ルクセンブルクという国家が再び踏みにじられることなどあり得なかった1980年代に、なぜあえて「国民」を意識させる言語法を成立させるに至ったのか、である。議論開始の直接のきっかけはドイツの新聞記事であったが、下地と要因は他にも存在した。それは徐々に変わりつつあったルクセンブルク国内の人口動態や、1970年代から活動していたルクセンブルクの言語擁護団体「アクスィオゥン・レッツェブィエッシュ（Actioun Lëtzebuergesch・以下AL）」の存在などである。

　次節では、ルクセンブルク語を推進、促進したイデオロギー（単一言語性のイデオロギー）とその担い手たち、そしてルクセンブルク語の過度な推進、促進に反対し、フランス語やドイツ語の運用能力を重視したイデオ

---

11) Compte rendu des séances publiques. Session ordinaire 1982-1983, pp. 5187-5281.
12) Compte rendu des séances publiques. Session ordinaire 1973-1984, p. 2033.
13) 当時の新聞記事からも、与党内ですら意見が統一されなかったことが読み取れる。また、「可能な限り」という文言が入ることで、何も現状と変化ないではないかという声も存在していた。Tageblatt, 1984年1月26日, p. 3.

ロギー（多言語性のイデオロギー）とその担い手たちについて考察していく。これら2つの言語意識は、この時代に限らず、常にルクセンブルク人の言語意識を表象するものであった。

2節　単一言語性の意識

1.　採択された動議

　筆者がまず注目したいのは、1984年の言語法についての議論が開始される際に採択された動議で触れられている、1941年10月10日の国勢調査である。この国勢調査については1章で述べたが、ナチス・ドイツ支配下のルクセンブルクにおいて、当時のナチス・ドイツがルクセンブルクのドイツ化プロパガンダの一環として実施しようとした調査であった。そこには国籍（Staatsangehörigkeit）、母語（Muttersprache）、民族（Volkszugehörigkeit）を記入する項目があり、すべてに「ドイツ（deutsch）」が記入されることになっていた。これに対し、住民の96％以上が「3つともルクセンブルク（dreimol Lëtzebuergesch）」と書く準備をしていたことがわかり、この国勢調査は急遽中止になったというものである。

　この事件は、ルクセンブルクのナチス・ドイツに対するレジスタンスの象徴となるだけでなく、母語が完全に独立した言語「ルクセンブルク語」であるという意識が民衆レベルで根付き、母語意識と国民意識を結び付ける決定的な記念碑的な事実となった。その後、この国勢調査の逸話はルクセンブルク国民とルクセンブルク語を結び付ける歴史上の一種の「主たる物語（master narrative）」の一部として語られるようになり、ことあるごとに引用されることになる。それはこの動議においても同様であった。すなわち、言語に関する議論であるから当然とはいえ、ルクセンブルク語こそ

が国民意識の根幹をなすものとし、その根拠を1941年の国勢調査に求めようとしている。このことは、国民共通の記憶を手段としながら、言語と民族、そして国家の3つが重なり合わなければならないという単一言語イデオロギーとなっている[14]。

また一方で、この動議では居住外国人の「統合（Integratioun）」についても言及されており、ルクセンブルク語を母語としない外国人にルクセンブルク語を習得してもらうことで、彼らを社会に統合することを提案している。これらは、1971年11月に設立された言語擁護団体（AL）の考えや運動と重なり合っていた。

2．ルクセンブルク語擁護団体 Actioun Lëtzebuergesch（AL）

では、言語擁護団体・ALとはどのようなものだったのであろうか。AL、特に設立メンバーであり初代代表であったL. ロート（Lex Roth）[15]は1984年の言語法の成立に対して強い影響力を及ぼしたとされている。ALは、ルクセンブルク国内の外国人増加などを背景に、ルクセンブルク語の振興を目的として、1971年11月27日に設立された。ルクセンブルク語の地位向上、なかんずく書き言葉としての使用領域の拡大を目指していた。ALの具体的な活動内容には、以下のようなものが挙げられる[16]。

- ルクセンブルク語による機関誌 *Eis Sprooch*（アイス・シュポローホ、「我々の言語」の意味）の発行
- 学校教育でのルクセンブルク語の拡充（教科書編纂等）
- カトリック教会におけるルクセンブルク語の使用の促進
- ラジオやテレビを用いた「正しい」ルクセンブルク語使用の呼びかけ

---

14) Blommaert, J.（2006）pp. 243-244.
15) ロートは1933年、ヴィルツ市に生まれた。1954年から1971年まで語学教師を務め、1971年に自らが中心となりALを設立した。
16) Braun, J.（1980）p. 7.

・外国人に対するルクセンブルク語の講座
・新聞の死亡記事をルクセンブルク語で書くことを推進
・フランス語やドイツ語で書かれた地名看板にルクセンブルク語を併記
・外国語－ルクセンブルク語辞書（外国語－ルクセンブルク語）の編纂

　ALの活動は、新聞の死亡記事をルクセンブルク語で書くことや、フランス語やドイツ語で書かれた地名看板にルクセンブルク語を併記させるなど[17]、まさに民衆の目にとまるものであり、それによって人々の母語意識を喚起しようというものであった。

　また、1971年のAL最初の総会の記録には次のように書かれており、発足当初からALはルクセンブルク語に書き言葉としての標準語を持たせることを目標としていたことがわかる。

> An haut hu mer eis Litteratur, eis Grammatik an eis Schreifweis, an 't kënnt ee bal soen mir wiren um beschte Wee eng Héichsprooch ze ginn.
>
> 今日、我々は独自の文学、文法、書き方（正書法）を持っている。そして我々は標準語にする最良の道の上にいると言える。[18]

　機関誌である *Eis Sprooch* は、創立の翌年の1972年からほぼ毎年、1993年まで発行された。この雑誌には「続編（Nei Folleg）」という副題がつけられ、初年から「11年目」と表紙に記されていることから、1952年から1962年まで発行されていた、全く別の同名の雑誌 *Eis Sprooch. Veräinsblaat fir alles, waat lëtzebuurgesch ass*（「我々の言語・ルクセンブルク語に関わる全てのための機関誌」の意味）の正統な後継を自認、もしく

---

17) Eis Sprooch Nr. 7（1975）p. 24. 地名や通りの看板にルクセンブルク語を併記するよう担当大臣に要請したとされている。
18) Malané, C.（1972）p. 35、訳は筆者。

は主張していたものと思われる[19]。

　さらに、AL は創立時から政治的に中立であるとしているが[20]、政治家へのロビー活動も盛んに行われ、政治的な主張を常に行っている[21]。言語法の作成に関しては、創立者であるロートが中心となって AL が積極的に関与したとされる。このことから、「政治的に中立」とは党派を問わず自らの主張にかなうものを支援するという意味であると考えられる。

初代 Eis Sprooch 誌　第 1 号
（1952 年）

AL による Eis Sprooch 誌　第 1 号
（1972 年）

---

19) 1952 年から発行されていた Eis Sprooch 誌も、I. コメスらを中心として、ルクセンブルク語の母語主義から生まれた雑誌であった。結局長くは続かず、1962 年を最後に休刊した。また、AL による Eis Sprooch 誌がなぜ 12 年目ではなく 11 年目とされているのかについては不明。

20) Eis Sprooch, Nr. 1（1972）p. 37. 会の規約第 4 条に記されている。"D'Verenegong as politesch a reliéis neitral." ただし、当然ながら最初から政治的な偏向を宣言する団体は多くは存在しないと思われる。

21) Péporté, P. et al.（2010）p. 297; http://www.cvce.eu/content/publication/2011/1/17/2d32ec07-29a7-4046-bb1b-b28523fb02e/publishable_en.pdf
ロートを中心に AL は政治家、特に長年政権与党にあるキリスト教社会人民党（Chrëschtlech Sozial Vollekspartei）と深い関係を築いていた。ロートは P. ヴェルナー首相（Pierre Werner）とも懇意な間柄であった。そのような経緯もあり、ロートは 1982 年からは言語法の作成作業に直接関与した。

3. 居住外国人の急増とルクセンブルク語

　ALの活動の１つに、国内に居住する外国人をルクセンブルク語によって社会に統合させようという取り組みがあった。その手段として、ALがルクセンブルク語の学習コースを開催するなどしていた。この背景には、外国人住民が年々増加していたことや、その結果媒介言語であるフランス語の日常生活における使用が増大していたことがある。ルクセンブルクは、1970年には人口の18.4％が、1980年には26.3％が外国籍の住民であり、その多くがイタリア人、ポルトガル人、フランス人、ベルギー人といったフランス語によるコミュニケーションを必要とすると思われる人々であった[22]。さらに、1967年を境にルクセンブルク人の人口は減少に転じていた[23]。このような状況において、危機意識とともにより強い母語意識を持つ人が少なからず存在していたことは想像に難くない。一例を挙げれば、1978年の新聞の読者投稿欄に「ここではルクセンブルク語が話されるのだ（Hier wird Luxemburgisch gesprochen）」という題名の記事が掲載されている[24]。この記事では普段の生活においてフランス語を用いなければならないことや、ルクセンブルク語を単なる方言であるとする人がいることを嘆いている。さらに例を挙げると、1990年まで統計局（STATEC）の所長を務めたG. アルス（Georges Als）[25]は、1982年の雑誌forumの国民意識に関する特集記事において、当時の人口の状況を「危機（crise）」

---

22) STATEC（1990）ベルギーにはフラマン語（オランダ語）圏やドイツ語圏があるため、フランス語使用と断定するには無理があろう。また、国籍から個々人の言語使用を推し量ることは本論の趣旨と矛盾する点があり、あくまで便宜的な記述としたい。
23) STATEC（1990）ただし、ルクセンブルクが血統主義の国であり国籍の取得が難しかったことや、二重国籍が認められていなかったことを考慮しなければならない。
24) Luxemburger Wort, 1978年3月18日, p. 32.
25) アルスは、1925年ルクセンブルク市生まれの経済学者で、1963年から1990年までルクセンブルク統計局STATEC（Service Central de la Statistique et des Etudes Economiques）の所長を務めた。

と表明している[26]。そして次のようにルクセンブルク語がルクセンブルク人にとって価値を持つと語っている。

> Si les éléments extérieurs ont leur importance, l'identité nationale se reconnaît essentiellement à des facteurs culturels et psychologiques. [...]
> Notre langue – le patois luxembourgeois – est une valuer sentimentale et populaire sans laquelle on pourrait difficilement être Luxembourgeois.
>
> 外的な要素が重要性を持つのであれば、ナショナル・アイデンティティは何よりも文化的、心理的な要因として考えられる。(中略)
>
> 我々の言語 – ルクセンブルクの言葉 – それがなければルクセンブルク人になることが難しい、感情的、民衆的な価値である。[27]

4. AL のプロパガンダ

　上記のような外国籍の住民の急増を背景として、代表であったロートを中心として、AL は 1973 年からラジオ放送でルクセンブルク語に関する放送を始めた。ロートは 1980 年代からはルクセンブルクの二大新聞（Luxemburger Wort 紙と Tageblatt 紙）それぞれに定期的にルクセンブルク語に関する記事を掲載し、母語意識を喚起し、「正しい」ルクセンブルク語を使おうと呼びかけていた[28]。言語を「正しく」話し、書くことは言語を純化しようという動きである。ロート自身、次のように述べている。

---

[26] Als, G.（1982) p. 3.
[27] Als, G.（1982) pp. 2-3、訳は筆者。
[28] Tageblatt 紙の "Eng Sträif fir eis Sprooch" や Luxemburger Wort 紙の "e Këppche fir EIS SPROOCH"。一例を挙げれば、「速い」を意味するルクセンブルク語の séier がドイツ語の sehr の意味で用いられてしまっていることや、séier の代わりにドイツ語の schnell が用いられてしまっていることなどに注意を喚起している。

2節　単一言語性の意識

ルクセンブルク居住人口の外国人比率の変遷
STATEC（1990）より筆者が作成

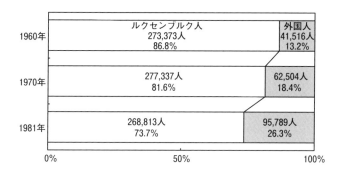

出身国別・ルクセンブルク居住外国人の変遷
STATEC（1990）より筆者が作成

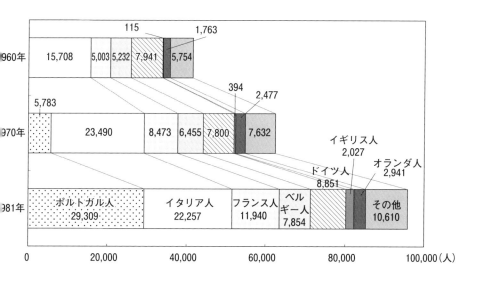

Allein die Feststellung, daß heute mehr denn je von unserer Sprache die Rede ist, beweist, dass uns die wohl wichtigste Voraussetzung unserer Aktion gelungen ist, nämlich die gezielte Sensibilisierung des Volkes. Jeder hat nun eingesehen, um was es uns in erster Linie geht: wir wollen unsere Sprache beibehalten und vor der Erdrückung durch Fremdsprachen bewahren.

今日、以前よりも我々の言語が話題にのぼるということは、それだけで我々の活動が成功するための大変重要な前提となる。すなわち、民衆が敏感になるということである。まず我々にとって何が大事なのか、皆がわかるようになった。それは、我々は外国語の脅威から我々の言葉を守らなければならない、ということである。[29]

　自らの言語使用を意識し、理解しようとすることは、潜在的にその言語の使用を変化させ、純化させようとする力を持つ[30]。ロートは、ルクセンブルク語に関するプロパガンダを行うことで、国民意識と母語意識を結び付けようというだけでなく、ルクセンブルク語話者自身が「純粋な」ルクセンブルク語を用いるよう促そうとした。

　メディアを駆使し、ルクセンブルク語を身近な存在にすることで、ALはその会員数を1971年の400人から、1977年には1,000人、1980年には1,500人、1983年には1,990人まで増やした。また、会員数の変遷を見れば、言語法が議論されていた時期は会員数が増加していた時期と重なっていたことがわかる[31]。

---

29) Revue, Nr. 6（1980）p. 19、訳は筆者。
30) Woolard, K. A.（1998）p. 12.
31) Péporté, P. et al.（2010）p. 297. その後の内紛・分離もあり、1986年の2,300人をピークに会員数は減少に転じている。ちなみに、1984年10月には極右団体 Federatioun eist Land, eis Sprooch（我々の国、我々の言葉の連盟・FELES）がAL から分離して作られた。なお、この団体も表向きは政治的に中立を標榜していた。Blau, L.（2005）pp. 519-524.

2節 単一言語性の意識

Actioun Lëtzebuergesch の会員数の変遷

年	1971	1976	1977	1979	1980	1983	1986	1987	1994
会員数(人)	400	700	1,000	1,200	1,500	1,990	2,300	2,200	2,000

(Péporté, P. et al.(2010) p. 297 より)

　言語法に関する議論の開始が決定された動議は、「ルクセンブルク人のアイデンティティに関する動議」と議事録に掲載されていることからもわかるように[32]、一見、必ずしも言語に特化したものではないように見える。しかし、ルクセンブルクが新しい国家であり、国民意識を醸成するのに言語が大きな役割を果たしたこともあり、この動議では母語意識と国民意識が結び付けられているのである。ALの代表であったロートも、言語法を話題にする時には特に、アイデンティティ（Identitéit）という言葉を「我々の（eis）」という言葉とともに頻繁に用いるようになった[33]。ロートは動議が出された直後には1941年の国勢調査の逸話を話題にし、「ルクセンブルクという国にいるルクセンブルク人の言語、それはルクセンブルク語である」、すなわち、言語（母語）と国民とは同一視されるべきであるとして、それまでどおりの主張を繰り返した[34]。

　ALはルクセンブルク語が辞書や正書法を持っていること、話し言葉ではあるがあらゆる分野で使用されていることなどを根拠として、フランス語やドイツ語と同等の地位を求めて運動していた。特にルクセンブルク語がすでに150年という長い歴史を持ち、国民に育てられてきたという考えを繰り返し述べている[35]。1941年の国勢調査の事件も語られ、共通の歴史を持った言語と国民という認識を持っていた。

---

32) Compte rendu des séances publiques. Session ordinaire 1979-1980, p. 2207, "Motions concernant l'identité luxembourgeoise"
33) "Eis Sprooch an eis Identitéit"（我々の言語、我々のアイデンティティ）や "Identitéits-Sprooch"（アイデンティティの言語）などである。
34) Roth, L（1980）p. 13.
35) Roth, L（1975）など。

一方、AL 創立時からの会員である F. シュタインベルク（Félix Steinberg）も、頻繁に 1941 年 10 月の国勢調査の話を持ち出し、ルクセンブルク語とルクセンブルク人にとっての記念の日を忘れてはならないという主張を繰り返していた[36]。このように、AL はルクセンブルク語の中身と地位を国民意識、国民共通の歴史認識を絡めて意識させるプロパガンダ運動を行っていた。

次に、上述したロートやシュタインベルクといった AL 会員たちの考えについて見ていきたい。

5. L. ロートの言語観

前述のように、ロートは「正しい」ルクセンブルク語、すなわち純粋なルクセンブルク語を用いるように民衆に語っていた。

一般的に、「純粋で汚れていない」言語というものは高く評価され、言語において過去は純粋なものとして、新しさは堕落として捉えられる傾向にある。言語の純粋さを求めようとする純化運動は、土着のものに起源を持つ語彙を選択し、そうでない外来の語彙を排除しようとすることが多い。16〜18 世紀のヨーロッパでは言語協会が作られ、言語を純粋に保ち、外来の要素を排除しようという運動が行われた[37]。ロートにとっての純粋で正しいルクセンブルク語も、外来の要素、すなわちフランス語やドイツ語的な要素をできるだけ排除したものであった。特にルクセンブルク語とはドイツ語の一方言から徐々に独立して新たに生まれた言語である。そのため、ルクセンブルク語の歴史は常にドイツ語との関係の歴史とも言え

---

36) Steinberg, F.（1983）p. 6.
37) Spolsky, B.（2004）p. 22. ドイツの「実りを結ぶ会」やイタリアの「アカデミア・デラ・クルスカ」が言語協会の例として挙げられる。これらの言語協会について詳しくは Shimizu, A.（2009）を参照。なお、3 章で取り上げているとおり、ルクセンブルクにおいてもこれらの会やフランスのアカデミー・フランセーズを念頭に 1924 年に言語協会（Luxemburgische Sprachgesellschaft（Gesellschaft für Sprach-und Dialektforschung）- Société luxembourgeoise d'Etudes linguistiques et dialectologiques）が作られている。

る。したがって、そもそもが同根であるため、ルクセンブルク語にとって何がドイツ語からの借用語であり、何がそうでないのかは常に問題とされてしまうのである。また、ルクセンブルク語は文法面でもドイツ語から常に影響を受けている。身近な外国語からの影響について、ロートは1975年に次のように述べている[38]。

> Von unserer Sprache bröckeln dauernd Bestandteile ab, ohne daß sie imstande wäre, diese zu ersetzen; nachgefüllt wird mit «Material» aus den Hochsprachen Deutsch, Französisch, Englisch. Folglich entsteht ein Kauderwelsch, stilistisch den kauzigen Bauten verwandt, die Kenner ohne Umschweife als Kitsch abtun... ein Bau, den man aus gotischen, romanischen, maurischen und Renaissance-Stilelementen zusammengewürfelt hat, werden Ästheten höchstens als architektonisches Kuriosum werten.

> 我々の言語から、絶え間なく構成要素がはがれ落ちていく。これらの構成要素の代わりをすることができぬままに、である。そしてドイツ語やフランス語、英語といったような標準語から素材を持ってきて埋めてしまうのである。その結果、意味のわからない言葉が発生し、形の上ではおかしな建造物に似てきてしまう。回りくどさを嫌う専門家はまがい芸術として扱うのである。ゴシック、ロマネスク、ムーア、ルネサンス様式が混ざり合った建造物のことを審美家はせいぜい建築上の珍妙なものとして評価するであろう。[39]

> Unsere Sprache krankt daran, daß wir sie lust- und lieblos, wahl- und wehrlos teils zum Deutschen teils zum Französischen wegtrudeln lassen!

> 我々の言語が患っているのは、我々がその気もなく、愛情もなく、選びもせず、無防備に、我々の言語を一部はドイツ語へ、一部はフランス語へと転が

---

38) この記事はロート自身による記事であるが、ルクセンブルク語で読むことに慣れていない読み手を考慮してドイツ語で書かれている。
39) Roth, L. (1975) p. 18, 訳は筆者。

せてしまうことである。[40]

　上記の意見からも、ロートは、特に近代的な語彙について、ルクセンブルク語が独自の語彙を作り出さずにフランス語やドイツ語の語彙を無批判に、そして無意識に取り入れていることを批判し、言語意識を呼び覚まそうとしていることがわかる。さらに、ロートはルクセンブルクの二言語主義、もしくは三言語主義には欠点があると述べ、ルクセンブルク語がフランス語やドイツ語と同等の機能を有していないことに苛立っていることが次の引用からも見てとれる。

> Wir können zwar tief in eine Fremdsprache stoßen, mit dieser Fremdsprache können wir aber kaum das Tiefste aus uns heausholen! Wir denken vorerst in der Muttersprache, also weder auf deutsch noch auf französisch und wohl kaum auf englisch.
>
> 確かに我々は外国語に深く入ることができる。しかしこの外国語を用いて我々は最も深いところにあるものを取り出すことはできない！　我々はまず母語で思考するのだ。すなわち、それはドイツ語でも、フランス語でも、ましてや英語でもないのだ。[41]

　このように、ルクセンブルク語が外国語からの影響を受けることを憂慮し、ルクセンブルク語の純化と地位向上を訴えていたのは、もちろんロートだけではなかった。他の例としては、1976年にC.ハルトマン（Claudia Hartmann）が"Luxemburgisch: eine zum Tode verurteilte Sprache?"（ルクセンブルク語 － 死を宣告された言語なのか？）という記事を書いたことが挙げられる[42]。当時フランクフルト大学の博士課程に在籍していたハルト

40）Roth, L.（1975）p. 19、訳は筆者。
41）Roth, L.（1975）p. 19、訳は筆者。
42）Hartmann, C.（1976）pp. 8-9.

マンは、言語が社会の障壁になってしまい、公的な分野（行政や学校）と私的な分野で用いられる言語が異なるという現実を指摘している。すなわち母語であるルクセンブルク語が使われる分野が限られていることや、少しでも複雑なことを表現しようとすると常にフランス語やドイツ語の表現を借りてこなければならないというルクセンブルクの現状である。そしてこの記事の最後では、外国人比率が上昇していく中で、自らのアイデンティティを守るのか、それとも国境を越えたヨーロッパ人となることでそれを断念するのか、と締めくくっている。

　ロートやハルトマンの主張の根底には、母語ルクセンブルク語が、フランス語やドイツ語といった外国語に触れる機会が増えることにより、その地位だけでなく言語の構造そのものまでもがこれらの大言語に脅かされている現実がある。それにもかかわらず、彼らの主張からは、多くのルクセンブルク人がそのことをあまり意識していないという危機感がありありと見て取れる。すなわち、彼らにとっては「多言語社会」ルクセンブルクには言語的な「不平等」が存在しており、それを是正しなければならなかった。しかし、彼らが前述のようにメディア等を用いて民衆の意識を喚起しなければならなかったことを考えると、1970年代においてはルクセンブルクの多言語状況を「不平等」と考える声は少数派であったことが想定できる。

6. F. シュタインベルクの言語観

　もう1人、ALの設立時からの会員であった、前述のシュタインベルクを取り上げてみたい。彼は、言語法前後にロートとは少し異なる視点から、政府の果たすべき役割、とりわけ法整備について熱心に言及していた。それは1980年、言語法の議論が始まった直後の次の記事の一節からうかがえる。この部分は、1941年の国勢調査の件を引き合いに出した後に述べられている。

5章　1984年の言語法と言語イデオロギー

　　Dem Luxemburgischen soll also durch diese Motion in Erhalt, Orientierung, Gebrauch, Anwendung, Unterrichtung mehr Raum zugestanden werden. Wir wollen dabei keine Chauvinisten sein – so mehrere Sprecher – wir bleiben polyglott und wollen weiter aus unserer Vielsprachigkeit Nutzen ziehen. Luxemburgisch soll nun durch Gesetz Nationalsprache werden während weiter der Gebrauch des Französischen und des Deutschen（z. B. in Verwaltungen, bei Gericht usw.）verankert werden soll.

　　ルクセンブルク語にはすなわち、保存、立場、使用、応用、教えることの運動を通して、より多くの領域が認められるべきである。我々はショーヴィニストになろうというわけではない。幾人もの人がそうであるように、我々は多言語を使い続けるし、多言語から恩恵を受けるつもりである。行政や裁判といった場でのフランス語やドイツ語の使用が法律で定められるべきである一方で、ルクセンブルク語は法律で国語になるべきなのである。[43]

　この言葉からは、ルクセンブルク語の使用範囲を広げるために法的にルクセンブルク語の地位を認めるべきであるという考えだけでなく、ルクセンブルク語に地位を与えたとしても多言語性、すなわちフランス語やドイツ語を放棄するものではない、という主張が読み取れる。フランス語やドイツ語の使用を放棄するものではないという考え方は前述のロートも同様であり、この2人に共通しているのは、ルクセンブルク語にこの二大言語と同様の地位と書き言葉としての使用領域を与えようというものであった[44]。

　シュタインベルクは、ルクセンブルク語の正書法がドイツ語の習得を前提としたものであり、論理的にも矛盾だらけであることや、地名をドイツ語やフランス語で書かなければならないことを嘆きながら、「（政府が）委

---

43) Steinberg, F.（1980）p. 16、訳は筆者。
44) もちろん、これは1970年代や80年代の、すなわちまだ今日ほどルクセンブルク語が書き言葉として用いられず、また政府によってその重要性が認められていない時代の単一言語主義の言説に見られる考え方であることに留意しなければならないだろう。

員会を作って、問題に取り組めるようにしなければならない」として、ルクセンブルク語を整備するための公的な組織、すなわち公的な言語アカデミーを作ることを要求していた[45]。言語法が議会を通過した後の 1984 年のインタビュー記事でも、シュタインベルクはルクセンブルク語アカデミーの機能は国立研究所（Institut Grand-Ducal）の言語学部門が編成替えをして担うべきであると述べている。この研究所は、フランスのアカデミー・フランセーズ等を参考に 1924 年に組織された言語協会（Sprachgesellschaft）を前身としているが、シュタインベルクは、この組織が言語の専門家だけでなく、言語が用いられる現場を知る、より広範な分野から人選がなされるべきであると主張していた[46]。言語学者という専門家集団だけで言語のあり方を決めてしまうことに対する抵抗はロートの主張にも見られ[47]、現代のルクセンブルクにおける言語アカデミーのあるべき姿を模索していたことがわかる[48]。

1970 年代から 1980 年代にルクセンブルク語単一言語イデオロギーの担い手であった AL の指導者たちは、ルクセンブルク語をフランス語やドイツ語と同様の書き言葉を持つ標準語にするため、フランス語やドイツ語からの純化を訴え、母語・ルクセンブルク語のあり方を意識させようとしていた。また、国家によって言語アカデミーが設立され、細かい言語政策が決定されることで、ルクセンブルク語を書く際に何が正しく、何が間違っているのかという判断基準が得られるようになることを目指していた。

---

45) Steinberg, F.（1980）p. 16.
46) Revue, Nr. 6（1984）p. 39. 言語学者だけではどの書き方・言い方が正しいのか判断しづらいことや、他の欧州諸国の言語協会が成立した時代と違い、民主主義の時代だからこそ他の分野から人選がなされるべきであると主張している。
47) Roth, L.（1975）p. 21.
48) 言語学者 N. ヤコプも、言語法の制定を機会にルクセンブルク語の言語アカデミーの設立を訴えているが、広範な人選には言及していない。これは学者としてのヤコプと、そうでないロートやシュタインベルクの立場の違いが表面化したものと考えられる。Jakob, N.（1982）p. 28.

ロートやシュタインベルクの思想でこれまでに見たように、ALの活動はルクセンブルク人の祖国と、ルクセンブルク人の母語を結び付けようとする言語共同体の思想にほかならない。ここでは「母語（Mammesprooch）」もしくは「我々の言語（eis Sprooch）」も、「我々の国（eist Land）」も、「ルクセンブルク人（Lëtzebuerger）」もすべてが説明不要で、自明で、重なり合うものとして扱われる。その言語共同体とは、19世紀から続くルクセンブルク語の発展に関する歴史の記述、すなわちルクセンブルク語の「主たる物語（master narrative）」によって、国民と言語の関係がメタ言語的に繰り返し語られ、再想像されながら作り上げられてきたものである。これこそが、政治的な単位と文化的（言語的）な単位を一致させようとするイデオロギーなのである。

3節　多言語性の意識

1. 言語法と多言語性のイデオロギー

これまで、ルクセンブルク語に根ざす単一言語性について、言語擁護団体ALのメンバーによる考えを切り口に検討してきた。それに対するアンチテーゼとして、フランス語とドイツ語、場合によってはルクセンブルク語を含めた、外国語もしくは多言語の運用能力を重視する多言語性の意識も現れる。これは、母語であるルクセンブルク語を必ずしも軽視するものではないが、教育によって身につけるフランス語、ドイツ語という隣接する国家の大言語を操る能力に言語アイデンティティの重心を置き、多言語

3 節　多言語性の意識

の運用能力こそがルクセンブルク人であると考えるものである[49]。

　本章で扱っている 1970 年代から 1980 年代以外でも、多言語性の言説は常に登場し、ルクセンブルクの「歴史」に関する言説とともに現れることが多かった[50]。3 章で扱ったブルフの理論や、1340 年にこの地域がフランス語圏とドイツ語圏に行政区分されたこと、ドイツ語圏であってもフランス語が公用語であり続け、常にフランス語圏の文化の影響を受けたこと、そしてフランス語圏である現在のベルギー領リュクサンブール州も含めて「ルクセンブルク」であったことなどである。

　言語法、特に第 4 条に見られるルクセンブルク語の公用語化に反対した人々は、ルクセンブルク語の公用語化は書き言葉としての運用の必要性、ひいてはルクセンブルク語に規範を与えることにつながると恐れていた。書き言葉としての、もしくは外国人とのコミュニケーション手段としてのフランス語とドイツ語、ルクセンブルク人同士の話し言葉としてのルクセンブルク語、という機能分担のバランスを崩し、小国ルクセンブルクがヨーロッパの中で孤立することを危惧していたのである。言語法が議論されていた当時の議員であり、特別委員会の委員長であった Cl. ペスカトーレ（Claude Pescatore）は、その法案について、法案そのものには賛成であるが、法律の文章は、完璧主義者の手に転がり込んだら危険な道具になりかねない、として警鐘を鳴らしていた[51]。すなわち、法律が一度制定されてしまえば、後からではどのようにでも法が解釈されうる危険性を示そうとしたものである。

　また、経済ジャーナリストであった C. ヘマー（Carlo Hemmer）は 1980年 6 月の新聞記事で、ルクセンブルク語が国民のアイデンティティの象徴

---

[49] 本文中でも述べているが、外国語の運用能力を重視するとはいえ、多くの場合はルクセンブルク語に対する愛着や母語意識が希薄になっているわけではないことに注意しなければならない。
[50] Jakob, N.（1982）p. 27; Hoffmann, F.（1988）p. 47.
[51] この言葉は、N. ヤコプや J. ドレッシャー（Jacques Drescher）の記事に引用されているものである。Jakob, N.（1982）p. 27; Drescher, J.（1982）p. 55.

であることを評価した上で、以下のように述べている。

> Doch unsere Eigenart besteht nicht nur im allgemeinen Gebrauch eines sich allmählich zur Sprache entwickelnden Dialekts. Weltoffenheit und Mittlerrolle Luxemburgs spiegeln sich in seiner Mehrsprachigkeit, die es als ein Privileg empfinden sollte.

> しかし我々の特性は、徐々に1つの言語に発展してきた方言を普段から使用するということだけにあるのではない。ルクセンブルクの開かれた世界、そして仲介の役割はその多言語使用に反映されている。それは特権として考えるべきものなのである。[52]

上記からは、ヘマーがルクセンブルクという空間が外部に対して開かれていることと、多言語性の利便性とを関連づけようとしていることがわかる。さらに、多言語使用の利便性という言語の役割的な面と、言語アイデンティティという象徴的な面をリンクさせようとしていることもわかる。このように、多言語性の意識は、1843年以来のフランス語・ドイツ語による言語教育の政策を重視するものであり、外国語を使いこなすことによって自らを「開かれたルクセンブルク人」や「模範的なヨーロッパ人」の表象と重ね合わせようとするものであった。特に、小国であるルクセンブルクは東西の大国同士が争いを起こすことで常に自らの存在を脅かされてきた。このことからも、フランス語、ドイツ語の両言語を使いこなすことで紛争を解決できる能力が必要であると考えるのは全く不自然なことではなかった。そのため、言語法を契機として教育におけるルクセンブルク語の比重が強まることは、必然的に外国語能力、とりわけルクセンブルク語から見てドイツ語よりも遠い関係にあるフランス語の運用能力への悪影響を及ぼすと考えられていた。

---

52) Hemmer, C.（1980）p. 1、訳は筆者。

2. 言語法とホフマン

　1984年の言語法に対して、最も反対の姿勢を貫いた代表格が、4章で扱った言語学者ホフマンであった。

　ホフマンは、言語法の議論が始まる以前からALの活動をショーヴィニスト的であるとして厳しく批判し、言語法の議論開始後は言語法、およびルクセンブルク語の規範化に強く反対し[53]、言語法によって引き起こされると予想される弊害を幾度も指摘していた。ホフマンが危惧していたのは、言語法によってルクセンブルク語が書き言葉として規範化されれば、ルクセンブルク語が書き言葉として教えられることによってフランス語やドイツ語の教育、特にフランス語が疎かになり、小国ルクセンブルクがヨーロッパ内で孤立してしまうという弊害であった。特に、下記の引用の「二重文化（Doppelkultur）」という言葉は、N. リース（Nicolas Ries）や R. ブルッフ（Robert Bruch）に見られる二元性（dualisme・デュアリズム）の考えの延長として捉えられる。

> Der Weg zur Sandardisierung und Normierung führt über die Schule. Es gibt keinen anderen. Letzebuergesch kann aber nur als Vollfach in den Grund- und Hauptschulen eingeführt werden, wenn die Gewichtung von Hochdeutsch und Französisch im Lehrplan verändert wird. Die Umgewichtung würde ohne Zweifel auf Kosten des Französischen gehen. [...] Das aber wäre Ende der zweisprachigen Schultradition in Luxemburg und damit auch das Ende der luxemburgischen romanisch-germanischen Doppelkultur.

> 標準化・規範化への道は学校教育におよぶ。ほかにはない。カリキュラムにおけるドイツ語とフランス語の重要性に変更がおよぶのであれば、ルクセン

---

[53] Hoffmann, F.（1979）p. 38.

ブルク語は小学校、および基幹学校で1教科として導入される。この変更は間違いなくフランス語の負担につながる。(中略)このことはルクセンブルクにおける二言語教育の伝統の終焉となり、その結果ルクセンブルクのロマンスーゲルマンの二重文化の終焉にもなりかねない。[54]

一方で、少々話は飛ぶが、ここで言語法の法案を作成した特別委員会による、このような言説への反論を見てみよう。役所に提出された申請書に対して書面で回答すべき言語にフランス語、ドイツ語に加えてルクセンブルク語を言語法第4条に入れるように提案した特別委員会は、フランス語が危機にさらされるというこのような意見に対して、フランス語の地位は保証されているとした上で、次のように反論している。

> le danger pour les connaissances de français des Luxembourgeois ne vient pas d'un article de loi... mais de la popularité de la presse et des médias d'expression allemande!
>
> ルクセンブルク人のフランス語能力の危機は法律の条文に由来するのではない。そうではなくて、ドイツ語の新聞やメディアの人気に由来するのだ![55]

この反論からもわかるように、言語法を作成した特別委員会はルクセンブルク語とは切っても切り離すことのできないドイツ語こそが脅威なのである、としていた。特別委員会のメンバーにALのロートの名はないが、言語法の作成に携わっていたというだけのことはあり、ここで委員会の議事録に書かれていることはロートが主張していたこと、すなわちルクセンブルク語の純化と地位向上という内容と、ほとんど違いがなかった。

再び話をホフマンに戻そう。ホフマンが言語法によって引き起こされるとした弊害は、ルクセンブルクにはその小さな国土にもかかわらず多くの

---

54) Hoffmann, F. (1987) p. 1、訳は筆者。
55) Projet de loi sur le régimes des langues, No. 2535-4、訳は筆者。

3節　多言語性の意識

変種が存在することから、標準語を作る過程でどの方言・変種を規範として採用するかを巡って対立が生じる恐れがある、というものであった。

> Regionale Varianz des Lëtzebuergeschen ist von Norden nach Süden und von Osten nach Westen noch sehr groß. Das gilt sowohl für Phonologie als auch für den semantisch-lexikalischen Bereich. Wenn der in der Koinè widerspruchslos hingenommene pragmatische Ausgleich in einen offiziell-amtsprachlichen umgewandelt würde, wäre der sprachliche Landfrieden in Frage gestellt. Keine Region würde es dulden, daß ihr Sprachgebrauch von Amts wegen in eine Randzone gedrängt wird.
>
> ルクセンブルク語の地域的な変種は北から南、東から西までまだ非常に大きい。このことは音声的なことだけでなく、意味的、語彙的な分野にもあてはまる。もしコイネーという形で反対されることなく受け入れられている現実的な均衡の産物が公用語に転移されたとしたら、国内の言語的な平和に疑問符がつくことになる。どの地域も自分たちの言語使用が役所によって周辺へ追いやられることには耐えられないであろう。[56]

これらのホフマンの主張は、学校教育における書き言葉としてのルクセンブルク語の重要性やフランス語やドイツ語と同等の地位を求めた、前述のロートらの主張とは全く逆の方向を向いたものであったことがわかる。ロートが主張したルクセンブルク語の純化というものは、ルクセンブルク語の語彙面を単一化し、やがては標準化することを目標としていた。しかしホフマンはそれとは考えを異にしていた。ホフマンはルクセンブルク語の純化、すなわち外来語の流入の阻止の運動に対して以下のように述べている[57]。

---

56) Hoffmann, F.（1988）p. 51、訳は筆者。
57) この言葉の後、借用はフランス語から行うのが最もよい、と述べている。Hoffmann, F.（1979）pp. 134-135.

Es ist also keinerlei Anlaß zu einem übertriebenen Purismus vorhanden. Im Gegenteil, weil das Lëtzebuergesche sprachgeschichtlich auf dem Stand eines für eine Agrargesellschaft des 16. Jahrhunderts adäquaten Sprachinstrumentes stehen geblieben ist, muß es, wenn es der Kommunikationsaufgabe, die es im heutigen Luxemburg zu erfüllen hat, und wenn es seiner Funktion als nationaler Integrationsfaktor gerecht werden will, sprachliche Anleihen machen.

誇張された純化主義には根拠が全く存在しない。反対に、ルクセンブルク語というのは言語史的には16世紀の農民社会に適した言語手段に立脚したままなので、コミュニケーション上の今日のルクセンブルクでの生活を充足させるため、そして国民統合の要素としての機能を果たすためには、借用を行わなければならない。[58]

　上記は1979年の著作からの引用であり、ALの活動への批判を念頭に置いてのものである。ホフマンは、ルクセンブルク語とは古い農民の言語であるから近代語彙は借用によって補わなければならないという立場であった。すなわち古い語彙から近代的な語彙を作り出そうという考えはここからは読み取れない。

　ホフマンは、フランス語やドイツ語の位置づけを重視し、ルクセンブルク語は彼にとっては方言、すなわち母語ではあっても積極的に書き言葉として運用すべきものではなかった。3つの言語にはそれぞれの役割があり、ルクセンブルク語はルクセンブルク人の象徴として、話し言葉としての役割を果たすべきであるという考えであった。

---

58) Hoffmann, F.（1979）p. 134、訳は筆者。

4節　単一言語性と多言語性に見る国民像

1. どの言語が誰のものなのか

　これまで、1970年代から1980年代のルクセンブルクにおける単一言語性のイデオロギー、多言語性のイデオロギーについて考察してきた。これら2つの言語意識は、時に反目し合いながらも、ルクセンブルクの歴史の中でルクセンブルク人の言語意識、および国民性の表象として機能してきたことはこれまでの述べた通りである。

　木村によれば、言語のイデオロギーとは「持続・反復されることによって言語共同体の成員間で周知され」、「個々の成員が個々の場面で（とりわけ他の成員との間で）有効に使いうる戦略のレパートリーを形成する」ものであるとされる[59]。言語のイデオロギーとは、誰がどこでどの言語・変種を用いるべきであるのか、どの言語・変種が正しい・間違っているのか、また好ましい・好ましくないのか、という意識が語り続けられることで再生産され、人々の間で共有されることである。ルクセンブルク人たるものはルクセンブルクではルクセンブルク語を用いるべきであるという意識が、そしてどの場でどの言語を用いるべきなのかという言語の機能分担の意識が、言語イデオロギーの装置として働いてきた。

　言語共同体が「発見」され、ルクセンブルク語を話していることがメタ言語的に繰り返し意識されることにより、言語共同体が実在化してきた。それは国民国家が意識されるのと軌を1つにしていたといえる。その一方で、フランス語やドイツ語という2つの大言語を操ることがルクセンブル

---

[59] 木村（2005）p.41.

ク人の証であるとして意識されてきた。

　社会学者であるブルデューは、「適法な言語（langue légitime）」という概念を用いて、標準化された「公用語（langue officielle）」が国家の制度と強く結び付き、大きな強制力を持ち、結果として言語が不平等をもたらすことを次のように示している。

　　　この言語（ラング）とは、その［政治的］統一単位（ユニテ）の領土範囲内において、その管轄に属する［国籍保有］者全員に対して、唯一正統にして適法な言語として課されるような、国語（langue）［としての言語］にほかならず、それは状況が公式＝公用であるだけにいっそう強制力をもつのである。[60]

　　　ひとつにして同一の《言語共同体》への統合というものは、政治的支配（domination）の産物であり、これは支配的言語を普遍的に認知させる能力をもつ機関＝制度（institution）によって絶え間なく再生産されている産物なのだが、これこそが言語的支配＝統制の連関を打ち立てる要件なのである。[61]

　ブルデューによれば、規範化された産物としての標準語＝公用語はその社会、もしくは国家の空間において正統性を持ち、権力を行使する道具となり、他の変種ないし言語は周辺へ追いやられる。ブルデューが念頭に置いていたと思われるフランスにおいては、高度に規範化されたフランス語が正統にして適法な言語となり、オクシタン語やアルザス語のような周辺の言語が追いやられる。ルクセンブルクにおいては、単一言語性を主張する側はルクセンブルク語こそが（標準語を持たないとはいえ）「適法な言語」であるべきだと考える。ルクセンブルク語がルクセンブルクという国家の成員、すなわち国民として備えるべき規範となるのだ。一方、多言語性を主張する側は、フランス語とドイツ語がルクセンブルクにおける適法

60）ブルデュー（1993）p. 37.
61）ブルデュー（1993）p. 38.

4節　単一言語性と多言語性に見る国民像

な言語であり続けるべきであると考える。ここからは、両者の立場の違いがやはり鮮明であることがわかる。

一方、糟谷は、言語の社会的な権力を、言語のヘゲモニー・自発的同意という概念で次のように説明する。

> 「だれが／なにが言語を代表＝表象するか」という重大きわまりない問題がうかびあがってくる。この『代表＝表象』の力をつくるのが、まさしく言語ヘゲモニーであるといってよいだろう。[62]

> 「言語の乗り換え」や「言語の機能分担」と呼ばれる現実は、権力やイデオロギーの問題をぬきにして論じることはできない。それらが言語の自然なすがたであり、話し手の同意にもとづくものであるという言説こそ、近代国家に支配的な「言語ヘゲモニー」のあらわれなのである。[63]

ルクセンブルク語の規範化と使用領域の拡大を訴える単一言語性の側はもちろんのこと、フランス語やドイツ語の運用能力を重視し、各国語の機能分担を訴え、ルクセンブルク語は「規範なき国語」であると訴える多言語性を主張する側も、どちらも自らが規範とする「正統にして適法な言語」を表明している。そしてどちらの言説も（それが意識的であるか否かにかかわらず）自分こそがルクセンブルク人全体の利益を代表しているように見せようとする。そして、そこにはイデオロギーが潜んでいることに注意しなければならない。

単一言語主義に基づいて形成される言語イデオロギーには、フランス語やドイツ語の使用を重視する多言語主義の考えが対抗言説となっていた。ルクセンブルクにおける多言語主義の考えはいわゆる三言語併存（Triglossie・トリグロシア）と呼ばれるものである。これは2章で詳述したとおり、1959年にC. ファーガソン（Charles Ferguson）が提唱し、その

---

62) 糟谷（2000）pp. 290-291.
63) 糟谷（2000）p. 291.

のちに H. クロス（Heinz Kloss）や J. フィッシュマン（Joshua Fishman）らが発展させた概念である、ダイグロシア（diglossia）の学説に基づき、ホフマンらが応用したものである[64]。これは二言語使用（Bilingualismus）と異なり、家族同士では○○語、教育では△△語を用いるといったように、ある言語、もしくは変種が使われる領域が分化している状態を指す。ドイツ語圏においてはスイスでの標準ドイツ語とスイス・ドイツ語の使用領域の違い等でしばしば持ち出される概念である。ルクセンブルクについては、ルクセンブルク語はルクセンブルク語母語話者同士で専ら話し言葉として用いられ、ドイツ語は教育、メディア、行政文書などに用いられ、フランス語はドイツ語より高度な行政文書や外国人とのコミュニケーションに用いられる、という三言語使用の状態は、三言語併存として記述されてきた。しかし、言語が「どのように使用されているのか」という記述は、言語が「どのように使用されるべきか」という認識、すなわち規範意識へと容易に変化するのである。

したがって、単一言語主義に基づく、ルクセンブルク語はルクセンブルク人固有の言語なのであるから地位を向上させなければならない、という類の言説と同様に、フランス語とドイツ語の使用に基づく多言語主義の側の言説も、権力とイデオロギーによって作られるものであると考える必要がある。

2. エスニック・ナショナリズム vs シビック・ナショナリズム

単一言語性のイデオロギーは、政治的な単位と文化的な単位を一致させることにより国民を作り出そうという考えであり、H. コーン（Hans Kohn）によればそれは非リベラルで排他的、かつ前近代的な民族運動であり、「東欧のナショナリズム」もしくは「エスニック・ナショナリズム」と捉えられる。その一方で多言語性のイデオロギーは、個人の自由を尊重したリベ

---

64) Hoffmann, F.（1979）, p. 115.

ラルで民主的かつ近代的な価値観を重視することで[65]、外に対して開かれた国民像を見出そうとする。こちらはコーンによれば「西欧のナショナリズム」もしくは「シビック・ナショナリズム」として捉えられる。ただ、黒宮や塩川が指摘するように、ナショナリズムをエスニック／シビック・ナショナリズムという二項対立で類型化すること自体が、前者を悪、後者を善とする善悪の判断を伴い、イデオロギー化する恐れがあることには注意しなければならない[66]。他方、ルクセンブルクのような小民族のナショナリズムは善であり、大ドイツ主義のような大民族のナショナリズムは悪であるという単純な捉え方も、個々に内在するイデオロギー性を見失わせる恐れがある。

ルクセンブルクにおけるエスニック／シビック・ナショナリズム、もしくは単一言語性／多言語性は、一見、互いに異質な、対立するものと捉えられる。しかし、1970年代にはすでに急増しつつあった外国人居住者に対する、両者の以下のような意見を見ると、そこには必ずしも対立とはいえない構図が浮かび上がってくる。まず、言語擁護団体ALのロートの言葉を引用したい。

> … mir gin eise frieme Leit nach nët emol eng Geleënheet fir eing Grimmel Lëtzebuergesch ze léiren; an dobei schwätze mer nach déck vun »Integratioun«.
>
> …我々は外国の人に少しばかりのルクセンブルク語を学ぶ機会をまだ与えていない。その際には『統合』について話そう。[67]

> die A.L. ist aber auch schon gar kein Fremdenhasserverein, im Gegenteil: sie war als erste der Meinung, daß die Integration ausländischer Leute unbedingt vorrangig zu behandeln ist, daß dies aber ohne unsere Sprache nicht zu verwirklichen ist!

---

65) Kohn, H. (1944)；黒宮（2009）p. 318.
66) 黒宮（2009）p. 319、塩川（2008）pp. 187-197.
67) Roth, L. (1972) p. 3、訳は筆者。

5章　1984年の言語法と言語イデオロギー

> AL は外国人を嫌うような団体ではない。むしろ反対である。AL が第一に考えているのは、外国の人々の統合が絶対に優先的に扱われなければならないということだ。それは我々の言語抜きには実現しないのである！[68]

次に、ホフマンの外国人の統合に対する考えを以下に引用する。

> Dem Lëtzebuergeschen droht folglich keine Gefahr vom Hochdeutschen her, und es ist auch nicht vom Französischen bedroht. Die Gefährdung kommt von einer ganz anderen Seite, nämlich von der katastrophalen demograhischen Situation. [...] Hier heißt es, auf die im Laufe der Geschichte von den Luxemburgern immer wieder bewiesene Fähigkeit zur ethnischen Integration und sprachlichen Assimilation vertrauen. Diese Situation ist übrigens auch eines der wichtigsten Argumente gegen den Versuch, die Gastarbeiterkinder in ihrer Muttersprache einzuschulen.
>
> ルクセンブルク語はドイツ語によって脅かされているわけではない。フランス語によってでもない。ルクセンブルク語の危機は別のところにある。すなわち破壊的な（外国人急増という）人口の状況である。（中略）しかしこれは、ルクセンブルク人によって歴史的に繰り返し証明されている、民族的な統合と言語的な同化の能力に委ねることができる。この状況は外国人労働者の子供を彼らの母語で教育するという試みに対抗する、大変重要な主張の1つになる。[69]

上記のように、他者である外国人に対して社会への「同化」や「統合」を言語的に迫るべきであるという意思では、単一言語主義のロートの意見と多言語主義のホフマンのそれに大きな相違はないことが見てとれる。すなわち、両者の考えはともにエスニックなルクセンブルク人の言語意識を対象としており、結局は伝統的な国民像（ルクセンブルク人＝ルクセンブ

---

68) Roth, L.（1975）p. 22、訳は筆者。
69) Hoffmann, F.（1979）p. 135、訳は筆者。

ルク語が母語である）に依拠したものなのである。そこにはルクセンブルク語を母語とし、2つの外国語を教育によって身につける「ルクセンブルク人」という「均質性のドグマ」[70]が根底に存在するという点を見逃してはならない。

　こうして外国人の言語的な統合に対する言説を見てもわかるように、エスニック／シビック・ナショナリズムという二分法がここでは大きな意味を持たないことがわかる。ルクセンブルク人という内部に対しては、どの言語が標準語もしくは書き言葉として適法であり正統性を持つのかという違いで争いながらも、外部に対してはその二分法が曖昧化、もしくは無力化される。やはり、ここに理想として存在するのはエスニックなルクセンブルク人と、その基盤となる言語共同体である。次に挙げるホフマンの言葉は、まさにその言語共同体の思想を表すものと言えよう。

> In the new Grand-Duchy there live only people who speak Luxemburgish and although there is nobody left whose mother tongue is French, French and German remain the official languages used by the authorities and administrative services. But the mother tongue, Luxemburgish, is beginning to play a more important part in every domain. 1848, 1896, 1912 and 1941 are all-important dates, milestones along the way taken by Luxemburgish.
>
> 近代のルクセンブルクにはルクセンブルク語を話す民衆だけが住んでいる。フランス語を母語とする人はいないにもかかわらず、フランス語、ドイツ語が公共機関によって公用語として用いられている。しかし母語ルクセンブルク語はすべての分野において重要な役割を担い始めている。1848年、1896年、1912年、そして1941年はすべてルクセンブルク語が歩んだマイルストーンなのである。[71]

---

70) Blommaert, J. / Verschueren, J.（1998）pp. 194-195.
71) Hoffmann, F.（1980）p. 3、訳は筆者。

5節　5章のまとめ

　これまでに見てきたように、単一言語性の意識に立つ側と多言語性の意識に立つ側は、1970年代、1980年代で互いに、どの言語が自らにとって適法といえるのかという点で対立してきた。しかしそれらの言説が対象とするのは、どちらも「ルクセンブルク語を母語とし、フランス語、ドイツ語を教育によって習得する」という彼らにとって典型的な、すなわち例外を排除しようとする、もしくは例外を考慮しない、エスニックな「ルクセンブルク人」である。

　そのような言説の状況下で、どのようにして単一言語性を主張する側が1984年の言語法を手にすることができたのであろうか。第一に挙げられるのは、言語擁護団体（AL）が行っていたルクセンブルク語の純化運動である。これは、ルクセンブルク語がフランス語やドイツ語、とりわけ後者とは異なることを主張することであった。すなわち、ルクセンブルク語におけるフランス語やドイツ語の語彙や言語構造を否定することで自己を表象しようとした。

　第二に、ルクセンブルク語の使用領域の拡大および地位向上について、多言語主義の言説、すなわち三言語併存の考え方を否定しようとしたことであった。三言語併存の考えは、各々の言語、すなわちルクセンブルク語、フランス語、ドイツ語にそれぞれ与えられた使用領域があり、バランスを崩すことなく用いられている、もしくは用いられるべきである、というものであった。この考えには、言語的な不平等というものは存在しないことになる。なぜなら、エスニックなルクセンブルク人、すなわち母語がルクセンブルク語である民衆という均質な存在がプレーヤーとして念頭に置かれているためである。そして単一言語性を重視する人々はここにこそアンチテーゼを立てた。すなわち、この三言語併存という考えおよび現実には

言語的な不平等が存在し、母語たるルクセンブルク語がフランス語やドイツ語に対して劣った地位に甘んじているというものであった。そのため、フランス語やドイツ語によって独占された領域を意識し、否定することでルクセンブルク語の地位向上と使用領域の拡大を主張することになった。そしてその際に根拠とされたのは、やはりルクセンブルクではルクセンブルク語を使用することが当然、という国民と言語共同体とを結び付けようとする思想だったといえる。

　1984 年の言語法は、法律の条文だけを読めば現状の追認のようにしか理解できない。しかし、その議論と背景、特に 1970 年代から続く論争を見ると、ルクセンブルク国内における言語意識の対立と深く関係していることがわかる。それは、ルクセンブルク語に根ざす単一言語性と、フランス語、ドイツ語の使用能力を指向する多言語性の意識のせめぎ合いであった。

　特に言語法の第 4 条を巡っては、それまで読み書きされることが少なかったルクセンブルク語を、フランス語やドイツ語と並ぶ事実上の公用語とすること、すなわち今後書き言葉として育成するのかどうか、が問われた。

　1971 年から活動していた言語擁護団体（AL）は、ルクセンブルク語の外国語からの純化と地位向上を訴えていたが、言語法はそれまでの主張を貫くための重要な手段となった。一方で、それに反対する側、特に急先鋒であったホフマンは、ルクセンブルク語の公用語化によってそれまでの外国語教育が衰退し、特にフランス語を満足に使いこなせない人が増えてしまうことで小国ルクセンブルクが孤立してしまうことを恐れた。また、国内における方言差も依然として大きかったことから、言語的な対立が生じかねない、と警鐘を鳴らした。

　両者の意見は全く異なっているように見えるが、どの言語を重視するのかという点のみが異なっているだけであったともいえる。どちらも、ルクセンブルク語を母語としフランス語とドイツ語を教育によって習得する典

型的で理想的なルクセンブルク人を念頭に置いた言説であった。それは、外国人を言語的に統合しようという意見がほとんど同一であることからわかる。

　このような対立関係において、単一言語性のイデオロギーに立つ側はルクセンブルク語におけるフランス語やドイツ語の要素を否定することで自己を見いだそうとした。その構図は言語の使用領域においても同様であった。すなわち、三言語併存という状態に言語的な不平等を見いだし、それを根拠とした3つの言語の平等を主張し、それまでフランス語やドイツ語が使われることが当然とされた領域に踏み込もうとした。この際に主張の根拠とされたのは、やはり国民国家的な言語共同体の思想であった。

　紆余曲折を経たとはいえ、結果として単一言語性のイデオロギーを主張する側は言語法へとたどり着くことができた。その際、1980年の西ドイツの右翼的な、ルクセンブルク語を否定しながらナチス・ドイツとルクセンブルクの関係を協調する新聞記事は単なるきっかけでしかなかった。言語法という帰着点は、三言語併存による言語の機能分担という長年当然として考えられていたイデオロギーを、単一言語主義の側から言説戦略によって徐々に切り崩した結果生まれたのであった。ルクセンブルクではルクセンブルク語が話される、という一見反論不可能な記述を根拠にして民衆の間に言語意識を浸透させ、さらに政治的に深くコミットすることで、ルクセンブルク語の法的な地位を確固たるものとすることができたのであった。

6章 近年の社会の変動と言語

1節　問題の設定と背景

　これまでは第二次世界大戦終了後から1984年の言語法が成立するまでの過程を見てきた。1984年の言語法は、ルクセンブルク語を唯一の国語とした上で、フランス語、ドイツ語、ルクセンブルク語のいずれも事実上の公用語として規定した。この法律が制定されるに至るまで、激しい対立と紆余曲折があった。しかし言語に関するどの言説にも、その根底にはルクセンブルク語を母語とし、フランス語とドイツ語を教育によって習得するという前提があった。また、言語法が制定された時代背景の一つに外国人人口の増加があったが、まだ当時は居住外国人はルクセンブルク社会に「統合」できる対象と考えられていた。

　今日、ヨーロッパ統合の進展や経済のグローバル化によってルクセンブルクにはさらに多くの外国人が暮らすようになり、その比率は2014年現在全人口約55万のうち約45％、24万9千人弱にのぼる[1]。また日常的に、ドイツ、ベルギー、フランスから多くの越境通勤者がやってくる。それにともなって言語の使用は徐々に変化を見せている。この変化ゆえに、それまでの理想的なルクセンブルク人、すなわちルクセンブルク語を母語とし、フランス語やドイツ語を教育で身につけることをモデルとした言語政策、教育政策は徐々に行き詰まり始めているが、一方でルクセンブルク政府は言語教育政策にまだ大きな変更を加えようとはしていない。

　6章では、人口のデータと先行研究をもとに、現代ルクセンブルクの社会の変容と複雑性を指摘し、ルクセンブルク語を母語とするルクセンブルク人、ルクセンブルク語を母語としない外国人という旧来の枠組みがすでに通じなくなっていること、また、それでもなおルクセンブルク政府はそ

---

[1] ルクセンブルク統計局（STATEC）ウェブサイトより。

の枠組みを守り通すことを政策の柱としていることをみる。ルクセンブルクは欧州統合の理想像として、また理想的な多言語社会として参照される、もしくは自らを表象することが多いが、小さな国民国家ルクセンブルクがグローバリゼーションの時代に合わせてどのように変容するのかを考えたい。

2節　三言語使用と言語イデオロギー

　1839年に誕生した近代国家・ルクセンブルクは、歴史の偶然によって作られた国家であった。そのため、近代国家が成立した当初から民衆に「ルクセンブルク人」という国民意識が根付いていたわけではなかった。他のヨーロッパ諸国のナショナリズムと同様に、ルクセンブルクにおいても徐々に国民意識が形成された。

　国民意識にとって重要となるのが、独自の言語の存在であった。土着の方言からドイツ語とは異なる「ルクセンブルク語」を作り出し、東側の隣国であるドイツとの違いを意識することによって「自己」と「他者」を区別するようになった。

　一方で、1848年の憲法でフランス語とドイツ語が公用語とされ、教育においても両言語が重視されるなど、長年にわたってドイツ語圏でありながらフランス語圏でもあるという立場をとってきた。このような経緯から、ルクセンブルク人の言語意識には常に2つの方向性が見られるようになった。それは、ルクセンブルク語に根ざす母語主義、言葉をかえれば単一言語性の意識と、フランス語やドイツ語の運用能力に根ざす外国語能力、もしくは多言語性の意識である。これらは、ルクセンブルク人の言語意識を形作ってきた。

　単一言語性の意識と多言語性の意識は時に激しく衝突した。もっともわかりやすい事例の1つは、前章まで取り上げていた1984年の言語法にお

ける議論であろう。言語法が議論されはじめたきっかけは、1980年3月にドイツの右翼的な新聞（Deutsche Nationalzeitung）によってある記事が掲載されたことであった。その記事の内容は、ルクセンブルク語はドイツ語の一方言であり、ルクセンブルク人はエリートの役人にフランス語を押しつけられている、そしてルクセンブルク人の多くがナチス・ドイツのために戦ったというものであり、これを受けてルクセンブルクの議会では言語のあり方をめぐる議論が開始された。

　もちろん、新聞記事はあくまで言語法議論のきっかけにすぎなかった。より重要なのは、1971年に設立された言語擁護団体アクスィオゥン・レッツェブイエッシュ（Actioun Lëtzebuergesch・以下 AL）の活動であった。AL は、ルクセンブルク語こそがルクセンブルク人の国民意識の中心にあるものであるという考えから、ルクセンブルク国内におけるルクセンブルク語の使用領域を拡大する運動を行っていた。具体的には、新聞の死亡欄をルクセンブルク語で書くことを推奨することや、地名の看板にルクセンブルク語を併記させるなどで、その活動は民衆の目に触れさせる、すなわち可視化するものであった。また、これまで見てきたように、AL の初代代表であったロートは、ルクセンブルク語の純化を訴えるとともに、フランス語やドイツ語と同等の地位が必要であると訴えていた。

　一方、AL に反対する勢力、すなわち多言語性の意識の立場に立つ人々も少なからずいた。その代表格が言語学者 F.ホフマン（Fernand Hoffmann）であった。ホフマンは、ルクセンブルク語がフランス語やドイツ語と並ぶ公用語とされれば、それまで書かれる機会が少なかったルクセンブルク語があらゆる分野で書き言葉として運用されることになると想定し、そこに至るまでにルクセンブルク語を書き言葉として規範化する必要性が生じることを指摘した。ルクセンブルク語を書き言葉として学校教育で教えるようになれば、フランス語教育が疎かになり、ルクセンブルク人の独自性であり長所であるフランス語とドイツ語の運用能力に傷がつきかねないとしている。ルクセンブルク語を公的な書き言葉にすることによって、「ロマンス・ゲルマンの二重文化の終焉にもなりかねない」と、

小国であるルクセンブルクが孤立してしまうのではないかと警鐘を鳴らしていた[2]。ホフマンに代表される、外国語運用能力を重視する側の考え方の根底にあるのは、ルクセンブルク語は国民の象徴ではあるが、書き言葉としての役割はフランス語やドイツ語が担うべきであるというものであった。

言語法をめぐる議論を見ると、単一言語性の意識と多言語性の意識は対立していることがわかるが、双方ともその対象としているのは、ルクセンブルク語を母語とする、伝統的で理想的な「ルクセンブルク人」であることがわかる。その証左として、ALであれホフマンであれ、国内の外国人は言語的に「統合（Integration）」もしくは「同化（Assimilation）」されなければならないと主張している[3]。ここには、ルクセンブルクには単一言語性であれ多言語性であれ、ルクセンブルク語を母語とし、フランス語とドイツ語を教育によって習得するという国民国家的な言語イデオロギーが見てとれる。すなわち、言語と民族と国家は一致しなければならないという国民国家的なイデオロギーなのである。

3節　近年の人口変動と言語政策

1. 外国人人口のさらなる増加

ルクセンブルクにおける居住外国人人口は、前章まで扱ってきた1980年代以前からすでに大変高い比率にある。1947年の統計によれば（この時期は第二次世界大戦後のために外国人人口が若干減少していたこともあ

---

[2] Hoffmann, F.（1987）p. 60.
[3] Roth, L.（1975）p. 22; Hoffmann, F.（1979）p. 135.

るが)、人口に占める外国人比率は10%である。その後、1960年代、70年代の高度経済成長を経て、外国人人口はさらに増加した。

　図6-1からは、第二次世界大戦後から2000年くらいまではルクセンブルク人の人口はほとんど増えておらず、ルクセンブルクの人口増、すなわち経済成長の源となる労働力は外国人によって補強されていたことがわかる。また、隣国であるドイツ、ベルギー、およびフランスの国籍を持つ者を除くと、1960年代から70年代の高度成長期にはイタリア人の流入が顕著であったことがわかる[4]。

　イタリア人の人口は、イタリア本国の経済成長、イタリア人のルクセンブルク国籍の取得などもあり、1970年代から徐々に減少に転じている。イタリア人の減少を補完し、その後今日にいたるまで大きな存在感を持つようになるのが、ポルトガル人である。図6-1(c)において示されている通り、ポルトガル人の流入の歴史は浅いが、その度合いは他に比べて急激である。2014年現在、人口約55万人のうち約9万人をポルトガル人が占めるにいたっている。

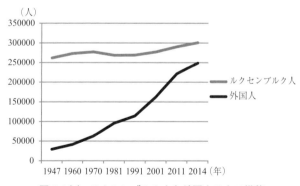

図6-1(a)　ルクセンブルク人と外国人の人口推移
（STATECウェブサイト資料より筆者が作成）

---

4) 1970年代までのルクセンブルクの経済成長は、鉄鋼・製鉄業が支えていた。他の製造業や金融業、サービス業が盛んになるのは、その後の産業多角化によってである。

6章　近年の社会の変動と言語

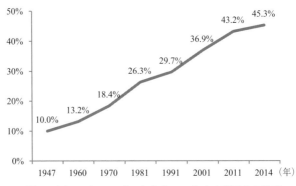

図 6-1(b)　ルクセンブルク全人口に占める外国人の比率
（STATEC ウェブサイト資料より筆者が作成）

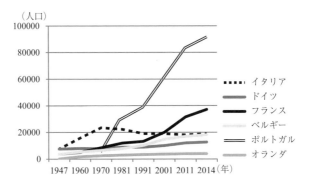

（単位：千人）

国籍	1947年	1960年	1970年	1981年	1991年	2001年	2011年	2014年
イタリア	7.6	15.7	23.5	22.3	19.1	19.0	18.1	18.8
ドイツ	7.5	7.9	7.8	8.9	8.9	10.1	12.0	12.7
フランス	3.7	5.0	8.5	11.9	13.2	20.0	31.5	37.1
ベルギー	3.6	5.2	6.5	7.9	10.3	14.8	16.9	18.1
ポルトガル	0.0	0.0	5.8	29.3	39.3	58.7	82.4	90.8
オランダ	0.1	1.8	2.5	2.9	3.4	3.7	3.9	4.0

図 6-1(c)　1947年～2011年・ルクセンブルク居住外国人の内訳の推移
（ドイツ、フランス、ベルギー、オランダ、イタリア、ポルトガル国籍のみ）
（STATEC ウェブサイト資料より筆者が作成）

3節　近年の人口変動と言語政策

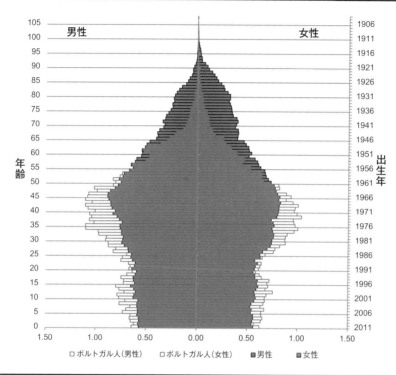

Quelle : STATEC - RP2011

図6-2　ルクセンブルク全人口とポルトガル人の人口ピラミッド
（STATEC（2013c）、およびSTATECウェブサイトより）

　また、図6-2に見るように、ポルトガルからの移民は20代からの働き盛りの層だけでなく、学校教育の必要な若年層に及んでいることにも注意しなければならない。彼らの大半は公立の学校に通い、ロマンス語ではないドイツ語の習得を必須とされ、大きなハンディキャップを持たざるを得なくなる。一方、家族とはポルトガル語を話すだけでなく、就学前教育（いわゆる幼稚園）や学校ではルクセンブルク語を話すようになることも考えられるため、環境的な要因によってポルトガル人子弟の言語使用が複雑化することが予想される。

2. 越境通勤者の急増とグランド・リージョン

　居住外国人の増加に加えて考慮しなければならないのは、ルクセンブルクに毎日越境通勤してくる人口の急増である。欧州統合の進展の一つの要素に、国境の持つ意味を大きく変えたことが挙げられる。特に1985年のドイツ、フランス、ベネルクス三国によるシェンゲン合意、1990年のシェンゲン協定以降、協定に参加した国同士では基本的に国境審査が撤廃され、人の往来が自由化されたことで、ヨーロッパ内の国境地域に様々な面で変化が起こった。国境を越えた通勤、買い物、観光等である。この現象は、小国でありながら経済の中心ともなるためルクセンブルクにも該当する。

　ルクセンブルク、ドイツのザールラント地方、フランスのロレーヌ地方を合わせた、かつての製鉄や炭鉱の中心であった地域はザール・ロル・ルクス地域（Saar-Lor-Lux）と呼ばれ、後にドイツのラインラント・プファルツおよびベルギーのワロン地方（ワロニー）を合わせて、グランド・リージョンと呼ばれるようになった[5]。グランド・リージョンの地域総面積は6.5 km^2、人口は約1,100万人に達する[6]。

　ルクセンブルクを中心として4ヶ国の国境線が絡み合うグランド・リージョンでは、通勤者の往来が活発になっており、表6-1に見るように、毎日19万人が域内で通勤者を受け入れている。その中でも受け入れ地、すなわち雇用の提供地としてのルクセンブルクには14万人と、その機能が際立っていることがわかる。また、ルクセンブルクへ通勤する人口で最も多いのはフランス、すなわちロレーヌ地方であり、7万人を超えている。

---

[5] フランス語では Grande région（グランド・レジョン）、ドイツ語では Großregion（グロース・レギオン）であるが、本書では便宜的に英語からの表記である「グランド・リージョン」を用いる。

[6] 呉羽（2008）p. 146.

3節　近年の人口変動と言語政策

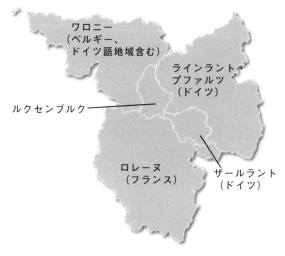

グランド・リージョン

表6-1　グランド・リージョンにおける通勤者流入数（人）

労働地	居住地				
	ドイツ	フランス	ルクセンブルク	ベルギー	全体
ザールラント		20,301	45	47	20,393
ラインラント・プファルツ		5,134	160	144	5,348
ロレーヌ	1,120		200	130	1,450
ルクセンブルク	34,819	72,053		37,074	143,946
ワロニー	517	24,072	359		24,948

（Interregionale Arbeitsmarktbeobachtungsstelle（2009）p. 68 より、統計は 2005 年～2008 年）

　グランド・リージョンにおいてはルクセンブルクが越境通勤者の最大の受け入れ地である。表6-2、図6-3 からは、ルクセンブルクに国境を越えてやってくる通勤者が1980 年では1万2千人足らずであったのに対し、1990 年には3万5千人、2000 年には9万人、2011 年には15万人を超えており、その急増ぶりがわかる。特にルクセンブルクに通勤者を多く送り出しているのはフランスであり、ベルギーやドイツがそれに続く。また、イタリア人やポルトガル人がフランスのようなルクセンブルク以外の地域

161

6章　近年の社会の変動と言語

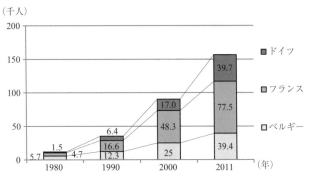

図6-3　ルクセンブルクで働く越境通勤者数
（STATECウェブサイト資料より筆者が作成）

表6-2　ルクセンブルクで働く越境通勤者国籍別内訳

（1974年、1980年、1990年、2000～2011年）

（STATEC（2013a）p. 111より筆者が作成）

（単位：千人）

年	全体	国籍						
		ベルギー	フランス	ドイツ	イタリア	ルクセンブルク	ポルトガル	その他
1974	11.4	5.3	4.1	1.3	0.6			0.1
1980	11.9	5.2	4.5	1.5	0.6			0.1
1990	35.3	10.8	15.7	6	1.1			1.7
2000	90.3	22.8	45.7	16.1	1.7			4
2001	100.1	25	50.7	18.2	1.9	1.4	1.2	1.8
2002	104.9	26.1	52.9	19.4	1.9	1.5	1.2	1.9
2003	108.8	26.9	54	21	1.9	1.6	1.4	1.9
2004	114.4	27.9	56.3	22.7	2	1.8	1.5	2.2
2005	121.2	29.3	58.9	25.1	2	1.9	1.7	2.3
2006	129.0	30.6	62.1	27.6	2.1	2.2	1.9	2.6
2007	139.2	32.5	66.3	30.5	2.1	2.6	2.2	2.9
2008	149.4	34.2	70.8	33.3	2.3	3	2.5	3.4
2009	148.3	33.9	69.2	33.7	2.2	3.2	2.7	3.4
2010	151.9	34.2	71	34.6	2.2	3.3	2.9	3.7
2011	156.6	35.1	73	35.6	2.2	3.5	3.1	4.1

3節　近年の人口変動と言語政策

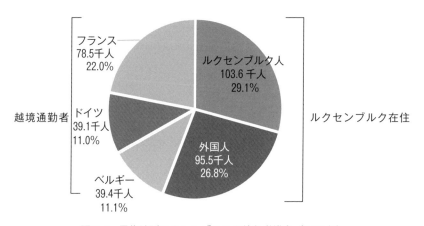

図 6-4　居住地別ルクセンブルクの給与労働者（2012 年）
（STATEC（2013b）より筆者が作成）

から通勤することがあるだけでなく、近年はルクセンブルク人がルクセンブルク以外の地域から通勤するという状況が生まれていることもわかる。図 6-4 から見てとれるように、2012 年には越境通勤者が給与労働者の 44.1％を占め、ルクセンブルクに居住するルクセンブルク人が 29.1％、居住外国人が 26.8％と続く。ルクセンブルク人は国内の労働力の約 3 割であり、約 7 割を居住外国人と越境通勤者に負っていることがわかる。

このようにグランド・リージョンにおいてルクセンブルクの求心力が高い理由としては、賃金の高さだけでなく[7]、欧州裁判所、欧州投資銀行をはじめとした欧州連合の諸機関が集中していること、ルクセンブルク全体で工業だけでなく金融等の第三次産業がきわめて発達していることで雇用を提供できることが挙げられる。さらに、フランスから越境通勤者が特に多く集まるのは、ロレーヌ地方の経済の停滞、特に製鉄関連の産業が衰退する一方であることも挙げられる[8]。

7）平均月給はフランス・ロレーヌ地域の 1.6 倍にのぼる。呉羽（2008）p. 160.
8）呉羽（2008）p. 161.

国境を意識させない経済圏となっているグランド・リージョンの越境通勤による労働市場は、ルクセンブルクがその中心を担っている。また、地理的側面に目を向けると、グランド・リージョンにおいて全国土が入るのはルクセンブルクのみであり、フランス、ベルギー、ドイツはいずれも国土の一部がこの地域に入っているに過ぎない。さらに、ルクセンブルクはグランド・リージョンの中心に位置する。この状態はルクセンブルクにおいて新たなナショナリズムを想起させることが指摘されている。P. ペポルテ（Pit Péporté）らは、ルクセンブルクのナショナリズム言説の形成戦略を「求心力」のものと「遠心力」のものとに分類した[9]。求心力の言説形成とは、共同体の過去と故郷、もしくは母国を結び付けようとするものである。これは、ルクセンブルク人という民族が過去から存在し続けてきたかのような言説が形成され、国境線内部の国民を意識させるというものである。一方で、遠心力の言説形成とは、1980年以降に、独仏国境地域の、さらには欧州の中心へとルクセンブルクが躍り出て、模範的なヨーロッパ人像を自ら表象することで、意識を国境線の外へ向かわせるというものである。ペポルテらは、最近30年ほどで形成されたグランド・リージョンの存在への意識が独仏国境地域の中心に位置するルクセンブルクを意識させたと指摘している。グランド・リージョンという形で、常に自らが中心に位置し、多くの人がやってくるという現実からナショナルな感情がわき上がることは大いに考えられる。また、この考えは近代国家成立以降、フランス語もドイツ語も使いこなし、独仏間の橋渡しになることこそがルクセンブルク人であるという考え方とオーバーラップする。

---

9) Péporté, P et al.（2010）, p. 131, p. 195.

4節　言語使用の複雑化

1. 言語教育の問題

　これまで、ルクセンブルクの言語イデオロギーと、近年の人口の変動について見てきた。本節では、近年の教育の問題と[10]、言語使用の複雑化について、先行研究や資料から見ていきたい。

　元来ルクセンブルクの人口に占める外国人比率は高かったが、すでに見たようにその増大、特にポルトガル人人口の増大は顕著であり、社会の中でも大きな存在感を持っている。第二次世界大戦後、社会の中間層を構成するのはルクセンブルク人であった。いわゆる下層を構成するのは当初はイタリア人であったが、その後ポルトガル人がその社会経済的階層を占めるようになった[11]。したがって、ポルトガル人の児童の多くは、国内の公立の学校に通うことになる。

　ルクセンブルクの学校教育では、1843年の教育法でフランス語教育が取り入れられて以来、ドイツ語、フランス語の完全な習得を目標としている。子供たちが読み書き能力を身につけるのはまずドイツ語で、小学校2年生の後半からフランス語の学習が始まる。初等教育で上位4割に残った生徒が進む7年間の中等教育であるリセ（lycée）での授業言語は、前半の3年間はドイツ語であり、後半の4年間はフランス語となる。

　一方、上記のリセに行かない子供は、リセ・テクニック（lycée technique）

---

[10] 本節で取り上げる問題点については、田村（2010）で述べられている論を参考にしている。詳細は田村（2010）を参照。
[11] Willems, H. / Milmeister, P.（2008）p. 79.

という学校に行くことになる。田村（2010）によれば、リセ・テクニックは大きく3つのコースに分かれる。それらは専門技術コース（régime technique）、技術者養成コース（régime de la formation de technique）職業コース（régime profesisonel）である[12]。リセ・テクニックにおける授業言語は、言語科目以外ではほとんどがドイツ語である。これは、伝統的にフランス語が威信言語であり、ドイツ語は誰もが身につけることができる言語であるという前提があるためであるが、このシステムに対する疑問は増大しつつある。これまでに見てきたように、ルクセンブルクの外国人居住者の多くはポルトガル語のようなロマンス語を母語とするにもかかわらず、初等教育でドイツ語の教育を受けなければならない。ドイツ語教育で躓いてしまうと、後に本来であればドイツ語よりも容易に習得できるはずのフランス語での教育への門戸が閉ざされてしまいかねないのである。

　2007／08年度のリセの7年生は、ルクセンブルク人が76.6％、外国人が23.4％であるのに対して、リセ・テクニックの7年生は、ルクセンブルク人が51.7％、外国人が48.3％となっている[13]。また、このデータよりは若干古くなるが、2004年の研究によると、ルクセンブルク市ではフランス人の81.4％、ルクセンブルク人の65％、カーボベルデ人は25％、ポルトガル人の17.05％、旧ユーゴスラヴィア人の15.4％がリセ・クラシックに行くが、一方で旧ユーゴスラヴィア人の84.6％、ポルトガル人の83％、カーボベルデ人の75％、イタリア人の62.5％、ルクセンブルク人の35％、フランス人の18.6％がリセ・テクニックに行くとの報告が出ている[14]。

　また、図6-5からは、ポルトガル人のうち69.0％が小学校、もしくは中学校卒業止まり（人口全体では34.5％）で、23.2％が高校卒業（同35.5％）、7.8％が大学卒業以上（同30.0％）と、ルクセンブルクでの全

12）田村（2010）p. 26.
13）田村（2010）p. 30.
14）Willens, H. / Milmeister, P.（2008）p. 80.

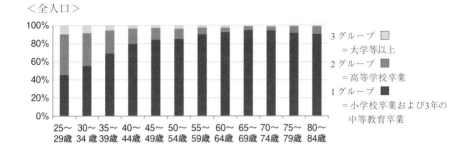

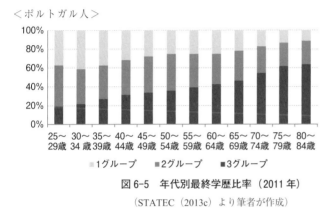

図6-5　年代別最終学歴比率（2011年）
（STATEC（2013c）より筆者が作成）

体平均に比べてポルトガル人はリセや大学まで行く比率が低いことがわかる。

　ルクセンブルク大学教授のJ.-J. ヴェーバー（Jean-Jacques Weber）は、ポルトガル人の児童が（厳格な標準フランス語ではない）口語フランス語、さらにルクセンブルク語を流ちょうに話すことなどについて実例を用いて指摘した上で[15]、厳格な標準語イデオロギーを批判する。また、ルクセンブルク人であれ外国人であれ、子供が普段どのような言語使用を行っているのかということに関する実情を考慮せずに、言語使用を「ルクセンブルク人はルクセンブルク語を話し、外国人はルクセンブルク語を話さない」

---

15) Weber, J.-J.（2009）pp. 163-164.

という単純な二項対立的な考え方で捉えようとすることにも批判的である[16]。その上で、ヴェーバーはロマンス語を母語とする児童の言語的な人権を守るため、機会の均等を維持するためにも、フランス語による識字コースを作るべきであると主張する（two-track system）[17]。ルクセンブルクではフランス語によっても行政サービスが行われており、フランス語だけで生活することも可能である。一方、ドイツ語の使用機会は書き言葉に関しては多く残されており、もしこのシステムを導入したとしても、ドイツ語の習得もルクセンブルク社会での地位向上の鍵となるであろう。

しかし、ルクセンブルク政府はあくまでドイツ語による識字、その上でのフランス語の習得というこれまでのルクセンブルク・モデルを見直すことはしていない。後述するように、ルクセンブルク語（＋フランス語・ドイツ語）を用いた従来通りの社会統合政策を踏襲することを重視していることは明らかである。

2. 越境通勤者と言語

ルクセンブルクには現在15万人以上の人が国境を越えて通勤してくることはすでに見た通りであるが、その内訳はフランスとベルギーからの通勤者で約4分の3を占める。表6-3によると、フランスやベルギーからの越境通勤者でフランス語を最も用いる言語として挙げているのはそれぞれ89％、78％にのぼる。また、フランスからの通勤者でルクセンブルク語を最も多く用いると答えたのは2％、英語と答えたのも6％にとどまっている。一方、ドイツからの越境通勤者は、61％がドイツ語を最も多く用いると答えているが、26％はルクセンブルク語を用いると答えていることがわかる。

---

16) Weber, J.-J.（2009）p. 63. F. フェーレン（Fernand Fehlen）の2008年の調査によれば、ポルトガル人の54％が、話す言語の上位5位以内にルクセンブルク語と答えている。Fehlen, F.（2009）p. 81.
17) Weber, J.-J.（2009）p. 165.

表6-3 越境通勤者が仕事で最も多く用いる言語＆2番目に多く用いる言語
（2005年調査）

（Fehlen, F.（2009）p. 162より）

＜最も多く用いる言語＞

居住地	サンプル数	ルクセンブルク語	フランス語	ドイツ語	英語	その他	該当なし
フランス	1079	2%	89%	1%	6%	2%	
ベルギー	760	10%	78%	4%	8%	0%	
ドイツ	631	26%	7%	61%	6%	0%	

＜2番目に多く用いる言語＞

フランス	1079	11%	8%	13%	23%	7%	38%
ベルギー	760	10%	15%	9%	29%	6%	30%
ドイツ	631	16%	18%	24%	21%	2%	19%

　F. フェーレン（Fernand Fehlen）の2004年の調査によると、民間、公共どちらの部門においても、85％が仕事の上でフランス語が必要であると答えている。次いで、ルクセンブルク語の必要性は民間で40％あまり、公共で70％あまりという結果が出ており、フランス語が労働の空間では最も必要とされることが示唆されている[18]。

　フランス語はフランス語を母語とするフランス人やベルギーのワロン地方出身者、さらにはロマンス語圏出身の外国人との間でのコミュニケーション手段とされてきた。ルクセンブルクに長期滞在するつもりのない成人の場合、必要性の低さからルクセンブルク語を習得しようとせず、結果的にフランス語を用いる機会が増えると推測される。さらに、フランスやベルギー（フランス語圏であるワロニー）からの越境通勤者の存在は労働の現場におけるフランス語使用のさらなる増大へとつながる可能性を指摘できる。

---

18) Fehlen, F.（2009）p. 159.

3. 国籍法に見る言語イデオロギー

今日にいたるまで、住民のうちの少なからぬ割合を外国人が占めてきたルクセンブルクでは、外国人のルクセンブルク社会への統合が長年の課題とされてきた[19]。2000年代に入ると、さらなる増加を続ける外国人住民の存在を背景に、ルクセンブルク国籍の付与条件について改定の検討がなされた。

2000年代に入って国籍法が改正されたのは2001年と2008年である。2001年の改正[20]では帰化の要件に言語の習得が入った。それまで、ルクセンブルクの国籍法では「十分な同化（assimilation suffisante）」を証明する必要があるとされていた。2001年の国籍法改正では、居住年数が10年から5年に短縮される一方で、以下のように「同化」を「統合（intégration）」に換え、さらに言語能力を証明することを要求するようになった。

> Art. 7. La naturalisation sera refusée à l'étranger : [...] lorsqu'il ne justifie pas d'une intégration suffisante, notamment lorsqu'il ne justifie pas d'une connaissance active et passive suffisante d'au moins une des langues prévues par la loi du 24 février 1984 sur le régime des langues et, lorsqu'il n'a pas au moins une connaissance de base de la langue luxembourgeoise, appuyée par des certificats ou documents officiels.

> 第7条：外国人の帰化は次の場合には拒否される － その者が十分な統合を証明しない場合、とりわけ1984年2月24日の言語法で定められた言語のう

---

[19] 例えば、1982年に外国人人口の増加とルクセンブルク人アイデンティティの危機について書いたG. アルスなどが挙げられる。(G. Als (1982), pp. 2-3.) また、1971年に設立された言語擁護団体Actioun Lëtzebuergeschは外国人統合を常にテーマに挙げていた。(Roth, L. (1972), p. 3.)

[20] 正確には、「ルクセンブルク国籍に関する1968年2月22日の法についての2001年7月24日の改定（Loi du 24 juillet 2001 portant modification de la loi du 22 février 1968 sur la nationalité luxembourgeoise）」である。

ちの少なくとも一つの言語の能動的、受動的能力を十分に有していることを証明しない場合、また、ルクセンブルク語の少なくとも基本的な知識を有していることを証明書または公式な文書で証明しない場合。[21]

これによれば、1984年言語法で定められた言語、すなわちフランス語、ドイツ語、ルクセンブルク語のいずれかの言語能力を証明し、さらにルクセンブルク語の基本的な知識が帰化の条件となっている。ルクセンブルク語の習得を必須とすることによって、帰化希望者をルクセンブルク社会への統合することが明確となっている。見方を変えれば、フランス語やドイツ語の能力を証明したとしても、ルクセンブルク語を習得していない者はルクセンブルクのパスポートを得ることができない。国籍法では言語が社会において包摂の役割と排除の役割を同時に担っている。

同じ2001年には当時のユンカー首相が年金制度の維持のために人口を70万人まで増やすことを提唱する[22]。これはルクセンブルク人の急激な自然増が難しいこともあり、今後も外国人を積極的に受け入れることを意味していた。外国人の受け入れとルクセンブルク語による社会統合を同時に進めることで、国民国家を維持しようとしていたことがわかる。

さらに、2008年の国籍法改正[23]では、重国籍、すなわちそれまでの国籍を維持したままルクセンブルク国籍を得ることが可能になった。すでに住民の40％が外国人であることから、これまで通り外国人を国政から排除したままでは民主主義を維持できないことが理由である[24]。

言語については、2001年の条項がそのまま引き継がれたわけではない。ルクセンブルク語の能力は初めてテストによる評価が義務づけられた。

---

21) Mémorial（2001）、訳は筆者。
22) Scheppelmann, P.（2002）p. 10.
23) 正確には、「2008年10月23日のルクセンブルク国籍に関する法（Loi du 23 octobre 2008 sur la nationalité luxembourgeoise）」である。
24) Willems, H / Milmeister, P.（2008）p. 83.

Art. 7. La naturalisation sera refusée à l'étranger lorsqu'il ne justifie pas d'une intégration suffisante, à savoir : [...] lorsqu'il ne justifie pas d'une connaissance active et passive suffisante d'au moins une des langues prévues par la loi du 24 février 1984 sur le régime des langues et lorsqu'il n'a pas réussi une épreuve d'évaluation de la langue luxembourgeoise parlée. Le niveau de compétence à atteindre en langue luxembourgeoise est celui du niveau B1 du Cadre européen commun de référence pour les langues pour la compréhension de l'oral et du niveau A2 du même cadre pour l'expression orale.

第7条：十分な統合を証明できない外国人の帰化は拒否される。すなわち −その者が1984年2月24日の言語法で定められた言語のうちの少なくとも一つの言語の能動的、受動的能力を十分に有していることを証明しない場合、また、ルクセンブルク語の口頭の評価試験に合格していない場合。ルクセンブルク語の到達基準は、聞き取りで欧州言語共通参照枠のB1、口頭表現で同A2とする。[25]

　2008年の国籍法改正によって、外国人によるルクセンブルク国籍取得へのハードルはさらに低くなった。しかし、ルクセンブルク人となるための証明に、より明確な形で言語が、特に国語であるルクセンブルク語の能力が試金石として用いられるようになった。この点からは、言語共同体と国民をより一層結び付けようとする意図が見てとれる。

　言語を社会統合の象徴とする近年の潮流はルクセンブルクに限ったことではない。2003年にはオーストリアで、2005年にはドイツで、帰化の際にドイツ語の能力を証明しなければならなくなった。欧州統合は加速しつつも、内部では多様性を保つべきであるとする言説は、内部の多様性が国民国家単位で考えられる限り、個々の国家では単一言語イデオロギーに基づく政策を強化させる力を持っているのかもしれない。

---

25) Mémorial（2008）、訳は筆者。

5節　6章のまとめ

　これまで、本章ではルクセンブルクにおける言語イデオロギーと近年の人口構成の変化、社会の変化について見てきた。

　1984年言語法においては、ルクセンブルク語は唯一の国語となり、フランス語、ドイツ語とともに公用語となった。この法律について議論されていた1980年代前半は、法律に対する賛成派、反対派の双方が、エスニックなルクセンブルク人、すなわちルクセンブルク語を母語とし、フランス語とドイツ語を外国語として身につけるという、言語的に理想化されたルクセンブルク人の存在を議論の前提としていた。

　言語法が議論されていた当時、すでに居住外国人は無視できない存在になりつつあったが、言語法の議論の対象はあくまでルクセンブルク人であり、居住外国人は長く住んでいればいずれは社会に統合されるという前提があった。しかし近年の移民の、特にポルトガル人の増大、さらに越境通勤者の増大により、言語法が議論されていた当時とは言語状況は大幅に異なるものとなっている。社会生活でのリンガ・フランカ（媒介語）としてのフランス語の重要性はより高まり、一方でルクセンブルク語を母語とすることを前提とした初等教育ではドイツ語教育が疑問にさらされるようになった。社会の変化に対応するため、政府や教育現場では様々な努力をしている。2008年に改正された国籍法では、以前の国籍を保持したままルクセンブルク国籍を取得できるようになった。しかしその一方で、この国籍法ではルクセンブルク語の運用能力の証明が試験によって求められるようになるなど、言語、特に国語の役割が重視されている。教育においても、児童が効果的にドイツ語を身につけられるように努力が重ねられているが、政府は最初にドイツ語の読み書き能力を身につけ、その上でフランス語を徹底的に習得するというモデルを変更するには至っていない。ルクセ

ンブルク政府はこれまで同様に、ルクセンブルク語を母語とし、さらにフランス語、ドイツ語を使いこなすルクセンブルク人像を求め、定住する住民もそこに回収しようとする。

　ヨーロッパの統合が進展し、シェンゲン協定によって人の往来が自由になった。特にルクセンブルクはその豊かな経済の多くを越境通勤者と居住外国人に頼っており、この事実はルクセンブルク人も否定のしようがない。しかし他方で、言語がルクセンブルク人か否かという排除と包摂の機能を担い、国民を強く意識させることのできる装置として持ち出されるのである。

　これまで自明とされてきた言語の機能分担、すなわち三言語併存（トリグロシア）が徐々に変わりつつあることを本章で見てきた。リンガ・フランカとしてのフランス語や国民の象徴としてのルクセンブルク語が重要性を増す中で、ドイツ語は徐々に周辺化されつつあるようにも見える。次章では、現代ルクセンブルクにおける公用語としてのドイツ語とルクセンブルク語の関係性について、若干の考察を行いたい。

7章 公用語としてのドイツ語、ルクセンブルク語

1節　問題の設定と背景

　ルクセンブルクは1839年の近代国家成立以降、ごく一部の例外を除いてドイツ語圏のみの領土となったが、それまでの制度を維持し、フランス語、ドイツ語の両言語が公用語としての地位を持ち続けた。今日、ドイツ語はフランス語、ルクセンブルク語と並ぶ公用語であり、初等教育においても最初に識字に用いられる言語である。しかし、フランス語は威信性を、ルクセンブルク語は国民の象徴の言語として位置づけられる一方で、ドイツ語は単に利便性の高い書き言葉として認識されることが多い。さらに、書き言葉としてのルクセンブルク語使用の増大により、近年はドイツ語の使用範囲は徐々に減りつつあり、ルクセンブルク社会全体でも周辺化されつつあるようにも見られる。

　7章では、筆者が収集した小規模自治体の広報誌における言語使用比率を参考にしながら、公用語としてのドイツ語の位置に、それまで書かれることは少なかった、しかし確実に書かれる場を増やしつつあるルクセンブルク語の公的分野での使用について若干の考察を試みたい。

2節　三言語使用とドイツ語

1. ドイツ語の法的地位

　ドイツ語は長年にわたってフランス語と並んで公用語、もしくは事実上の公用語である。1848年の憲法第30条では次のように規定されており、

法的にはフランス語と同等の地位を持っていたことがわかる[1]。

Art. 30.
L'emploi des langues allemande et française est facultatif. L'usage n'en peut être limité.

第30条 ドイツ語とフランス語の使用は任意である。その使用は制限されない。

実際の使用においては、知識階層のフランス語使用などもあり、国家レベルの文書はフランス語で書かれるなど、フランス語はドイツ語よりも常に優位に立っていた。しかしフランス語を得手としない下級官吏にとってドイツ語は重要な書き言葉であった。

5章で詳しくみたように、1984年には新たな言語法が制定され、フランス語、ドイツ語と並んでルクセンブルク語が事実上の公用語として規定された。言語法は全部で5条からなり、第1条では唯一の国語（langue nationale）はルクセンブルク語であると定められている。第2条では立法に関する言語（langue de la législation）はフランス語であることが定められている。以下に第3条の行政と司法の言語に関する規定、第4条の申請書に関する規定を見る[2]。

第3条 行政および司法の言語
行政に関して、それが訴訟的であれ、非訴訟的であれ、また司法に関して、フランス語、ドイツ語、またはルクセンブルク語を使用することができる。ただし、特定分野に関する特別な規定についてはこの限

---

1) Hoffmann, F.（1979）p. 33.
2) Mémorial. Journal officiel du Grand Duché de Luxembourg – Amtsblatt des Großherzogtums Luxemburg. Recueil de législation. A–16（1984）pp. 196-197.
　条文の原文（フランス語）は5章を参照。本章では日本語訳のみを掲載する。

りではない。

第 4 条 行政に対する申請書
申請書がルクセンブルク語、フランス語、ドイツ語で作成されている場合、行政機関は可能な限りその回答に申請者の選択する言語を使用するものとする。

これらからわかるように、ドイツ語は公用語の 1 つではあっても、「ドイツ語でなくてはならない」分野が法的には存在しない。しかしゲルマン語であるルクセンブルク語を母語とする住民にとって、フランス語はドイツ語よりも習得に困難を伴うものである。また、ドイツ語はフランス語のような高い威信性は持たないものの、読み書きが容易な言語であり、その重要性は決して低いとはいえない。だからこそこれまでも、そして今日でも新聞や雑誌等の書かれたメディアの多くはドイツ語で発行されるのである。

2. 公的分野におけるドイツ語

ルクセンブルク政府のウェブサイト[3]や公共の表示がフランス語で書かれていることからもわかるように、フランス語はドイツ語に比べて公的な色合いが強い。上級官庁での文書やりとりでもフランス語が用いられる[4]。しかし、民衆と接する場面では必ずしもフランス語のみが用いられるとは限らない。2014 年 10 月現在、電子申請のウェブサイト（de Guichet）[5]は住民向けにはフランス語とドイツ語が、企業向けにはフランス語、ドイツ語、英語が用意されており、フランス語を不得手とする住民

---

3) http://www.gouvernement.lu/
4) Berg, G.（1993）p. 28.
5) http://www.guichet.public.lu/

7章　公用語としてのドイツ語、ルクセンブルク語

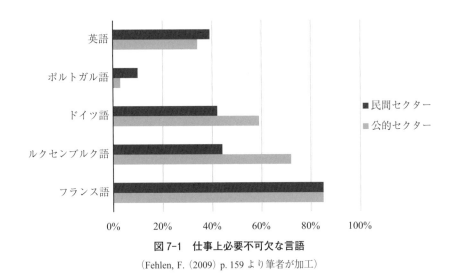

図7-1　仕事上必要不可欠な言語
（Fehlen, F.（2009）p. 159 より筆者が加工）

向けにはドイツ語によるサービスが提供されている。

　F. フェーレン（Fernand Fehlen）の調査によると、図7-1のように民間セクターでドイツ語を必要とするのは40％強であるが、公的セクターでは約60％となっている。民間であれ公的であれ、フランス語は話し言葉であっても書き言葉であっても必要性が高いのは事実であるが、話される機会のあまり多くないドイツ語であっても公的な分野であれば必要性が高いことがうかがえる。

3. 教育におけるドイツ語

　ルクセンブルクでは、外国人の児童たちが早くからルクセンブルク語に触れることができるようにとの配慮から、就学前教育が義務化されている[6]。小学校1年生からはルクセンブルク語を土台としてドイツ語による識字、ドイツ語を媒介言語とした教育が始まる。3年生からはドイツ語よ

---

6) 田村（2010）p. 24.

りもフランス語の時間が多くなる。一方、ルクセンブルク語の教育は1年生から6年生まで週に1時間が割り当てられるのみであり、ドイツ語やフランス語のように読み書きを詳細に教えられることはない。

表7-1 小学校における言語科目

(Berg / Weis (2005) p. 68 より)

言語科目	1年生	2年生前半	2年生後半	3年生〜6年生
ドイツ語	8	9	8	5
フランス語	–	–	3	7
ルクセンブルク語	1	1	1	1

初等教育の後に進むリセ、およびリセ・テクニックにおいても、ドイツ語は授業の媒介言語である[7]。さらに上級の課程になると媒介言語の多くはフランス語に置き換わる。高等教育になるにつれ、媒介言語としてのドイツ語の役割は減少していくが、ドイツ語の能力は成長してからも基礎的な言語運用能力となる。

前章で紹介したように、外国人子弟に対する配慮、機会均等や人権を守るためにもフランス語による識字を公教育で実施すべきであるという意見がある。しかしこれまでのところ、ドイツ語によって識字を行い、その上で徹底したフランス語教育を行うという政府の言語教育政策に変化はない。メールやSNS（ソーシャル・ネットワーキング・サービス）上でルクセンブルク語が実際に書かれることがあっても、教育ではフランス語、ドイツ語が重視され、これらの外国語のように書き言葉として教えることはないという政策に変化はない。

---

7) フランス語や数学の授業を除く。

3節　小規模自治体の使用言語

1. 自治体レベルでの言語使用

　上級官庁における文書のやりとりはフランス語で行われるが、地方レベルにおける文書の言語使用はどうであろうか。地方の文書については、以下のF. ホフマン（Fernand Hoffmann）やG. ベルク（Guy Berg）の記述に見られるように、ドイツ語はある程度は用いられる[8]。出版された時期が異なるため記述の内容に若干の違いはあるが、地方自治体においてはドイツ語も用い、上級官庁はフランス語を用いるという点では一致している。

　　126の地方自治体は内部の文書のやりとりではドイツ語を用いる。他の自治体とのやりとりにおいてもフランス語で処理を行うルクセンブルク市のみが例外である。[9]

　　国の地方自治体は文書のやりおよび省庁とのやりとりではドイツ語とフランス語を用いる。それに対して省庁はフランス語のみを用いる。[10]

　もちろん、地方レベルとはいえ、フランス語の絶対的な優位性は変わら

---

[8] あくまで筆者の個人的な経験であるが、2011年にルクセンブルク市内の警察官に、文書で用いる言語について質問を投げたところ、警察署内部ではドイツ語を用いることが多く、上級官庁への文書はすべてフランス語で作成しなければならないとのことであった。
[9] Hoffmann, F.（1979）p. 61.
[10] Berg, G.（1993）p. 29.

ない。それでも警察などでフランス語によるやりとりを得手としない場合においては、ドイツ語が柔軟に用いられることが指摘されている[11]。

2. 小規模自治体広報誌の言語使用

　地方自治体内部においてどのような文書がどの言語で交わされているのかということに関して、インタビュー調査などを抜きにしては外部からうかがい知ることはほぼ不可能に近い。しかし、地方自治体が民衆に対して何らかの告知をする場合に、どの言語を用いているのかを調べることは可能であろう。

　筆者は、地方自治体がどの言語で民衆にアクセスしようとしているのかを知るために、自治体の広報誌（Gemeindeblätter / Gemengebuet）の言語使用を調べた。現在、ルクセンブルクに自治体は 106 あるが、その中でも特に小規模な自治体の広報誌を調べた。12 あるカントンの中から、それぞれ最も人口の少ない 2 つの自治体を選び出し、言語別に記事の数を数え上げた。ただし、最小、もしくは第 2 の小規模自治体であっても広報誌を発行していない場合は調査対象から除外し、その次に小さな自治体の広報誌を調査の対象にした。人口はルクセンブルク政府統計局（STATEC）の人口統計を用いた。調査の方法は以下の通りである。

・2012 年 5 月時点で入手可能な最も新しい広報誌を調べる。
・フランス語とドイツ語のように、複数の言語で表記されている記事はそれぞれの言語の数として数え上げる。
・文章のない記事（題名＋写真だけのような記事）は除外する。
・企業の広告は除外する。

　調査の結果は、表 7-2 の通りとなっている。この結果から、Koerich と

---

11) Berg, G.（1993）p. 31.

7章 公用語としてのドイツ語、ルクセンブルク語

Medernach、Lac de la haute-Sûre 以外の自治体広報誌においてルクセンブルク語の記事が掲載されていることがわかる。議会や予算の報告についてはフランス語またはドイツ語、もしくは両言語が用いられており、ルクセンブルク語で書かれたものは見られなかったが、市民の活動報告、自治体からの告知等、他の記事ではルクセンブルク語が一定程度使用されている。サンプルが十分でないため断定的なことは言えないが、1970年代、1980年代の広報誌ではこれだけルクセンブルク語が用いられることはほ

表 7-2(a) 調査対象の自治体広報誌

地方行政区画	自治体	人口	広報誌	発行号
Capellen	Garnich	1,802	de Gemengebuet	2012年1〜3月
	Koerich	2,164	Buet aktuell	2011年9月
Esch	Leudelange	2,151	Gemengebuet	2012年（101号）
	Reckange-sur-Mess	2,098	Eis Gemeng Reckeng/Mess	2011年4号
Luxembourg	Sandweiler	3,194	Gemengebuet	2011年2号
	Weiler-la-Tour	1,888	Info Blad	2012年3月
Mersch	Fischbach	869	Fëschber Gemengeblat	2012年4月
	Heffingen	1,052	Informatiounsblaad	2012年1号
Clervaux	Munshausen	1,152	De Raider	2010年2号
	Troisvierges	2,972	D'Ëlwener Gemengebleedchen	2011年4号
Diekirch	Medernach	1,242	Miedernacher Gemengebuet	2006年6月
	Ermsdorf	1,018	De Bannhidder.	2007年2号
Redange	Grosbous	878	Groussbusser Buet	2012年春
	Ell	1,125	Info Ell	2011年12月
Vianden	Putscheid	974	D'Pëtscher Noriicht	2012年3月
	Vianden	1,692	Réckspéil	2007年6月
Wiltz	Boulaide	964	Informatiounsblad	2010年1号
	Lac de la haute-Sûre	1,545	Informatiounsblad	2011年2号
Echternach	Mompach	1,055	Informatiounsblat	2012年1号
	Bech	1,076	Gemengebuet	2012年1月
Grevenmacher	Biwer	1,638	D'Gemeng Biwer	2012年1号
	Manternach	1,741	Newsletter	2012年1号（4月）
Remich	Waldbredimus	963	Nouvellen	2011年35号
	Bous	1,372	De Buet	2012年

3節　小規模自治体の使用言語

表7-2(b)　小規模自治体広報誌における言語別記事数

L＝ルクセンブルク語、D＝ドイツ語、F＝フランス語、E＝英語、P＝ポルトガル語

地方行政区画	自治体	L	D	F	E	P
Capellen	Garnich	4	3	8	0	0
	Koerich	0	4	0	0	0
Esch	Leudelange	2	7	8	0	0
	Reckange-sur-Mess	6	6	6	0	0
Luxembourg	Sandweiler	4	15	20	1	0
	Weiler-la-Tour	4	5	7	0	0
Mersch	Fischbach	16	5	3	0	0
	Heffingen	9	5	5	0	0
Clervaux	Munshausen	1	10	9	0	0
	Troisvierges	4	4	7	0	0
Diekirch	Medernach	0	12	12	0	0
	Ermsdorf	3	4	12	0	0
Redange	Grosbous	5	19	17	0	1
	Ell	10	6	17	0	0
Vianden	Putscheid	15	8	8	0	0
	Vianden	4	28	17	0	1
Wiltz	Boulaide	2	8	5	0	0
	Lac de la haute-Sûre	0	17	4	0	0
Echternach	Mompach	1	2	5	0	0
	Bech	8	12	13	0	0
Grevenmacher	Biwer	2	3	5	0	0
	Manternach	4	1	1	0	0
Remich	Waldbredimus	6	11	11	0	0
	Bous	3	9	27	0	1

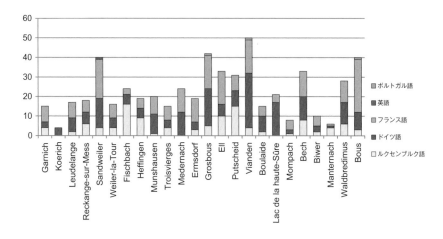

図 7-2 小規模自治体広報誌における言語別記事数

とんどなかった。

もちろんこの調査方法には問題点もある。数値は以下のような問題点を考慮に入れた上で、あくまで参考値として見るべきであろう。

- 数ページにわたる大きな記事も1ページの中でも大きな面積を占めない小さな記事も同じ1つの記事として数えている。
- 広報誌が休刊もしくは廃刊している場合は最新のものでも 2006 年である。
- 1980 年代より以前から広報誌を発行していたのは比較的大きな自治体に限るため、小規模な自治体の広報誌を時系列で比較することが困難な場合がある。
- 自治体によって広報誌の記事内容が異なるため、複数の自治体の広報誌同士を包括的に比較するのは難しい。
- 自治体による政策と、単に書き手がどの言語で書くことを好むのかという問題を混同する恐れがある。

また、本来であれば大規模自治体、中規模自治体からもサンプルをとるべきであるが、大規模自治体の広報誌ではすでにある程度ドイツ語およびフランス語の二言語によるサービス体制が確立されており[12]、また本章での調査目的は多くの記事がドイツ語で書かれていると想定された、小規模な自治体の言語使用の実態を知ることである。さらなる調査は今後の課題としたい。

自治体広報誌の表紙の例（左：Garnich、右：Weiler-la-Tour）

3. 調査からの考察

　近年、書き言葉としてのルクセンブルク語の伸長が言われて久しい。文学作品のみならず[13]、それまでフランス語やドイツ語が担っていた分野においてもルクセンブルク語が徐々に使われるようになっていることも指摘

---

12) 例えば、Wiltz 市の広報誌はフランス語・ドイツ語の二言語で書かれている。
13) Berg, G.（2005）p. 104.

されている[14]。2章で解説した、フェーレンのダイグロシアの図にもあるように、ドイツ語がこれまで特に担ってきた領域、すなわち書き言葉としてのL変種にルクセンブルク語が入り込むようになってきている。本章で示した地方自治体の広報誌においても、ルクセンブルク語が書き言葉として用いられている。もちろん、議会の報告でルクセンブルク語が用いられる例はまだ存在しないことからもわかる通り、これまでドイツ語もしくはフランス語で書かれていた記事全てがルクセンブルク語に置き換え可能であるというわけではない。

では、近い将来、ルクセンブルク語は書き言葉としてドイツ語に取って代わるのであろうかというと、必ずしもそうとは言い切れない側面がある。たしかに、ルクセンブルク語話者にとってドイツ語は母語ではなく外国語として認識されている。ドイツ語はルクセンブルク人同士では話し言葉として用いられることもほとんどない。しかし、ドイツ語から独立して作られてきたという歴史からもわかるように、ルクセンブルク語は規範化の道半ばにあり、現在でもドイツ語から語彙や文法面で影響を受けている。正書法も存在するが、その正書法も今日でもなおドイツ語の習得を前提としたものが用いられている[15]。すなわち、「正しい」ルクセンブルク語の読み書き能力は、現在のところドイツ語の読み書き能力を保持していることが前提なのである。

今後、書かれたルクセンブルク語が徐々に増え、ドイツ語の使用が減ったとしても、ドイツ語は一定の重要性を持ち続けるであろう。ルクセンブ

---

14) Gilles, P. (2011) p. 50; 59. ギレスはテクストや談話を話し言葉性（Mündlichkeit）と書き言葉性（Schriftlichkeit）に分類し、携帯電話の私的なショートメッセージなどは「書かれた」ルクセンブルク語であっても話し言葉性が強いとする。しかしインターネット上の百科辞典であるルクセンブルク語版の Wikipedia では専門用語が多く用いられ、書き言葉性が強いものとして指摘している。

15) 1946年のマルグとフェルテスによる正書法改革では英語の綴り方と徹底した音声中心主義が採用されたため受け入れられず、2年後に撤回された。現在の正書法は1950年のルクセンブルク語辞典の正書法の流れを汲むものであるが、1950年ではこの正書法をもっては完全に独立した言語にはできなかった、とされている。Luxemburger Wörterbuch 1. (1950) p. VII.

ルク語話者にとってドイツ語は比較的容易に習得し、操ることのできる世界的な大言語である。巨大なマーケットであるドイツ語圏へのインタフェースを、小国であるルクセンブルクが簡単に手放すことは考えづらい。また、ルクセンブルク語能力とドイツ語能力とは並立するものであり、ドイツ語能力はルクセンブルク語話者が基礎として持ち続ける言語能力として考えられるのではなかろうか。

4節　7章のまとめ

　本章では、ルクセンブルクにおけるドイツ語の位置づけについて、公的な使用という側面から考えてきた。ドイツ語は19世紀以来、1984年の言語法を経て今日まで事実上の公用語の地位にある。しかしドイツ語は常にフランス語のような威信性を有することなく、法的にドイツ語でなければならないという分野もない。書き言葉としてはフランス語を補完するような位置づけであったとも考えられる。

　近年、以前は書かれることが少なかったルクセンブルク語が書かれる場面が増加していることが指摘されている。原因としてはインターネットの普及やリンガ・フランカ（媒介語）としてのルクセンブルク語の役割の増加、ドイツ語ではなくルクセンブルク語を書くことへの心理的な障壁が低くなってきたことなどが挙げられる。ルクセンブルク語が書かれることは、元来はドイツ語が書き言葉として有していた領域でルクセンブルク語が使用されていることを意味する。これまで、ルクセンブルク語が書かれるということは公的な分野ではないと考えられてきた。公的な機関が発行する文書では、これまでフランス語とドイツ語が用いられると考えられてきたためだ。しかし本章で見た筆者の調査結果では、小規模自治体の広報誌でルクセンブルク語が一定数用いられていることがわかった。

　では、書き言葉としてのルクセンブルク語の伸長はドイツ語にとって脅

威となるだろうか。ドイツ語は、民衆の多くが理解できる書き言葉という、ドイツ語だからこそ持ち得た領域を、一見失いつつあるようにも思われる。しかし、ドイツ語は今日でも最初に識字が行われる言語であり、フランス語はその後を追うようにして学ばれるが、中等教育まではドイツ語が媒介言語である。ドイツ語からの造成言語であるルクセンブルク語を「書く」ということは、現在のところドイツ語の運用能力が身についていることを前提としている。すなわち、ルクセンブルクで教育を受けている限りにおいては、ドイツ語能力はルクセンブルク語話者が言語能力の背景として持ち続けることが想定され、言語能力の両輪であり続けるのではないだろうか。現在ルクセンブルク政府によってとられている「ルクセンブルク語による社会統合」政策は、子どもに限っていえばドイツ語の習得がスムーズにいくための施策である。また、ドイツ語圏という巨大な市場、ヨーロッパでの存在感を考えれば、小国であるルクセンブルクにとってドイツ語は必要不可欠なコミュニケーション手段である。近い将来、そして遠い将来、ルクセンブルクの言語状況を予想することは困難であるが、ドイツ語の使用機会は徐々に減少しつつあり、今後はさらに可視化されにくい言語となるかもしれない。しかしドイツ語がルクセンブルクにおいて一定の領域を保持し続ける可能性は十分にある。

おわりに — 本書のまとめと今後の展望

　本書では主に、第二次世界大戦後から 1984 年の言語法に至るまでのルクセンブルクにおける言語を巡る言説の変遷について見てきた。
　1839 年のロンドン協定の結果、近代国家・ルクセンブルクは成立した。その成立過程はいわば歴史の偶然であり、副産物のようなものであった。したがって国家成立当初からルクセンブルク人としての国民意識があったとは到底言えなかった。しかしその後、国民国家の建設が行われ、他のヨーロッパ諸国のナショナリズムと歩調を合わせるように、「ルクセンブルク人」という国民意識が醸成されてきた。
　近代ルクセンブルクは、フランス語圏、すなわち現在のベルギー領リュクサンブール州をベルギーに割譲する形で成立した。近代国家の発足当初からドイツ語圏（ゲルマン語圏）のみで構成されていたのである。しかし、1848 年の憲法にもあるように、様々な経緯でフランス語はドイツ語とともに公用語であり続け、威信言語であり続けた。
　その一方で、ルクセンブルクで話されるドイツ語のモーゼル・フランケン方言が、ルクセンブルク独自の、ルクセンブルク人に象徴的な言語としての「ルクセンブルク語」と見なされるようになった。ルクセンブルク語にはドイツ語とは異なるルクセンブルクだけの共通語（コイネー）が出現し、より一層独自言語としての色彩が強まった。
　このような経緯を経て、ルクセンブルクは三言語併存、もしくは三言語使用と呼ばれる多言語社会になった。すなわち、ルクセンブルク人同士の話し言葉としては専らルクセンブルク語が用いられ、書き言葉としてはフランス語とドイツ語が用いられる、というものである。そのため、ルクセンブルクでは 2 つの異なる言語意識が並立することとなった。1 つはルクセンブルク語の母語意識に根ざす単一言語性、もしくは単一言語イデオロ

おわりに

ギーである。もう1つはフランス語やドイツ語を使いこなすことを自らのアイデンティティとする多言語性、もしくは多言語イデオロギーである。この2つの言語意識はルクセンブルク人を形作るものとして作用し、今日においてもそれは有効である。

ナチス・ドイツから解放された第二次世界大戦後、ルクセンブルクではナショナリズムの高揚とともに反ドイツ感情と結び付いた反ドイツ語感情が沸き起こった。それまでドイツ語の習得を前提としていたルクセンブルク語に対しては正書法改革が行われた。これは「マルグ・フェルテスの正書法」と呼ばれるもので、この正書法は音声には忠実であったが、視覚的にドイツ語色を一掃するために英語的な綴りを採用するなどしたため、民衆に到底受け入れられるものではなかった。正書法の作成に携わった、音声学者であり英語学者であったフェルテスはルクセンブルク語に対する母語愛の大変強い人物であったが、結果的にはその熱意は空回りしてしまった。結局、1925年に設立された言語協会から引き継がれた、ルクセンブルク語辞典委員会という別組織による、ドイツ語の習得を前提とした正書法が1950年に作られ、こちらは民衆に受け入れられたのであった（ルクセンブルク語辞典の正書法）。このことは、反ドイツ感情が強かったとはいえ、第二次世界大戦後の当時、ドイツ語がルクセンブルクでの生活に必要不可欠であったことを浮き彫りにすることになる。

そういった状況において、辞典委員会の委員の1人であり、最若手の研究者であったR. ブルッフ（Robert Bruch）は独自の歴史言語学的理論を1950年代に発表し、「ルクセンブルク人」というエスニシティを神話化しようとした。これは、古代のゲルマン人の一派がパリ近辺でロマンス語の要素を吸収し、現在のルクセンブルクに定住した、というものである。これは、他のドイツ人とは異なる、フランス語の要素を持った、歴史的な背景を持つエスニックなルクセンブルク人を想像させることに成功した。これは、ルクセンブルク語という言語の独自性と、自らのフランス語使用が歴史的に必然であったことを示すものであった。当然これはすぐに否定されるに至るが、独自の物語を求めていた人々には大きな理論的支柱となっ

た。その一方で、ブルッフにとってルクセンブルク語はあくまで書かれることのない方言（Mundart）という位置づけであり、書き言葉の役割はフランス語や（ブルッフによれば偶然にもルクセンブルク語に似ている、親戚の言語である）ドイツ語が担うべきだと考えていた。この考え方は伝統的な三言語併存、機能分担の考え方そのものであった。ブルッフは1959年に若くして亡くなるが、彼の思想の一部は1970年以降にルクセンブルクの言語学界のリーダー的な存在となったF.ホフマン（Fernand Hoffmann）に継承されることになる。

1984年、ルクセンブルク語をルクセンブルク唯一の国語とし、さらにフランス語やドイツ語と並ぶ事実上の公用語とする、言語法が制定される。言語法が議論されはじめる直接のきっかけは、1980年に西ドイツで発行された保守・右翼的な新聞の記事であった。この記事ではルクセンブルクがかつてナチス・ドイツに協力したとした上で、「ルクセンブルク人はドイツ語を話すのにもかかわらず、自らの方言を独自の言語・ルクセンブルク語と宣言しており、役人の言うことを聞くためにフランス語を学ばされている」という扇動する内容であった。これを機に議会で言語法の議論がはじまるが、記事はあくまで言語法にいたる要因の1つにすぎなかった。実際は、言語擁護団体「アクスィオゥン・レッツェブィエッシュ（Actioun Lëtzebuergesch・AL）」による1970年代からのプロパガンダが功を奏したと考えられる。この団体の代表であったL.ロート（Lex Roth）は、ルクセンブルク語が常に外国語、特にドイツ語に脅かされているとして純化を訴えた。さらに、ルクセンブルク語にフランス語やドイツ語と同様の地位を与えるよう求めていた。母語であるルクセンブルク語と、ルクセンブルク国民を同一視するように常に民衆に意識を喚起し続けたのだ。一方、伝統的な三言語併存に基づく、すなわちルクセンブルク語は書き言葉になり得ないという考えを持っていたのは、1970年代以降、ルクセンブルクの言語学の世界で長年リーダー的存在にあったホフマンらであった。ホフマンよれば、ルクセンブルク語が公用語となれば書き言葉として運用し、ドイツ語やフランス語のように教育しなければならない。結果と

おわりに

して負荷となっているフランス語能力の衰退を招く、とのことであった。ホフマンは外国語運用能力を疎かにしてしまえば、国が孤立してしまうとして警鐘を鳴らした。これは言語擁護団体の意思とは相容れないものであった。

　ここでロートらの言語擁護団体のとった戦略は、それまで当然であると意識が共有されていた三言語併存やそこに基づく言語の機能分担に異議を唱え、フランス語やドイツ語に比べてルクセンブルク語が虐げられているという、言語的不平等を訴え続けることであった。そしてその際に根拠とされたのが、ルクセンブルクではルクセンブルク人がルクセンブルク語を話すべきである、という伝統的でかつ反証するのが難しい、言語共同体の思想だった。ルクセンブルク人とはルクセンブルク語を母語とするという前提をいわば「常識」とする民衆には広く受け入れられた。最終的に、単一言語イデオロギーを主張する側が言語法へとたどり着くことができたのは、このような言語的な不平等を訴え続けることで言語的ナショナリズムを喚起し、政治家でさえも反論できないようにしたためであった。

　1984年の言語法は、成立してから数年間はあくまで現実を法にしただけであるとされていた。しかし、その後は言語法によってルクセンブルク語は法的に地位を認められた確固たる言語である、と繰り返し語られるようになり、ルクセンブルク語史の上で重要な出来事とされるようになった。大言語であるドイツ語の一方言から独立してからまだ日の浅い言語が、国語、そして公用語の地位にまでなったことは、少数言語保護が叫ばれる今日のヨーロッパにおいても比較的珍しい事象であろう。

　現在のルクセンブルクは、1984年に成立した言語法当時とは大きく様変わりしている。人口の約45％が外国人となり、この比率は増加するばかりである。また、欧州統合の進展とともに、ルクセンブルクを経済の中心としながらドイツのザールラント、ラインラント・プファルツ、フランスのロレーヌ、ベルギーのワロンを含む「グランド・リージョン」が創出され、毎日15万人が国境を越えてルクセンブルクに通勤している。ルクセンブルクのボーダーレス社会はヨーロッパの未来を先取りしていると言

われる。6章と7章では、言語法後のルクセンブルクにおいてより複雑化する言語状況を、人口変動の観点、および書き言葉としてのルクセンブルク語の進展に伴って状況が変化しつつあるドイツ語という観点からフォローを行った。

　ルクセンブルクの給与所得者のうち、ルクセンブルク人は約3割にとどまることからもわかるように、繁栄するルクセンブルク経済は国内の外国籍住民および越境通勤者抜きでは成立しない。国内に在住する外国籍住民で最も多数を占めるのはポルトガル人であり、それにフランス人が続く。また、越境通勤者の4分の3はフランスおよびベルギーからやってくる。このことから、フランス語は威信を持った言語というだけでなく、日常的に使用する言語としての存在感が増大していることが見てとれる。

　人口の大きな変動や、越境通勤者の存在によって、ルクセンブルク社会は刻々と変化している。そのため、ルクセンブルク語を母語とし、ドイツ語、フランス語の順に身につけていくというモデルは、その前提が崩れ始めており、ドイツ語を第一に教えるという教育も大きな矛盾を持ちつつある。ルクセンブルク語を母語とする者にとって、ドイツ語は元来習得の容易な言語であったが、ルクセンブルク語、もしくはゲルマン語を母語としない人にとって、それは必ずしも当てはまらない。特に社会的に比較的下層にいるポルトガル人を中心としたロマンス語を母語とする人々にとって、ドイツ語の習得は困難を伴うことが指摘されている。ところが、教育システムはその状況に対応しきれていないのが現状である。

　ルクセンブルクは経済成長と年金制度の維持のため今後も積極的に外国人を受け入れており、また彼らを社会統合していく手段には国語であるルクセンブルク語を用いるとしている。特に、2008年の国籍法改正では元の国籍を保持したままルクセンブルク国籍を取得できるようにした、すなわち重国籍が可能になったが、その条件としてルクセンブルク語の口頭での試験に合格しなければならなくなった。これは言語が排除と包摂の双方の機能を担っていることを如実に示しており、ルクセンブルクを代表する言語は紛れもなくルクセンブルク語であると主張・宣言しているのであ

おわりに

る。

　現在のルクセンブルクでは、前述の通りフランス語は威信言語であるばかりか日常生活で不可欠であり、ルクセンブルク語は国民の象徴であるとともに社会統合の手段として位置づけられている。では、その一方でドイツ語は今後周辺的な存在に追いやられてしまうのだろうか。ドイツ語はルクセンブルクでは公用語の1つではあるが、1984年の言語法によれば「ドイツ語でなければならない」という分野が存在しないのが特徴的である。言語法以前であっても、19世紀の憲法ではドイツ語はフランス語と並ぶ公用語として規定されていたものの、実際にはフランス語の方に価値が置かれていた。今日でもドイツ語は初等教育で最初に識字に用いられる言語であり、言語教育政策的にはきわめて重要な言語である。しかし一度学校の外に出れば、上記の説明の通りフランス語が多く用いられる社会が形成されており、ドイツ語が、少なくとも話し言葉として用いられる場面は非常に少なくなっている。

　ただし、書き言葉としてのドイツ語は特に公的セクターにおいては今日でも重要であり、また新聞の多くがドイツ語で書かれていることからもわかるように、民衆の生活には必要な言語である。これまで、話し言葉としてはフランス語とルクセンブルク語が、書き言葉としてはフランス語とドイツ語が用いられ、書き言葉としてのルクセンブルク語は、文学や、若者同士の決して規範が重視されることのない携帯メール等に限られてきた。ところが、小規模自治体の広報誌における使用言語について調べてみると、これまでのフランス語やドイツ語に加えて、ルクセンブルク語が使用されている例が多く見られる。このような、公的にルクセンブルク語が書かれることは以前にはほとんど考えられなかったことである。それが一部の自治体によるものであるとしても、公的分野でルクセンブルク語が書かれるという点で興味深い結果となった。話し言葉に近い文体で書かれるメールではなく、このようなルクセンブルク語の書き言葉としての使用は今後も増えることが想定されるが、現在のところルクセンブルク語を書けるということはすなわちドイツ語が書けるということを意味することに注

意しなければならない。すなわち、ルクセンブルク語が完全に規範化されていない現在、ドイツ語が書けなければルクセンブルク語は書けないのである。今後、見かけ上ドイツ語の使用は減るかもしれないが、小国であるルクセンブルクが多くの使い手、大きな市場を持つドイツ語を放棄するとは考えづらく、ドイツ語は言語政策的にも重要であり続けると思われる。

　ここまで、多言語社会であるルクセンブルクにおける言語意識と、近年の社会と言語の関わりについて扱ってきたが、今後の展望を少々述べたい。現在、筆者の関心は2つに大別される。1つは、本書ではほぼ扱われなかった、英語の存在である。ヨーロッパだけでなく、世界中で英語化の波は存在する。フランス語やドイツ語、母語であるルクセンブルク語を大切にしてきたルクセンブルクであってもそれは例外ではない。早くから母語以外の言語、しかもヨーロッパ語を習得するルクセンブルク人にとって、その気になれば英語は難しい言語ではない。筆者の印象ではあるが、ルクセンブルクはそれほど英語化が進んでいるようには思われない。それでも、外国からの資本を積極的に受け入れ、多言語を使いこなすことを武器にしてきたルクセンブルクでも今後は英語教育の転換を迫られていくであろう。欧州評議会による欧州言語共通参照枠（Common European Framework of Reference for Languages・CEFR）で示された複言語主義（plurilingualism）は、個々人が複数の言語を使用できる能力である。個々人が多言語を使いこなす（べきである）とされるルクセンブルクは、この先端を行っているとされる。今後、多言語主義、三言語使用と英語の関係性について、注意深く見ていく必要がある。

　もう1つは、移民子弟の言語教育支援である。ルクセンブルク語を母語としないために教育において不利な状況に置かれている移民の子弟に対して、彼ら・彼女らの言語的な人権を守るため、政府から、教員や学校から、そして中間に位置する支援を行う団体から、どのような支援や施策が行われているのかを調べる必要がある。要するに、移民をどのように社会統合し、機会均等を図るのか、一方で母語や形象語の教育にどこまで力を割けるのか、言語教育や言語政策の視座から研究していく必要がある。教育省

おわりに

はフランス語による識字のオプションを用意するようなドラスティックな改革こそまだ行っていないが、就学前教育と小学校をカリキュラム上一体にして学校間での連携を図りはじめた。また、子ども一人一人について言語だけでなく様々な科目でポートフォリオを作成し、教員と保護者で連携を取り合って子どもの面倒を見る、という試みが始まっている。特に言語のポートフォリオは欧州言語共通参照枠を基準として作られている。このような試みはこれまで欧州内でさえも多くは行われていない。このように様々な民族的背景を持つ人々が共に生活する多民族国家・ルクセンブルクの事例は、ヨーロッパ諸国・諸地域だけでなく、日本を含めた世界の国々が一つの重要な事例として参考にできる可能性を持っている。

あとがき

　本書は、2011年5月に一橋大学大学院言語社会研究科に提出した博士学位請求論文「ルクセンブルクにおける国民意識と言語——第二次大戦後から1984年言語法まで——」をその主要部分としている。本書の内容の一部は、以下の論文にてすでに発表済みである。ただし、本書収録にあたり大幅に加筆・修正をおこなった。

6章　「人口の変動と言語　——ルクセンブルク・イデオロギーの視点からの基礎的研究」、『ルクセンブルク学研究』第2号、2011年

7章　「ルクセンブルクにおける公用語としてのドイツ語」、『ルクセンブルク学研究』第3号、2012年

　本書をまとめるにあたり、多くの方々にお世話になった。
　本書の主な部分となる博士論文を書く際、指導教授である一橋大学大学院言語社会研究科の糟谷啓介教授には、研究のあらゆる面で長年辛抱強くご指導いただいた。言語法に至るまでの言説形成についての重要な示唆を与えてくださったのも糟谷先生である。
　また、同法学研究科の清水朗教授には、ドイツ語学やナショナリズム論から学会の発表等まで、多くの分野で終始研究指導いただいた。
　愛知教育大学日本語教育講座の田村建一教授には、日本におけるルクセンブルク研究の先駆者としてご助言を賜ったばかりでなく、現地の多数の研究者を紹介していただくなど、多岐にわたりお世話になった。
　言語社会研究科の新井皓士名誉教授には、修士課程在籍時から指導教授

あとがき

として資料の読み方の基礎から論文の書き方まで教えていただいた。言語社会研究科の諏訪功名誉教授のもとでは、修士課程の最初の一年間ではあったが、演習に参加することでドイツ語力を精錬することができた。

ルクセンブルク大司教であり、以前は上智大学外国語学部ドイツ語学科教授であったジャン＝クロード・オロリッシュ先生には、ルクセンブルク人の国民意識や言語意識について多くの情報をいただいたばかりでなく、他大学の学生であった私に奨学金申請の推薦状まで用意してくださった。

ドイツ・トリーア大学のヨハネス・クラーマー教授にはドイツ留学時に快く指導教員として受け入れていただいた。ルクセンブルク国立研究所言語学部門のギィ・ベルク氏、ルクセンブルク大学のペーター・ギレス教授、フェルナン・フェーレン先生には博士論文完成までの間、ルクセンブルクの言語に関して幾度も適切なアドバイスをいただいた。現在、英国・シェフィールド大学に勤めるクリスティーネ・ホーナー氏、ホーナーさんのパートナーであるルクセンブルク大学のジャン＝ジャック・ヴェーバー教授には言説形成や教育問題に関して多くのアドバイスをいただいた。

学生時代からともに切磋琢磨してきた、立命館大学法学部准教授の田原憲和さん、大阪市立大学研究員の木戸紗織さんにはルクセンブルク語コイネー研究会・ルクセンブルク学研究会の場で何度も発表をする機会を与えていただき、どれだけ背中を押してもらえたかわからない。

社団法人如水会には、2003年から2004年の1年間、奨学金をいただくことでドイツ・トリーア大学への留学の貴重な機会を与えていただいた。財団法人松下国際財団（現・財団法人松下幸之助記念財団）には2006年に2週間にわたって海外での研究活動に従事させていただき、さらに書籍購入、資料複写等のご支援をいただいた。

ルクセンブルク政府、およびルクセンブルク国立研究財団（Fonds national de la Recherche Luxembourg）には、2007年秋から本書のもととなった博士論文執筆終了まで、長期にわたる奨学金給付により多大なるご支援をいただいた。

このほか、日本、ルクセンブルク、ドイツの多くの方々に支えられて本

論文をまとめることができた。お世話になった皆様に心より感謝申し上げるとともに、今後さらに研究を進めることで恩返しをしたいと考えている。

　大阪大学出版会の川上展代さんには、本書執筆ほか様々なアドバイスをいただき、さらには「もうやめようかな」と弱音を吐く筆者の尻をたたいていただいた。

　そして最後に、長年にわたる研究生活を支えてくださった両親に心よりお礼申し上げたい。

小川　敦

＊本書の刊行にあたり、日本学術振興会平成26年度科学研究費補助金（研究成果公開促進費）の助成を受けている。

参考資料

【資料 1】

"Luxemburgs Selbstverleugnung. Flucht des Miniaturstaates aus der deutschen Identität", Deutsche Nationalzeitung, Nr. 10（1980 年 3 月 7 日）, p. 5, München.

【資料2】三度にわたる国家の「割譲」

【資料2】
三度にわたる国家の「割譲」
(STATEC(1990)Statistiques historiques, p. 1)

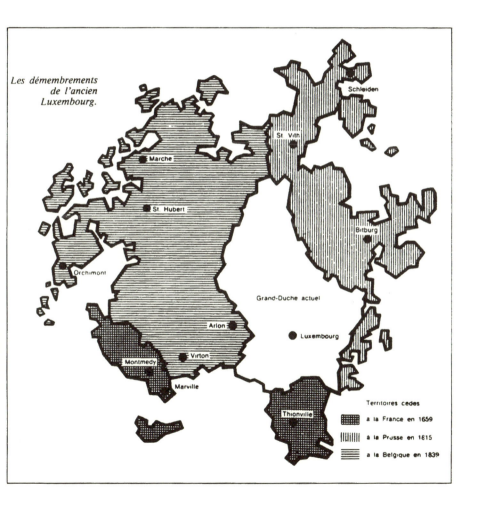

参考資料

【資料3】
1946年 マルグ・フェルテスの正書法

637

Mémorial
du
Grand-Duché de Luxembourg.

Memorial
des
Großherzogtums Luxemburg.

Samedi, le 7 septembre 1946.   N° 40   Samstag, den 7. September 1946.

Arrêté grand-ducal du 9 août 1946 portant fixation de la solde des sous-officiers de l'Armée.

Nous CHARLOTTE, par la grâce de Dieu, Grande-Duchesse de Luxembourg, Duchesse de Nassau, etc., etc., etc.;

Vu l'article 8 de la loi du 16 février 1881 sur l'organisation militaire ;

Vu Nos arrêtés des 20 février 1945 et 30 juin 1945 portant fixation des traitements des officiers, sous-officiers et soldats de l'Armée ;

Vu l'art. 27 de la loi du 16 janvier 1866 sur l'organisation du Conseil d'Etat et considérant qu'il y a urgence ;

Sur le rapport et après délibération du Gouvernement en Conseil ;

Avons arrêté et arrêtons :

Art. 1er. A partir du 1er octobre 1946 les sous-officiers de l'Armée seront mis en jouissance de la solde telle qu'elle est fixée par l'arrêté grand-ducal du 30 juin 1945.

Les dispositions contenues aux alinéas 2 et 3 du même arrêté sont abrogées.

Art. 2. Le présent arrêté sera inséré au *Mémorial*.

Cannich, le 9 août 1946.

Charlotte.

Le Ministre d'Etat,
Président du Gouvernement,
Ministre de la Force Armée,
   P. Dupong.

Arrêté ministériel du 5 juin 1946 portant fixation d'un système officiel d'orthographe luxembourgeoise.

Le Ministre de l'Education Nationale,

Considérant que l'emploi de notre parler national comme langue écrite se heurte surtout à l'absence d'une orthographe uniforme ;

Considérant que si la langue luxembourgeoise doit former matière d'enseignement, il est indispensable de donner aux élèves des règles nettes et précises d'après lesquelles s'écriront les mots de la langue ;

Vu les propositions de la Commission spéciale chargée d'établir une orthographe luxembourgeoise ;

Arrête ;

Art. 1er. Il est introduit une orthographe officielle de la langue luxembourgeoise d'après les principes exposés dans l'annexe.

Art. 2. Le présent arrêté sera publié au *Mémorial*.

Luxembourg, le 5 juin 1946.

Le Ministre de l'Education Nationale,
   N. Margue.

【資料3】1946年 マルグ・フェルテスの正書法

638

LEZEBUURJER ORTOGRAFI.

Algemèng Gronntsèz.

1° Et get net derno gekukt, vou e vuurt hiirkennt, ooder vei et an ènger aanerer shprooch geshrive get. Et get nemen derno gekukt, vei et am lezebuurjeshe geshwaat get, z.B.

krich (d. Krieg), zantimééter (fr. centimètre), pulouver (e. pullover).

Friem viirder, di net an t lezebuurjesht ivergaange sin an hiire frieme karakter behaalen, z.b. ofizjèl titelen an èuslènesh nim, fiir dei et kèng lezebuurjesh form get, behaalen och di friem ortografi, z.b.

Stillhaltekommissar, Town Major, Travaux publics, Institut du Change — Orléans, Liverpool, Locarno, Bremerhaven. [1])

2° T ortografi séét kèngem, vei e shwèze sol, mé neme, vei en daat, vaat e shwèzt, shraive kan. Soulaang et an der shprooch variannte get, fun déénen èèn net soe ka, vaat fer èng bèsser as vi di aaner, soulaang get et och variannten an der shreft : *gemaach, gemaat, gemèèt — ech vaar, ech voor, ech voar — muurjen, muerjen, mueȷ̀n.*

Dei réé jelen, di hai haner shti, gelen ievel an eishter lin fiir disougenannt koinè. Iver t meijlechkèèt, èusgeshprachen dialèkten zimlech lèutgetrai ze shraive, gi mer e puur remarken zum shlus.

3° Grous geshrive gin : t eisht vuurt am saaz, t nim (ievel net t atjèktiiven, di derfun hiirkomen), t ssupstantiiven an den titelen an ivershreften. Sos get ales klèng geshriven.

Lezebuurch, e Lezebuurjer, t lezebuurjer shprooch, lezebuurjesh.

4° Fiir t interpunksjoun get den dèitshe ssistém bèibehaal.

5° T silbe gin esou getrènt, vi zesumsèzong an èusshprooch et am liichste maachen : *kèng-em, in-shtruk-sjoun, frennt-lech, noo-per.*

Vokaalen.

1° Kiirzt a lèngt

Kuurz vokaale gin net bezèèchent, laanger gi ferduebelt. Miir kènen also net : duebel konsonannten, **tz** an **ck,** fiir t kiirzt ze markeieren ; **le, h** oder den zirkumflèks, fiir t lèngt ze bezèèchnen.

Et get ievel, ègsakt gehol, am lezebuurjeshen net nemen zwou, mé drèi fershide kwantiteite fu vokaalen, kuurz, haleflaang a gannz laang (ooder duebellaang), z.b. **Ham** (kuurz), **haam** (haleflaang) a **baam** (duebellaang).

Fiir net zefil an t détailen ze goen, get an der shreft kèèn enershèèt zwesht haleflaangen an duebellaange vokaale gemaach. Di èng vi di aaner gin ainfach als laang ugesin an duebel geshriven, z.b. (haleflaang) *hie séét, et réént, den hèèr, baal, gehaal, shtroos, ferloos* ;

(duebellaang) *kürch, flücht, bèèn, e fèèrt, baam, saat, luncht, tuut.*

Kuurz a laang vokaalen enershèède sech net nemen duurch hiir dauer, mé och duurch hiire fershidene klangk. Am algemènge gin di laang mei geshpaant (geshlossen), di kuurz mei èntshpaant (afen) èusgeshwaat, z.b. *liicht — sicht, sééchen — drechen, bèèn — hèn, baal — bal, kroop — zop, fuus — mus.*

Mé van e vokaal um èn fun èngem vuurt shtèèt ooder fiirun èngem aanere vokaal, dan as seng klangkfaarf emer dei fun èngem laangen, ievel der kwantiteit no as e kuurz. Baim shraive gesi mer e fiir kuurz un, daat hèèsht, mer ferduebelen en net, z.b. ni, *kafi, dialooch, fotografien — vé, kabiné, téaater, séen — lè, frèen — maja, nuga, knaen — blo, daabo, soen — su, ragu, suen*

Ferduebelt get neme, van et sech manifèst em e laangen (duebellaangen) handelt, z.b. *zwèè, sii, duu.*

2° **é — è — e.**

Miir hun nemen èè bushtaaf **e** fiir drèi fershide lèuten. Mer mussen èis also do mat aksènnte behèlefen. **é** entshprecht dem fransèishen **é.** Kuurz kennt e fiir um èn fum vuurt, fiirun èngem aanere vokaal ooder och an onbetounte silbe fu frieme viirder (sos shtèèt **e** fiir kuurzen **é**), z.b. *dajé, èng sé, téaater, réèl, déssisioun .*

Haleflaang shtèèt den **é** algemèng a viirder vei: èng *béés, séénen, réénen, Klééschen.*

---

[1]) Dat sèlwecht get to´ereiert, van en dèl fum vuurt nach friem as.

An der shtaat an och sos op plaaze shtèèt (halef- ooder duebel) laangen **é** an ènger rai fu viirder, di aaner-vèèrz mat **è** geshwaat gin, z.b. *béén, zwéé, éélef, éémer, glééven.*
 è èntshprecht dem franseishen **è**, nemen dat **e** maner geshpaant èusgeshwaat get, van e kuurz as, z. b. *fèt, mèner, èpes, frèsh, shwèzen.*
 Shon e veinech mei geshpaant as e fiiru **g, k, j, ch, ng**: *gèk, frèch, Bègen, mèngen*
 Laang shtèèt en op fershidene plaaze fiir den ueve genannte shtaater **é**: *bèèn, zwèè, èèlef, èèmer, glèèven* ; algemèng fiirun **r** an a gevesse frieme viirder: *hèèr, gèèr, Mèèrel, élèèven, en tèèm.*
 Et get kèèn **ä** geshriven.
 Den onaksèntueierten **e** entshprecht dem franseishen «e muet», dem dèitshe kuurzen **ö** an dem dèitshen onbetounten **e**. Ales daat fèlt bai èis an èè lèut zesumen. Miir shraiven en t sèlvecht a betounte vei an onbetounte silben, z.b.
 velen, emer, net, et get, èpes, shloofen, se soen
 Fiiru **g, k, j, ch** an ng get t èusshprooch mei geshpaant:
 dek, beken, ech, mech, en hèlejen, meng.
 e as emer kuurz.
 Et get kèèn **ö** geshriven.
 3° Kuurzen **i**.
 Fiirun èngem zwèète vokaal gèèt kuurzen **i** gèèr a **j** iver. Jiderèè mus no senger èusshprooch kuken: *relioun — reljoun* ; *indiaaner — indjaaner* ; *ofizièl — ofizjèl.*
 4° Laangen **o**.
 A franseishe viirder get de laangen o fiirun r mei afen èusgeshwaat. T shraifvais as di sèlvecht: *èfoor, dakoor.*
 5° Friem vokaalen.
 Nieft déène lezebuurjeshe vokaalen **i, é, è, e, a, o** an **u**, di natiirlech och a frieme viirder fiirkome kenen, hu mer der en ètlech ugehol, di nemen a geleinte viirder fiirkomen.
 ü (kuurz), **üü** (laang) entshprecht franseishem **u** an dèitshem **ü** : *flüt — büün, üüben.*
 eu entshprecht franseishem **eu** an deitshem laangen **ö** (kuurzen **ö** get am lezebuurjeshen **e**). Fiirun **r** as t èusshprooch mei afen : *pneu, akteur, kwafeur.*
 Fiir di franseish nasaalvokaalen hu mer a viirder, dei sho lezebuurjesh gi sin, ê, â, ô ugehol.
 ê entshprecht dem franseishen **in, ain, im**, etc.: *têber, beswê, bültê.*
 â » » » **an, en**: *shâber, mâda, âterpriis.*
 ô » » » **on** : *kôbel, bôjhuur.*
 Franseish **un** fèlt bai èis mat ê zesumen : *âprê.*
 y get net geshriven : *fisek.*

Diftonggen.

le : *miel, liesen, iessen* **ue** : *kuelen, hues, vuessen,*
el : *zeiven, meijlech, eishter* **ou** : *kou, oushteren, gefouert,*
èi : *mèin, vèin,* **èu** : *hèus, lèushteren,*
ai : *main, vain* (shtaater èusshprooch) **au** : *haus laushteren* (shtaater èusshprooch)
  hai, vaisen, haischen (iveral)   *lauden, mauer, kaul*
oi : *moien.*
 Eènzel diftongge kene laang a kuurz fiirkomen. An der shreft get kèèn enershèèt gemaach, z.b. *gelies — vergies* ; *en hues — duu hues* ; *haut de muurjen — èng haut* ; t *lait — e lait* do.
 ei an **ai** si rènglech funenèèn ze enershèèden. Dem dèitshen **ei** entshprecht bai èis **ai**.
 oi kan och an dèitshe viirder fiirkome, **fir eu (äu)** ze ersèzen : *se hu mech gehoiert* (= angeworben).

【資料3】1946 年 マルグ・フェルテスの正書法

640

Laang vokaalen, besonesh **i, è, o** an **u,** hun t tèndènnz, mat èngem r diftonggen ze formeieren, andééfh dat den r sein èèjene lèut mei oder veinejer ferleiert a sech hanert de vokaal en **e** erashupt. Et blaift dém èènzelne senger èusshprooch iverloos, op e sòl shraiven:
 viirder, vierder, *vieder* — *pèèrt, pèert, pèet* — *joor, joer, joe* — *duurch, duerch, duech*

Konsonannten.

1° Shluskonsonannten.

Um èn fum vuurt gin di haart konsonannten **p, t, k, f, sh, ch** geshriven, net di shtemhaft **b, d, g, v,** jh, **j, gh,** z.b. ;
 tüüp, muet, kinek, leif, garaash, krich, genuch ; sou och : **t** *fra,* **t** *kannt ,* **t** *gèèt.*
Géét daat vuurt hanendru mat èngem vokaal un, da get automaatesh t èusshprooch shtemhaft, aaver t shraifvais blaift di sèlvecht: *Haut as et op an oof gaang.*
Graad sou an zesumesèzonge fun zwèè viirder : e baa**k**ueven, shportèk.
Aaver bai ferènerongen am sèlvechte vuurt get och aanesht geshriven :
 muet, mueden ; *kinek, kinegin* ; *shraif, shraiven, piish, piijhen* ; *hèlech, en hèlejen.*
Vou de shlus-**n** evèchfèlt, d.h. fiirun ale konsonannte mat èusnaam fun **h, d, t, z, n,** get en och net geshriven, z.b. *va se kome, gi mer mat.* Fiirun ènger paus an an e puur èkstra fèl blaift den *n.*
En ètlech viirder, di mat èngem shtemhaften dauerkonsonannt ugin, z.b. *vei, vèl, vèch, sou, lo, mool, rem, lèng, lèuter* ...., viirken am saaz, vi va se mat èngem vokaal ugeingin, d.h. den haarde shluskonsonannt fum fiireje vuurt get shtemhaft an de shlus-**n** blaift shtoen. Et heiert èè jo och : *evei, evèl, evèch, esou, elo, emool, erem, elèng, elèuter*............

E shtemhaften ufangkskonsonannt kan duurch assimilazjoun mat èngem haarde shloskonsonannt sèlver shtemloos gin ; daat get an der shreft vaider net markeiert, z.b. *hues* **d***e.* Graad sou get gefuur bai zesumesèzongen: *op***v***aarden, èns***g***oen.*

2° Laang konsonannten.
l, n, m an **ng** komen am lezebuurjeshen suvuel kuurz vi laang fiir, z.b.
  haal shtal — *e shtall*
  fol — *joli*
  van et gèèt — *e vann*
  sangen — *gesangk*
l, n an **m** gin duebel geshrive, va se laang sin. ng get an der shreft net ferduebelt, aaver et as drop uechtzegin, dat **ng** och fiiru g a **k** mus èusgeshrive gin:
 gangk, rèngken, tangga
Oofgesin fun de laange konsonannten **l, n, m** an dem shaarfen **s** (geshriven **ss**) gi kèng konsonannte ferduebelt.

3° Duurshtèlong fun dénen aanere konsonannten.
a) **b** — **p, d** — **t** bide kèng besoner shwiirechkèèten.
b) **g** — **k**. De bushtaaf **g** shtèèt neme fiir de lèut um ufangk fu : Got, *gut, gèèr.*
Sos shtèèt fiir dèitshe **g** jé no der èusshprooch **j** ooder **gh** :*lijen, ondughen.*
c) **v** — **f, w. v** èntshpriecht dem franseishe **v,** dem dèitshe **w** : *vien, vuel, novèmber.*
Fiir dén entshpriechende shaarfe lèut shraive mer kèèmool **v** ooder **ph,** mé emer nemen **f** : *fol, ful, fil, telefon,*
w as e lèut, déén dem èngleshen an niderlèneshe **w** nokennt. E shtèèt haner **k, z** a **sh** an a franseishe viirder: *zwèè, kwètshen, shwamen, kwafeur, bwat, beswê.*
T zèèche **q** kennt net fiir.
d) **s** — **ss,** z. De shtemhaften **s**-lèut shraift sech emer **s** : *Sisi, Musel, ègsaamen .*
De shaarfen **s**-lèut shraift sech am prinzip **ss,** och am ufangk fun de viirder, (hai bedait t ferduebelong also kèng lèngt): *mussen, bossech, ssalii.*

參考資料

641.

Mé an dééne posizjoune, vu e shtemhaften **s** onmeijlech as, get fiir de shaarfen **s** zuur ferainfachong nemen èèn s gesaat. Daat as de fall um èn fun de viirder, ooder va fiir ooder noom **s** en aanere shtemloose konsonannt shtèèt : *mus, beis, as, shlas* ; *èkstra, boksen, ech voust.*

Aplaaz ts shtèèt **z** : *zoossis, ziedel, zimlech, zèrveieren* (aaver net fir **ds,** also : *shpadseieren*).

x kennt net fiir. Fiir dèitshen ooder franseishen x shtèèt **ks** ooder **gs** : *hèksen, oks* ; *égsootesh, égsèmpel.*

e) **jh** — **sh. jh** entshprecht dem franseishe **j** : *Jhang, fijhenzech, jhumen, pijhama, piijhen.* En as rènglech fu **j** ze enershèèden.

sh entshprecht dem dèitshen **sch,** dem franseishen **ch,** dem èngleshen **sh** : *shiel, shapech, shoul, Shaarel, shampanjer.* Och fiiru **p** an **t** muss **sh** èusgeshrive gin : *shpreif, shtoen, mèèshter.*

f) **j** — **ch, gh** — **ch. j** entshprecht dem dèitshe **j** a kennt och op plaaze fiir, vu am dèitshen e **g** shtèèt- Fiirun **i** an **e** ersèzt en normaalervais latengeshen a franseishe **g,** z.b. : *juecht, lijener, jéografi, filoloji* - En as net mat **jh** ze ferviesselen.

ch huet zwou bedaitonge, jé no déém, vaat fiirdru shtèèt :
ch huet kèèmol t bedaitong fu k : mir shraiven emer : *kresht, karakter,kouer.*

gh entshprecht dem niderlèneshe **g.** E kennt nemen an e puur viirder fiir, vu am dèitshe **g** shtèèt : *ondughen, téolooghen*

g) **h. h** get neme geshrive, vou e geshwaat get : *hennt, haart, haut, honnt* — *rou, rai, ei, rouech, houmas*- Fiir friemen **th** shtèèt **t,** fiir **ph f :** *téaater, fantasi*

h) r. r as e ferlèeenhèèetsbushtaaf, déém jé no de geijenden an de lait fershide lèute entshpriechen. E get geshrive, vou t étimoloji en **r** ferlaangt, sulaang en lèute en net totaal èusfèlt : *rapen, emer, mèrssi, gaart, gart, fort, viirder, hèèr.*

Unhangk : *Dialèktshraivong.*

Al variannte fun der lezebuurjer shprooch gin no dééne sèlvechte prinzipie geshriven. Klèng ékaaren an der èusshprooch fun dééneen èènzelne lèute, besonesh fun de vokaale, brèuchen a kuranten tèksten net markeiert ze gin ; zu vesseshaaftlechen zwèke gèèt mèèshtens èng entshpriechend fiirbemiirkong duur. Subaal aaver an èngem dialèkt e lèut an en aaneren tip ivergèèt, mus t shreft daat fèsthaalen, z.b.

gemèèt (*gemaat*), *pèért* (*pèèrt*), grus *(grous), dèu (duu), kléén (klèng), keint (kennt), hount (honnt), saul (sall), basht (bas*) ....

Et komen och en ètlech lèute fiir, di an der koinè iverhaapt kèè biirjerrècht krit hun, a fiir dei mer bis haihin nach kèng bezèèchnong fèstgeluecht hun.

Fiir gannz afenen **o**-lèut get **ò** geshriven : *fr*ò, **b**òò**m** *(fra, baam),* jòò *(joo).*

Un diftongge komen nach fiir : **èe** (**èa**), **ô**e (**oa**), z.b. *èessen (iessen)*, **m**ò*et (maart)* — *kèen, kèan (kèèn), koar (kaar*).

Aaner lèuttipe gin nach flèicht fun dialèktshpézjaliste ssinjaleiert.

Avis. — **Armée.** — Par arrêté grand-ducal en date du 11 juillet 1946 le lieutenant en 1er de gendarmerie *Melchers* Emile-Théodore a été nommé commandant d´arrondissement à Luxembourg.

Par arrêté grand-ducal du même jour le lieutenant en 1er de gendarmerie *Donckel* Pierre a été nommé commandant d´arrondissement à Diekirch. — 10 août 1946.

Avis. — **Armée.** — Par arrêté grand-ducal en date du 5 août 1946 le lieutenant-colonel *Jacoby* Aloyse a été promu au grade de colonel dans l´Armée. — 24 août 1946.

【資料3】 1946年 マルグ・フェルテスの正書法

642

Avis. — **Associations agricoles.** — Conformément à l´art. 3 de l´arrêté grand-ducal du 17 septembre 1945, les associations agricoles dites

Syndicat d´élevage			d´Ehlange	commune de	Reckange/Mess
»	»		d´Elvange-Hovelange	»	Beckerich
»	»		d´Eselborn	»	Clervaux
»	»		de Merscheid	»	Pütscheid
»	»		de Niederwampach-Schimpach	»	Oberwampach
»	»		d´Olm	»	Kehlen
»	»	du menu bétail	de Bettembourg	»	Bettembourg
»	»	» »	de Belvaux	»	Sanem
»	»	» »	de Bonnevoie	»	Luxembourg
»	»	» »	de Steinfort	»	Steinfort
Caisse rurale			de Basbellain	»	Troisvierges
» »			de Keispelt	»	Kehlen
» »			de Walhausen	»	Hosingen
Comice agricole			d´Altrier	»	Bech
» »			d´Arsdorf	»	Arsdorf
» »			de Boulaide	»	Boulaide
» »			d´Ehlerange	»	Sanem
» »			d´Eselborn	»	Clervaux
» »			de Liefrange	»	Mecher
» »			de Merscheid	»	Heiderscheid
» »			d´Olingen	»	Betzdorf
» »			de Sandweiler	»	Sandweiler
Laiterie			d´Asselborn	»	Asselborn
»			de Berdorf	»	Berdorf
»			de Brattert-Kuborn	»	Wahl
»			de Bourglinster	»	Junglinster
»			de Brandenbourg	»	Bastendorf
»			d´Enscherange	»	Wilwerwiltz
»			d´Ermsdorf	»	Ermsdorf
»			d´Eschdorf	»	Heiderscheid
»			d´Eselborn	»	Clervaux
»			de Heispelt	»	Wahl
»			de Holler	»	Weiswampach
»			de Huldange	»	Troisvierges
»			de Hupperdange	»	Heinerscheid
»			de Liefrange	»	Mecher
»			de Mertzig	»	Mertzig
»			de Michelau	»	Bourscheid
»			de Nocher	»	Gœsdorf
»			de Rambrouch	»	Folschette
»			de Rédange/Attert	»	Rédange
»			de Saeul	»	Saeul
»			de Schwebach	»	Saeul

209

参考資料

643

Laiterie	d'Urspelt	commune de	Clervaux
»	de Weicherdange	»	Clervaux
»	de Wilwerwiltz	»	Wilwerwiltz

Association de Battage		de Bastendorf	»	Bastendorf
»	»	de Fouhren	»	Fouhren
»	»	de Welscheid	»	Bourscheid
Herdbuchverband Luxemburger Rinder- und Schweinezüchter »		de Luxembourg	»	Luxembourg

ont déposé au secrétariat communal l'un des doubles de l'acte de constitution sous seing privé dûment enregistré ainsi qu'une liste indiquant les noms, professions et domiciles des administrateurs et des personnes nanties de la signature sociale. — 26 août 1946.

Avis. — Postes, Télégraphes et Téléphones. — Par arrêté grand-ducal du 24 août 1946 le titre d'inspecteur des postes honoraire a été conféré à l'inspecteur des postes *Stræsser* J. Grég. dit Georges de Luxembourg-Direction, mis à la retraite sous l'occupation ennemie.

Par arrêté grand-ducal en date du même jour le titre de chef de bureau honoraire des postes a été conféré au sous-chef de bureau des postes *Faber* J.-P. de Luxembourg-Direction, mis à la retraite conformément aux dispositions de l'arrêté grand-ducal du 25 mai 1945 modifiant la législation en matière de pensions.

Par arrêté grand-ducal en date du même jour le titre honorifique de leur fonction a été conféré aux percepteurs des postes ci-après dénommés, mis à la retraite sous l'occupation ennemie ou conformément aux dispositions de l'arrêté grand-ducal du 25 mai 1945 modifiant la législation en matière de pensions :

MM. *Mamer* J.-P. Paul de Luxembourg-gare ;
Bailleux Pierre de Wasserbillig ;
Campill J.-P. Félix d'Echternach ;
Colbach J. J. Auguste de Rodange ;
Gœdert Mathias de Dommeldange ;
Goldschmit Victor de Mersch ;
Hammerel Achille de Luxembourg-Chèques;
Neu Jacques de Dommeldange ;
Rippinger J.-P. de Luxembourg-Télégraphes ;
Urbain M. J. Henri de Grevenmacher ;
Wagner Pierre d'Ettelbruck ;
Anen Mathias de Pétange.

Par arrêté grand-ducal en date du même jour le titre de percepteur des postes honoraire a été conféré aux sous-chefs de bureau des postes ci-après dénommés, mis à la retraite sous l'occupation ennemie :

MM. *Henricy* Jean-Pierre de Luxembourg-gare ;
Irrthum Jos. Nic. d'Esch-sur-Alzette ;
Miesch Louis P. Paul de Luxembourg-Télégraphes ;
Molitor Michel d'Ettelbruck.

Par arrêté grand-ducal en date du même jour le titre de percepteur des postes honoraire a été conféré à M. Pierre *Einfalt*, ci-devant sous-chef de bureau des postes à Ettelbruck. — 27 août 1946.

Avis. — Assurances. — Par décision en date de ce jour, M. J.-P. *Hoffmann* de Luxembourg, a été agréé comme mandataire général de la Cie. d'assurances « La Confiance-Vie » de Paris, en remplacement de M. Bernard *Rolling*, démissionnaire. — 21 août 1946.

【資料3】1946年 マルグ・フェルテスの正書法

644

Avis. — Assurances. — En exécution de l'article 2, N° 3 a) de la loi du 16 mai 1891 concernant la surveillance des opérations d'assurance Monsieur Jean-Pierre *Hoffmann*, demeurant à Luxembourg, mandataire général de la Compagnie d'assurances « La Confiance-Vie», Paris , a fait élection de domicile dans l'arrondissement judiciaire de Diekirch chez Maître Léon *Hetto* à Diekirch. — 24 août 1946.

———

Avis. — Titres au porteur. — Il résulte d'un exploit de l'huissier P. *Konz* à Luxembourg en date dn 17 juin 1946 qu'il a été fait opposition au paiement du capital et des intérêts de trois obligations de la société anonyme royale grand-ducale des Chemins de Fer Guillaume Luxembourg, émission de 3%, savoir : Nos 40955, 142740 et 142741 d'une valeur nominale de cinq cents francs chacune.

L'opposant prétend qu'il a été dépossédé de ces titres par l'ennemi au cours de l'occupation.

Le présent avis est inséré au *Mémorial* en exécution de l'art. 4 de la loi du 16 mai 1891 concernant la perte de titres au porteur. — 24 juillet 1946.

———

Avis. — Titres au porteur. — Il résulte d'un exploit de l'huissier P. *Konz* à Luxembourg en date du 13 juin 1946 qu'il a été fait opposition au paiement du capital et des intérêts de deux obligations de la société anonyme royale grand-ducale des Chemins de Fer Guillaume Luxembourg, émission de 3%, savoir: Nos 113780 et 139989 d'une valeur nominale de cinq cents francs.

L'opposant prétend qu'il a été dépossédé de ces titres par l'ennemi au cours de l'occupation.

Le présent-avis est inséré au *Mémorial* en exécution de l'art. 4 de la loi du 16 mai 1891 concernant le perte de titres au porteur. — 25 juillet 1946.

———

Avis. — Titres au porteur. — Il résulte d'un exploit de l'huissier P. *Konz* à Luxembourg en date du 26 juillet 1946 qu'il a été fait opposition au paiement du capital et des intérêts de cinq obligations de l'Etat du Grand-Duché de Luxembourg, service des Logements Populaires, section d'Assainissement du Notariat (cas Schoetter), savoir :
a) Nos 162 à 165 d'une valeur nominale de mille francs chacune ;
b) N° 55 d'une valeur nominale de cinq mille francs.

L'opposant prétend qu'il a été dépossédé de ces titres par des agents de l'ennemi lors de son arrestation.

Le présent avis est inséré au *Mémorial* en exécution de l'art. 4 de la loi du 16 mai 1891 concernant la perte de titres au porteur. — 27 juillet 1946.

———

Avis. — Titres au porteur. — Il résulte d'un exploit de l'huissier P, *Konz* à Luxembourg en date du 26 juillet 1946 qu'il a été fait- opposition au paiement du capital et des intérêts de cinq obligations de l'Etat du Grand-Duché de Luxembourg, service des Logements Populaires, section d'Assainissement du Notariat (cas Schoetter), savoir :
a) N° 45 d'une valeur nominale de cinq cents francs;
b) Nos 87 à 90 d'une valeur nominale de mille francs chacune.

L'opposant prétend qu'il a été dépossédé de ces titres par des agents de l'ennemi lors de son arrestation.

Le présent avis est inséré au *Mémorial* en exécution de l'art. 4 de la loi du 16 mai 1891 concernant la perte de titres au porteur. — 27 juillet 1946.

———

Imprimerie de la Cour Victor Buck, S. à r. l., Luxembourg.

【資料 4】
1950 年 ルクセンブルク語辞典の正書法

A.
Rechtschreibung.

I. — Vorbemerkung.

Hauptaufgabe der Wörterbuchkommission war naturgemäß die möglichst vollständige Sammlung des luxemburgischen Wortschatzes, nicht nur der Gemeinsprache, sondern auch möglichst aller Lokalmundarten. Sie verfolgte also vorderhand ein wissenschaftliches Ziel, trachtete aber nicht minder darnach, dem breiten, an seiner Muttersprache interessierten Publikum ein *leicht lesbares* und *allgemeinverständliches Nachschlagwerk* zu bieten. Sie übernahm somit bewußt die heikle Aufgabe, Wissenschaftlichkeit und Volkstümlichkeit miteinander zu vereinbaren.

Schon die alphabetische Anordnung des Wortschatzes allein stellte die Kommission von Anfang an vor zwei schwierige Probleme, an deren Lösung sie mit äußerster Vorsicht herangehen mußte, wenn sie vermeiden wollte, daß das Publikum ihr Werk von vornherein ablehne. Dabei erweist sich die Beantwortung beider Fragen nur von geringer Bedeutung für den wissenschaftlichen Wert des Vorhabens: in welcher Haupt- oder Untermundart und in welcher Rechtschreibung sollten die Stichwörter und allgemeingültigen Beispielsätze dargeboten werden ?

Es stand für die Kommission außer Zweifel, daß für die Grundformen der einzelnen Wörter und Ausdrücke nicht die besondere Aussprache des Stadtluxemburgers, sondern die der « *Koinè* » maßgebend sein mußte. Im ersten Teil der Einleitung (Kapitel E/II) wird angedeutet, was der Kommission unter diesem schillernden Begriff vorschwebte. Die praktische Ausführung des Grundsatzes förderte eine Unzahl von Schwierigkeiten zutage.

Als Beweis genüge ein Beispiel: Unstimmigkeiten tauchten jedesmal auf, wenn es zwischen dem langen geschlossenen « ee » Großluxemburgs und dem ländlichen, halboffenen oder offenen « ä » zu wählen galt. Damit nicht alle Vorarbeiten immer wieder in Frage gestellt seien, wurde von Fall zu Fall das innerhalb der Kommission vorhandene Verhältnis als endgültige Norm gewählt; diese Lösung erschien umso annehmbarer, als im Schoß der Kommission alle Landesteile vertreten waren. So ergab sich die Notwendigkeit, auf den Buchstaben A einen besonderen *Buchstaben Ä* folgen zu lassen, der alle, mit jenem strittigen « ee/ä »-Laut beginnenden Wörter umfaßt, die einem hochdeutschen « ei » oder a-Umlaut entsprechen.

Um allen wissenschaftlichen oder lokalpatriotischen Anfechtungen zu begegnen, werden in diesem und in vielen anderen Fällen, ebenso oder fast so häufige Spielformen als « gleichberechtigt » neben das Stichwort gestellt, und häufige *Verweise* versuchen weitgehend jeder Aussprache Rechnung zu tragen.

Die Kommission verwandte sechs Monate ihrer Arbeitszeit auf die Festlegung einer *Rechtschreibung*. Als René Engelmann von der luxemburgischen Regierung mit der Standardisierung der allgemeinen luxemburgischen Rechtschreibung betraut wurde, war der wesentliche Schritt getan, um die Sprache aus der Gesetzlosigkeit und dem bisherigen unwissenschaftlichen Experimentieren zu retten. Ein Fortschritt trat ein durch die Verfügung, daß Engelmanns

— XLVI —

System in den Schulbüchern von N. Welter zur Anwendung kam, weshalb sie vielfach die Engelmann-Weltersche Rechtschreibung heißt. Aber Engelmann hatte nur die Regeln für die Koinè aufgestellt. Die luxemburgischen Literaten hatten je länger je mehr an manchen Details der herrschenden Schreibweise auszusetzen. Die Vereinfachung machte aber durch sie erfreuliche Fortschritte, und die Orthographie der Lokalmundarten bahnte sich durch dieselben Faktoren ihre Wege. Jüngste Erfahrungen haben zur Genüge bewiesen, wie schwierig es ist, selbst in unserem engen Sprachraum, auf dem Gebiete der Orthographie zwischen Wissenschaftlichkeit und Tradition zu vermitteln. Wenn dieses Wörterbuch lediglich ein linguistischen Zwecken dienendes Forschungsinstrument sein wollte, so wäre die Lösung der Rechtschreibungsfrage ein Leichtes gewesen; so aber verlangte sie langwierige, oft irrwegige und unfruchtbare Erörterungen, ohne daß dadurch die eigentlichen lexikographischen Arbeiten auch nur um einen Schritt weitergekommen wären, und ohne daß die Kommission nach dem endgültigen Abschluß ihrer Beratungen die Hoffnung hegen darf, sich auf ein System geeinigt zu haben, das auch nur einem Teil der sich in dieser Frage schroff widersprechenden Meinungen Genüge leisten könnte. Sie betont im Gegenteil, daß sie eine weitgehende wissenschaftliche (phonetische) Genauigkeit keineswegs mit Hilfe der nachfolgenden Rechtschreibungsnormen zu erreichen hofft, sondern lediglich durch die Lauttabellen der Einleitung, die eingestreuten Beispiele in Lautschrift und die parallel erscheinenden Laut- und Wortkarten.

II. — **Prinzipien der Rechtschreibung.**

GRUNDSÄTZLICHES.

Die Rechtschreibung des Wörterbuches erhebt nicht den Anspruch auf Allgemeingültigkeit. Sie dient vorderhand der einheitlichen Schreibung der lx. Koinè, der die überwiegende Mehrzahl der Stichwörter angehören.

Lokale Spielformen, die nicht in der Koinè gebräuchlich sind, stehen an ihrer alphabetischen Stelle; besondere Lautungen in lokalen Redensarten, Beispielsätzen und Sprichwörtern erfordern nur geringe, der Schreibweise lokaler Gewährsleute entlehnte Abweichungen von der angegebenen Rechtschreibung.

Es wird in den folgenden Regeln bewußt auf phonetische Logik verzichtet: sie möchten lediglich, mit Rücksicht auf die landläufige Tradition und unter weitgehender Beachtung des dt. resp. frz. Wortbildes, das schnelle Auffinden und bequeme Lesen der Stichwörter und Beispielsätze ermöglichen. Nur zur Bezeichnung lx. Eigenheiten werden etliche wenige Sonderzeichen und Buchstabenverbindungen verwandt.

Diese volkstümliche Schreibweise erscheint umso begründeter, als die genaue Aussprache in der Koinè sowie in den hauptsächlichsten Lokalmundarten hinter dem Stichwort vermittels der allgemein üblichen, im Lautinventar eingehend erklärten Zeichen der A. P. I. (Association Phonétique Internationale) angedeutet wird.

ALLGEMEINES.

I. — *Anfangsbuchstaben.*

Mit großen Anfangsbuchstaben werden geschrieben:

1. das erste Wort eines Satzganzen;

— XLVII —

    2. alle Dingwörter;
    3. Eigenschafts- und Fürwörter sowie die Ordnungszahlen in Titeln und Namen.
Alle andern Wörter werden mit kleinem Anfangsbuchstaben geschrieben.

II. — *Apostroph.*

Alle gesprochenen Laute werden grundsätzlich geschrieben. Lediglich in schneller Rede ausfallende Laute und Lautgruppen werden durch einen Apostroph angedeutet.

    ët reent   —   't reent
    hatt sot   —   't sot

Anmerkung: Der regelmäßige Sandhi-Ausfall der auslautenden ekthliptischen (sogenannten Eifel-) n vor folgendem Konsonanten außer vor h und dentalen Verschlußlauten wird demnach nicht vermerkt.

III. — *Französisches Lehngut.*

1. Frz. Lehnwörter oder aus dem Frz. entlehnte Wortteile folgen möglichst der frz. Rechtschreibung; sie werden nicht durch eine besondere Schriftart gekennzeichnet.

    « le cours »   —   de Cours

2. Lx. End- und Flexionssilben werden ohne besonderes Trennungszeichen an den frz. Wortteil angehängt.

    « les cours »   —   d'Couren
    « les terrains »   —   d'Terrainen

3. Die Nasalierung der Lautgruppe Vokal + m oder n wird, wenn erforderlich, durch ein Zirkumflex über dem m oder n angedeutet.

    « le membre »   —   de Mem̂ber
    « les membres »   —   d'Mem̂beren

VOKALE.

IV. — *Quantität.*

Wir unterscheiden zwischen kurzem und langem a, ä, e, i, o, u.

1. Der Vokal ist kurz vor folgendem Doppelkonsonanten oder vor Konsonantenverbindungen:

    a   schappeg, krabbelen, Lanter, Park;
    ä   Männer, Pättchen, hänken, Schärp;
    e   eppes, Bett, frech, Derz;
    ë   stëppelen, zëssen, Strëmp, Mëscht;
    i   zidderen, kriwwelen, firmen, Misch;
    o   Stonn, Goss, fort, Moschter;
    ö   gedölleg, können, löschteg, rölzen;
    é   déck, Méchel, néng, wénken;
    u   Kludder, Huwwel, futsch, Wurscht.

2. Der Vokal ist lang vor folgendem einfachen Konsonanten (als solcher gilt auch z); vor Konsonantenhäufungen wird der lange Vokal doppelt geschrieben:

    a   bal, Kaz, laang, schwaarz;
    ä   Här, fären, Päärd, Ääjhelchen;
    e   Ekel, Bredewee, Fleesch, bleech;
    i   siwen, Dir, Piisch, Piijhen;

— XLVIII —

o blosen, Koz, brooch, Bootsch;
u Tut, Buz, Duuscht, Wuurm.

Anmerkung:

a) Für zz steht tz, für kk steht ck.

b) Nach kurzem Vokal werden die weichen Reibelaute s und g (als Gaumen- und Hintergaumenlaut) nicht verdoppelt:
    s bëselen, haseleg, Musel, Fisem;
    g Ligen, Digel, ondugen, verlugen.

c) h steht als Dehnungszeichen und zur Silbentrennung ausnahmsweise in unverändert aus dem Dt. übernommenen Lehnwörtern:
    Ausnahm, dehnen, fehl· (+ Komposita), Hehl, Afahrt, weihen.

d) Nach kurzem Vokal bleibt der ehemalige Endkonsonant des ungebeugten Stammwortes auch vor folgendem endungsanlautenden Konsonanten verdoppelt:

Vull	—	Villchen;
stellen	—	gestallt;
kill	—	killt Waasser;
hell	—	den hellsten Dag.

e) Bei einsilbigen Vor-, Für- und Bindewörtern, sowie in den einsilbigen Formen der Zeitwörter hun, sin, gin, gon, ston, don steht auch nach kurzem Vokal einfacher Konsonant:
    ën, ës, ët, hat, him, um, am, an, mat
    ech sin, gin, stin, dìn, dun, hun . . .

V. — *Die e-Laute.*

1. offener e-Laut:

a) der k u r z e offene e-Laut wird lediglich als Umlaut von dt. oder lx. a durch ä, sonst immer durch e bezeichnet.

Fra	—	Frächen	dt. « fangen » — fänken
Mann	—	Männer	dt. « Mathias » — Mätt
falen	—	e fällt	sonst : Geck, stemmen, Bett,
Sak	—	Säck	frech, besser, fett

b) der l a n g e offene e-Laut (dt. « Bär ») wird durch ä/ää bezeichnet.
    Här, Kär, Häärz, Päärd, fäärdeg;

2. der betonte gerundete e-Laut wird lediglich als Umlaut von dt. oder lx. o durch ö, sonst immer durch ë bezeichnet.

kommen	—	e könnt
voll	—	völleg
Schold	—	schölleg
Loscht	—	löschteg
rolzen	—	rölzen, rölzeg
Gold	—	göllen

sonst : nëmmen, drëtten, zëssen, Schëff, gëscht, gëllen (gelten), Bëlz, Brëll, Brëtsch . . .

Anmerkung: In unbetonten Flexions- und Ableitungssilben steht grundsätzlich, wie im Dt., einfaches e; ë wird lediglich dort geschrieben, wo es in schwer lesbaren Vokalhäufungen zur Klärung des Wortbildes beiträgt.
    gëeelzt, gëiirt, bëierwen, gëëiert;

— XLIX —

3. der geschlossene e-Laut (dt. « quer ») wird lediglich vor den velaren Konsonantenverbindungen ck, ng, nk (ab und zu vor ch) zur Vermeidung von Zweideutigkeiten durch é, sonst immer durch e bezeichnet.

    strécken, flécken, réckelen, schrécken, fléck (flink), zécken, déck, Réck, néng, zéng, Réng, flénk, Méchel, Séchel

    aber: Ekel, ech, dech, sech.

Anmerkung: Zur besseren Lesbarkeit und zur Vermeidung von Verwechslungen kann das lange geschlossene (vorwiegend städtische) e auch vor einfacher Konsonanz (nach dem Vorgang von dt. Schnee, Meer, scheel . . .) doppelt geschrieben werden:

    Steen, Been, neen, keen, See (Säge), deen (dieser) zur Unterscheidung von « den » (unbetonter Artikel).

(Die ländl. Maa. sowie die älteren Generationen ziehen diesem spitzen e/ee ein breiteres ä vor. Im lux. Wb. folgt daher auf den Buchstaben A der Buchstabe Ä, unter dem Wörter wie « än, een — Äfalt, Efalt usw. » aufzusuchen sind.)

DIPHTHONGE.

VI. — Wir schreiben, ohne zwischen Länge und Kürze zu unterscheiden:
    ue Fuesend, fuerderen, Ues, lues, Kueder, Flued;
    ie iessen, Kniecht, stiechen, Fieder, Liewer;
    éi wéi, schwéier, Schnéi, genéissen, Knéi;
    ou Kou, grouss, wouer, Patroun, dout, Doud;
    au — umgelautet ai   Maus   —   Mais
                                Laus   —   Lais
                                Mauer — Maierchen;
    ei Weis, Schwéngerei, nei, Leit, Scheier;
    äi Wäin, Schwäin, Täissel, wäiss.

Anmerkung: Wörter wie Äifer, Äis usw. sind also unter Ä aufzusuchen.

KONSONANTEN.

VII. — *Quantität.*

Laut Regel IV/1. bezeichnet die Verdoppelung der Konsonanten lediglich die Kürze des vorhergehenden Vokals. Die gedehnten Konsonanten (sogenannte « Schwebelaute ») werden nicht besonders bezeichnet.

    Hand, Land, Kand, Mann, Stall, hell, Damp, dämpen, Schwanz, Franz.

VIII. — *Verschluß- und Reibelaute im An- und Inlaut.*

Die Lippenlaute b, p, w, f, v — die Zahnlaute d, t, z (verdoppelt tz), weiches s, scharfes ss, der scharfe Zischlaut sch — die Gaumenlaute j, g, ch — die Hintergaumenlaute k (verdoppelt ck), qu, g, ch werden dem dt. Schriftgebrauch entsprechend verwandt.

    verléieren   —   fer (Kurzform zu « für »)
    vir (« vor »)   —   fir (Vollform zu « für »)
    vill (« viel »)   —   fillen (« fühlen »)
    rosen, blosen, räsen/reesen,
    réselen, béselen, haseleg, Musel
    wäiss, räissen, Waasser, Spaass, Fuuss
    Schëpp, fëschen, Dréischlek

— L —

jo, Joer, Jäer, Jupp, Judd, juppelen, jäizen
Spigel, Digel, Juegd, Gaalgen
Spichten, diichten, Fliichten, riicht, rechts, Kichelchen
kal, baken, Bäckelchen
gin, schuggeleg, suggelen
ondugen, Kugel, Dugend, verlugen
puchen, kachen, gekachte Kéis.

Anmerkungen:

a) Alle bestimmten Artikel werden d' geschrieben:
d'Mamm, d'Kand, d'Elteren;

b) die lat. Ableitungssilbe -tio (dt./frz. -tion) wird lx. -tioun geschrieben:
Natioun, Inflatioun;

c) « schp » und « scht » werden im Anlaut sp- und st-, im In- und Auslaut hingegen schp und scht geschrieben:
Stän/Steen, Spaass
Bascht, baschten, Kiischpelt
(also auch: Häsprénger);

d) jh bezeichnet den im Dt. nicht vorhandenen weichen (stimmhaften) Zischlaut:
Piisch — Piijhen
Giisch — Giijhen
Aasch — Ääjhelchen;
(unverändert aus dem Frz. übernommene Wörter behalten gemäß Regel III/1. die ursprüngliche Rechtschreibung);

e) In allen lx. Wörtern, denen kein gleichlautendes im Dt. entspricht, wird der inlautende weiche Gaumenreibelaut durch j bezeichnet:
Kanaaljen, Trueljen, Familjen.

IX. — *Verschluß- und Reibelaute (oder -lautgruppen) im Auslaut.*

1. Wenn einem lx. Verschlußlaut im entsprechenden dt. Wort ein Verschlußlaut, bzw. einem lx. Reibelaut im entsprechenden dt. Wort ein Reibelaut gegenübersteht, so dient die dt. Schreibung als Vorbild:

Rad	— « Rad »	aber : Rat	— « Ratte »
Pad	— « Pfad »	Patt	— « Pfote »
Bud	— « Bude »	gutt	— « gut »
Lidd	— « Lied »	Gemitt	— « Gemüt »
Ridd	— « Rüde »	Rutt	— « Rute »
Ribb	— « Rübe »	Kopp	— « Kuppe »
bëlleg	— « billig »	renglech	— « reinlich »

2. In allen übrigen Fällen werden scharfe (stimmlose) auslautende Verschluß- und Reibelaute (oder -lautgruppen) geschrieben:

af/of	— « ab »	Kramp	— « Krampf »
op	— « auf »	Knapp	— « Knopf »
Gof	— « Gabe »	Strëmp	— « Strumpf »
Bouf	— « Bube » »	Schnapp	— « Schnupfen »
hallef	— « halb »	desgl. : Stupp, Stopp, Knupp	
Kuerf	— « Korb »	Napp (Graul), Naup (Laune)	
Stuff	— « Stube »	Schaf (Schrank), Roff (Schorf)	
Siff	— « Sieb »	usw.	

217

— LI —

ähnlich: ë schreift, du kliefs, dir stierft, Léift (« Liebe »).

Anmerkung: Im betonten Auslaut steht -ch immer nach kurzem Vokal statt dt. g (als Gaumen- oder Hintergaumenlaut):

genuch, Zuch, Zich, Krich, Träch (Tröge), ewech (weg).

X. — *Die übrigen Konsonanten und Konsonantenverbindungen.*

Die Liquiden l und r — die Nasenlaute m, n, ng, nk — der im Anlaut hörbare Hauchlaut stehen wie im Dt.

Anmerkung:

a) zum Gebrauch von h, s. Regel IV/Anm. c;

b) die Lautverbindung k + s wird im allgemeinen durch x bezeichnet. Dem dt. Vorbild oder der Abstammung eines Wortes gemäß steht zuweilen -chs- oder -cks-:

x	Hex, faxen, lax, Felix, Box	
chs	Fochs, Ochs, Dachs, sechs	
cks	dack	— dacks
	lecken	— Gelecks
	vrecken	— zu vrecks
	tucken	— eng Tucks
	baken	— Gebäcks.

c) Alle außerhalb der zehn Regeln liegenden Besonderheiten werden von Fall zu Fall entschieden.

【資料 5】
1975 年の正書法

SOMMAIRE

Arrêté ministériel du 10 octobre 1975 portant réforme du système officiel d'orthographe luxembourgeoise .... page 1366

ANNEXE
WÉI EE LËTZEBUERGESCH SCHREIFT

Sprooch a Schrëft 1366
    Vokaler 1367
        1. Kuurz Vokaler 1367
        2. Laang Vokaler 1369
        3. Duebelvokaler 1371
        4. Vokaler an onbetounte Silben 1372
    Konsonanten 1373
        1. Quantitéitsregelen 1373
        2. Qualitéitsregelen 1376
            (a) Verschloss- a Reiflauter um Ufank an am Wuert 1376
            (b) Verschloss- a Reiflauter um Enn vum Wuert 1379
    Lautkoppelen 1382
    Hallefkonsonanten 1383

D'Wierder am Saz
    Dräi Sproochgewunnechten an der Schrëft 1384
        1. Keen -n no der « Äifeler Regel » 1384
        2. Mëll Konsonanten amplaz schaarfer um Enn 1385
        3. Mëll Konsonanten am Wuert, schaarfer um Enn 1387

Sonner Sproochen
        1. Vokaler 1389
        2. Konsonanten 1390

1366

Arrêté ministériel du 10 octobre 1975 portant réforme du système officiel d'orthographe luxembourgeoise.

Le *Ministre des Affaires culturelles*,

Vu l'arrêté ministériel du 5 juin 1946 portant fixation d'un système officiel d'orthographe luxembourgeoise;

Considérant que la langue luxembourgeoise forme matière d'enseignement et qu'il est indispensable de donner aux élèves des règles orthographiques nettes et précises;

Considérant que, et le dictionnaire de la langue luxembourgeoise et le manuel scolaire « Lëtzebuergesch an der Schoul », reposent sur l'orthographe historico-phonétique établie par la commission du dictionnaire;

Arrête:

Art. 1er. L'orthographe officielle de la langue luxembourgeoise se fonde désormais sur les principes établis par la commission du dictionnaire et exposés en annexe.

Art. 2. L'arrêté ministériel du 5 juin 1946 est aboli.

Art. 3. Le présent arrêté sera publié au Mémorial.

Luxembourg, le 10 octobre 1975.

Le *Ministre des Affaires culturelles*,
Robert Krieps

WÉI EE LËTZEBUERGESCH SCHREIFT
SPROOCH A SCHRËFT *

Eng Schrëft, déi sech jhust dem Gehéier no schreift, as dem *Lëtzebuerger Dixionär* séng nët: hallef verléisst se sech op d'Ouer, hallef op d'Gewunnecht. 'T as keng reng phonetesch, ma och eng historesch.

Gemengerhand hale mir äis un d'héidäitscht Wuertbild, dat mir gewinnt sin, wou et néideg as, och un dat franséischt.

All Sprooch am Land schreift sech esou, ma 't geet ewell duer, wa mer **eng** gutt erëmgin: eis Ëmgangssprooch — e Guttlännesch, dat d'Leit iwwerall verstin. Dat heescht nët, jidderee misst et schwätzen, ma nëmmen, all Mënsch kéim dermat zuwee. Wéi ee sonner Sprooche schreift, dovu geet um Enn och Rieds.

Eist Lëtzebuergescht schreift den Dixionär nom laténgeschen ABC. All Schreifmaschin packt et, déi mat däitsch a franséisch eéns gët (si brauch *ä, ë, é* an ^, keen ß). All Dréckerei kritt et gesat.

Eis Ufanksbuschtawe sti grouss a kleng wéi am Däitschen. Eis Sazzeeche stin och d'nämmlecht, an d'Silbe gi grad esou zerluegt.

D'Ausloosszeechen (Apostroph) steet nëmme fir Lauter, déi ewechfalen, nët, ewéi fréier, och fir Duebelvokaler (*e', o' = éi, ou*). Jhust den *-n*, deen no der *Äifeler Regel* am Saz virun all Konsonant oons *h, d, t, z* an *n* ausfällt, brauch keen Apostroph.

Frieme Wierder léisst een hir Schrëft, soulaang s'och d'Aussprooch behalen, z.B.:
Bühn, Kühler, Manöver, Ös — Jeep, Match, Meeting, Team — Arrêté, Café, Congé, merci.

---
*) D'Lautwerter tëscht [ ] sti (vereenfacht) nom *International Phonetic Alphabet/German Version = IPA(G)*.

1367

Wou mer d'Wiel hun tëscht däitsch a franséisch, zéie mer wéinst der Endong d'Wuert dacks iwwert deen däitsche Leescht (ouni stommen -e):
Akt, Fotograf, Maschinist, Politik, populär, rapid, Satellit, Vitamin,
wann nët d'Aussprooch äis franséisch schreiwen deet:
Carrière, Crise, Entr'acte, Fonctionnaire, Gymnastique.
Wa mer lëtzebuergesch Endongen u franséisch Wierder hänken, loosse mer déi stomm franséisch ewech: *de Cours — d'Couren; den Terrain — d'Terrainen.*

Wou ee Vokaler duurch d'Nues schwätzt, kréien s'en Hittchen (Zirkumflex), soubal d'Wuert soss scho Lëtzebuerger Aschlag huet:
Châmber, Cômbel, Cômptabel, êngagéieren, Mêmber, môntéieren, Tîmber, Zêntim;
dacks kënnt et jhust op d'Endong un: *e Camion — Camiônen; eng Chance — Châncen.*
Nasaléiert Vokaler, déi ee mat zwéi Buschtawe schreift, kënnen ouni ̂ stoën:
Daimsschong, Foussballsterrain, guindéiert, Main d'œuver, pointéieren, Zeintür.
Nom Dixionär stingen all » um *m, n* **hannerum** Vokal, ma dat setzt sech nët gutt. En Hittche bedeit hei nët, wéi fréier, datt de Vokal nëmme laang as (*ê, ô ≠ ee, oo!*).

VOKALER

D'Lëtzebuergescht huet dräierlee Längte vu Vokaler: kuurz, halleflaang an iwwerlaang, z.B. *Lach*(Loch) — *Lag*(Lage) — *Laach*(Lache, Gelächter), phonet.: [lʌx] — [laˑx] — [làːx].
Mir ënnerscheden an der Schrëft kuurz a laang. Halleflaang an iwwerlaang Vokaler schreiwe mer eent ewéi d'anert. Zemools well mer d'Iwwerlängten nët méi sou däitlech schwätze wéi soss a well een se jhust an der leschter Silb vum Saz kloër héiert. Den [àːː] baut sech of zu [aː].
Haaptregel (Quantitéitsregel):
Ee Vokal viru méi Konsonante liest sech kuurz — ee Vokal virun engem Konsonant liest sech laang.
Ee Vokal um Enn vum Wuert liest sech laang — en duebele Vokal liest sech ëmmer laang.
Eis kuurz a laang Vokaler sin nët nëmme verschidden an der Längt, ma och am Klank. Déi kuurz sin duurchewech méi labber, méi uffen ewéi déi laang: *Sich*(Suche) — *Siicht*(Sicht) : [zɪç] — [zìːçt]; *Zuch*(Zug) — *Zuucht*(Zucht) : [tsʊx] — [tsùːxt]. Souwäit geet eis Schrëft nët.
Besonnesch eis viischt kuurz Vokaler, apaart *e* an *ä*, schwätze sech oons dat och nach méi odder manner gespaant, deemno watfer Konsonanten nokommen. Viru *g, k, j, ch*[ç]*, ng*[ŋ] héiert een s'all eng Iddi méi héich (méi zou): [⊖ > e], [æ > ɛ], och: [α > ʌ], [ɔ > ɤ̃]. Eis Schrëft weist deen Ënnerscheed jhust beim kuurzen *ë/é* [⊖/e]: *Dëll, Dësch — déck, déng*.

1. Kuurz Vokaler: a, ä, ë/é*), i, o, u — [α/ʌ], [æ/ɛ], [⊖, ə/e], [ɪ], [ɔ/ɤ̃], [ʊ].

E Vokal liest eé kuurz viru méi Konsonanten, um Enn vum Wuert bal nëmmen, wann en -n ewechfällt. Kuurze Vokal hu mer soss nët um Enn vum Wuert, oons an e puer schwaach betounte Wieder: *de = du; ma = mä/mee; se = si; ze/zu = zou* asw.
Nom kuurze Vokal schreiwe mer all eenzelne Konsonant duebel, soss liest een de Vokal laang, oons virum *x* an an de Wierder ënner (a, b, c).
Amplaz *kk* steet *ck,* amplaz *zz* steet *tz*. Virum *x* [ks] liest all Eenzelvokal sech kuurz.
De *g* steet nëmmen duebel, wann een e [g] schwätzt, den *s* nëmmen als schaarfen [s] (vgl. b, c).

---

*) *ë/é* [ə/e] zielt fir 1 Phonem; déi zwou Varianten (*ë/é*) si komplementär verdeelt: /é/ virun [ç, g, j, k, ŋ], /ë/ virun all aner Konsonant; bei [æ/ɛ] no där nämmlechter Regel héiert een den Ënnerscheed nach gutt, obschons een Zeechen duergeet (*ä*), bei [ɔ/ɤ̃] an [α/ʌ] ewell manner (*o, a*).

1368

Kuurzen *ä* [æ/ɛ] schreiwe mer *ä* odder *e* no séngem däitschen odder franséische Middel; wa mer kee Verglach fannen, ëmmer *e*, 't sief dann, 't as engem lëtzebuergeschen *a* säin Ëmlaut.
Kuurzen *ë* (hallefronnen *ö*) seet sech virun all Konsonant oons *g, k, j, ch* [ç], *ng* [ŋ] (d.h. och [ks] = *x*/*chs* an [ŋk] = *nk*); virun dene Lauter gët en zum *é*.
Den *ë* as ëmmer kurz. Betount [⊖] kritt en Tëppelen (Trema), onbetount [ə] meeschtens keng (oons nom laange Vokal, vgl. 2).
Grad esou kritt den *é*[e] betount e Stréch (Akut) a soss meeschtens nët, (an *ech, dech, mech, sech* keemol).

a: *Ball, dacks, Fatz, faxen, ganz, Kapp, lass, Nascht, schaffen, Stack, Trapp*
ä/e: *Äppel, Bäcker, Kächen, schwätzen, Wäsch*; awer: *Bett, Eck, Hex, Pech, Rescht, setzen*
ë/e: *ëmmer, Fënster, Hëtzt, Krëpp, Lëscht, Mëtsch, Pëtz, rëselen, Tëppel, sëtzen*
é/e: *Béchs, déck, féx, Méck, néng, pénken, réckelen, Spéngel, wénken, zécken*
i: *Bidden, Dill, Hick, iwwer, Kichen, Lidd, mixen, Pillem, Schlitt, Wichs, Zich*
o: *Botz, Box, glott, Hond, Jong, kromm, Popp, Roff, Schotz, stoppen, Tock, Zocker*
u: *Dunn, Fudder, gutt, Hummer, Jux, Kutsch, Mupp, Nuddel, stuckelen, Wutz, Zuch*

(De Lëtzebuerger Dixionär huet bis zum Buschtaf B nach en Zeeche weider fir *ë* gebraucht = *ö*, wann d'däitscht Wuert *o* odder *ö* hat — ma domadder gouf opgehalen, well 't hätt zevill verkuurbelt.)

(a) Bei hefege kuurze Wierder geet och nom kuurze Vokal dacks ee Konsonant duer, soulaang näischt ka verwiesselt gin: *am, an, as, bas, bis, den, dem, din (dun), dran, drop, drun, ëm, ës, et, gin, hun, hut, mat, nët, ob, op, schon, sin, stin, un, um, vun, zum* asw. D'Virsilben *an-, ëm-, mat-, on-, op-, un-, ver-, zer-* brauchen alt keng duebelgeschriwwe Konsonanten; si gin duerfir awer richteg gelies. Och wa mer där Silben un anerer drunhänken, kënne mer s'esou loossen: *dodrop, domat, dovun, eran, erëm, erop* asw.

Ënnerschede muss een nëmmen hei ands do: *dat*(das/jenes) an *datt*(daß), *hat*(hatte/hattet) an *hatt*(es/sie).

Jhust fir dee Grapp Wierder maache mer d'Schrëftbild méi liicht, fir Haaptwierder nët, z.B.: *Mir hun den Hunn.*

(b) Virum eenzelne g — tëscht zwéi Vokaler — liest een a Lëtzebuerger Wierder de Vokal kuurz. De *g* liest sech do wéi e [j] nom *i*, wéi e schwaachen [ʁ] odder [ɣ] nom *u*, vum selwen, well et jhust kuurzen *i* an *u* do gët:
Bigel, Brigel, Digel, Ligen, Spigel, Vigel — *Dugend, Kugel, Vugel, ondugen, verlugen, gezugen.*
Ma a friéme Wierder (och an eise Vir- an Uertsnimm) muss een de *g* zweemol schreiwen, soss liest een de Vokal laang. Hei seet de *gg* sech [g], den eenzelne *g* sech [g], [j] an [ɣ]:
[g]: *Bagger, Bugger, Buggi, Nugga, Schiggeri, schmoggelen, Waggong*, och: *Beggen, Diggel, Maggi, Siggi*;
[g]: *Figen, Neger*; [j]: *Fliger, Ligestull, Regel, Segel, Segen*; [ɣ]: *Jugend, Lager, Schlager.*
Och um Enn vum Wuert liest ee Vokal sech virum eenzelne *g* [-g̊ = k] hei ands do kuurz: *Fig*(figue/Feige), *Grég*(Grégoire), *Grog*(Grog)/ *-gg* steet ganz selen: *Bulldogg*; ma meeschtens as do de Vokal laang: *Erdrag, Fleg, Katalog, Kolleg, Lag, Schlag.*

Nom Gesetz vum haarden Auslaut schwätze mer hei [-g̊] als [k], [-j̊] als «éch-Laut» [ç] a [-ɣ̊] als «och-Laut» [x] (Vgl. Konsonanten 2b).

(c) **Virum eenzelnen s — tëscht zwéi Vokaler ëmmer e mëllen s** [z] — **muss een am Wuert de Vokal bal kuurz liesen, bal laang: well en duebelen ss wir e schaarfen s** [s]:

kuurz: *Dosen, Fisem, haseleg, Jhosi, Kräsi, Musek, Musel, Quisel, Rēsel;*
laang: *blosen, Drasi, Frasel, Keser, pisaken, resen, rosen, Wesekand.*

Um Enn vum Wuert — wou jhust schaarfen [s] geschwat gët — steet nom kuurze Vokal ëmmer *ss*, nom laange Vokal nëmmen, wann d'héidäitsch Wuert *ss*, *ß* odder *chs* huet. Deemno muss de laange Vokal eemol odder duebel stoën:

kuurz: *Bless, Floss, gewëss, lass, Mass, Noss, Sprass, Wiss, zrass;*
laang: *Blos, Blus, Gras, Ris, Vas;* awer: *Faass, Fuuss, Mooss, naass, Strooss.*

A geléinte Wierder huele mer [œ] = ŏ, [ʏ] = ū **mat bäi; den y («I-grec») liest sech op lëtzebuergesch** [ɪ] **wéi op franséisch. A franséische Wierder schreift den** [œ] sech *eu* od. *oeu*, den [ʏ] *u* an den [ᴜ] *ou*, soulaang d'Wuert séng friem Fassong nët verléiert; däitsch Wierder behalen *ö* an *ü*.

[œ] > [Θ]: dt. *ö*/fr. *eu, oeu*: *Bevölkerong, förmlech, öffentlech/Boeuf à la mode, Neufchâteau*
[ʏ]: dt. *ü*/fr. *u* : *Flüsterkasten, Hüls, Longenentzündong/Culot, Jupe, Musette, Succès*
[ᴜ]: fr. *ou*: *Boulevard, Bourse, Couche, Coupe, Foulard, Mazout, Tournée, Touri s*
[ɪ] soë mir fir griich. *y*: *Chrysanthème, Dynamo, Hypothéik, Krypta, Lycée, Physik, System*

2. Laang Vokaler: a, ä/e*), i, o, u — [aː], [ɛː/eː], [iː], [oː], [uː].

E Vokal liest ee laang virun engem Konsonant, virum ë an um Enn vum Wuert, oons wann am Saz do den -n ausfällt. Duerfir schreiwe mer de laange Vokal do jhust eng Kéier. Virum *ē* steet kee laange Vokal duebel, ma nom *ē* wuel (no *be-, ge-*).

Viru méi Konsonante schreiwe mer de laange Vokal duebel, soss liest een e kuurz; *ch*[ç/x], *jh*[ʒ], *ng*[ŋ], *sch*[ʃ] zielen nom Schrëftbild fir e puer Konsonanten. Virun *x*[ks] verdueble mer och all laange Vokal, ma *z*[ts] gëlt fir ee Buschtaf.

Ëmgekéiert steet kee Konsonant duebel nom laange Vokal oons schaarfen *ss*[s], keen *ck* a keen *tz*.

Laangen e huet d'Ëmgankssprooch zesoën nët virum r. An Ennsilbe schreiwe mer bal ëmmer Duebel-*ee*, och virun engem Konsonant an um Enn, soss verwiessle mer mam *ë*.

Laangen ā schwätzt d'Ëmgangssprooch jhust virum r, **oons a geléinte Wierder, déi nët no eiser Regel gin.** Mir schreiwen ëmmer *ā*, égal wéi d'däitscht odder d'franséischt Wuert et huet; viru méi Konsonanten (*-rm, -rs, -rt, -rz*/wou d'Wuert nët bal zweesilbeg gelies gët:) *āā* odder *āe*. Eisen *-r* vokaliséiert sech nämlech liicht [ɛᵊʀ < ɛᵊʁ < ɛ̄ë].

En *ē*[ə] nom laange Vokal kritt Ponkten, wann en eng nei Silb mécht, wéinstens esoudacks, wéi een e soss falsch géif liesen: *-eën, -iën, -uën(-r).* Bei *-aën, -oën(-r)* gët manner gär verwiesselt; bei *-äen, -äer* stin ni Tëppelen um *e*. — Virum laange Vokal si s'och rar (*gëedert, gëeelzt*).

---

*) *ä/e* [ɛː/eː] zielt hei fir 1 Phonem; am Ëmgankslëtzebuergesche sin d'Varianten (ɛː/eː] komplementär verdeelt: [ɛː] seet sech — ausbehalen a geléinte Wierder — jhust virun *r* [ʁ, ʀ, ɾ . . .], wou [eː] nët virkënnt. Muenech Géigenden am Land hu laangen *ä* an *e* awer als sonner Phonemer (Éislek, Sauer, Minett, Musel); plazeweis gët et duerbäi nach zweërlee laangen *ä* [ɛː/æː] (Belsch Säit, Uewermusel). 'T fënt een och zweërlee laangen *o* [oː/ɔː] (Iewescht Éislek, Ënnescht Guttland) odder *a* [aː/ɑː] (Wolzer Streech, Mierscherdall, Ënnescht Guttland, esouguer [øː] *ö* an [ɔː] *ë* nieftenen (Ënnescht Éislek). Vgl. Sonner Sprooghen.

a/aa:	A, Aax, baang, Dag(Tag), Daach(Dach), Haascht, haën, Kaz, mar, Rad, Saaft, Tak
ä/ää:	Äärdbier, däreg, fäärdeg, Fräen(frais), gär, Häärz, äärt Päärd (och: äert Päerd)
e/ee:	Been, Deg(Tage), Deeg(Teig), Ee, elef, gëeelzt, Jeër, leën, Meedchen, Rees, Weess
i/ii:	Dir, Gif, Iddi, liicht, Piisch, Pliën(plis), Ris, schif, Schiirtech (och: Schiertech)
o/oo:	blo, Drot, elo, fooschen, Hoër, Joër (och: Hor, Jor), Nol, topeg, Won, Zoossiss
u/uu:	Bur, duurch, Ku, Kuuscht, Luucht, luussen, Suën(sous), Tur, Uurzen (och: Tuer, Uerzen)

(Den héidäitschen ie[i:] setze mir meeschtens nët: ni, si; fir äis as ie en Duebelvokal [ɪɐ/ĭ:ə].
Als [i:] schreiwe mir e jhust um Enn vum Wuert a geléinte Wierder op -(er)ie an a Meederchesnimm: Epicerie, Jhandaarmerie, Regie — Félicie, Léonie/wa mir nët Feli, Loni draus maachen.)

Eis r-Regel no laange Vokaler:

Mir setzen -ier, -uer amplaz -(i)ir, -(u)ur jhnst do, wou mer keng Wierder verwiesselen. Bei ää/äe geheie mer an der Ëmganksprooch näischt duurcherneen, ma ie an ue hu mer och als Duebelvokaler, z. B.:

De Wiirt wiert sech (besser nët: de Wiert wiert sech); odder:
Fuert duurch de Fuurt (besser nët: Fuert duerch de Fuert).

Esouguer wa mer déi zwee jhust d'nämmlecht schwätzen — [ɪɐ], [ʊɐ] — hu mer besser, se nët eent ewéi d'anert ze schreiwen. Um Pabeier muss d'Wuert méi däitlech si wéi am Gespréich.

Eng Grimmel Sproochgeschicht muss hei mat eran:
Westgermanesch a/o (a fréier affene Silben a virun ft, hs, ht, r) > lëtzeb. ue mam ie fir Ëmlaut.
Wa mer e Wuert op -ier, -uer begéinen, dat op héidäitsch i, ü, u hätt, dann as et där echter keent, säin « ie » odder « ue » as -ir odder -ur ze schreiwen.

Duerfir geet Stuurm, Wuurm besser ewéi Stuerm, Wuerm; Dir(Tür), Stir(Stirn) besser ewéi Dier, Stier.

Huet d'däitscht Wuert awer a, o odder hir Ëmlauter ä, e, ö, da kënnt et op eisen ue odder ie eraus.
Esou hale mer virum r e Koup Wierder auserneen:
Bur(Brunnen) — Buer(Bohrer, an deemno: Biirchen — Bierchen);
Bir(Birne) — Bier(Bahre), Bier(Bär) an och Bier(Beere).

Zevill kriddeleg wëllt een eleimat nët sin; eng Rei Wierder schreift sech gut op zwou Manéieren, z.B.: ech wier odder ech wir, lëtzebuergesch odder lëtzebuurgesch.

Op alle Fall gët den r geschriwwen, och wann een e glat nët méi héiert:
Kuef(Kaff) — Kuerf(Korb); Wieder(Wetter) — Wierder(Wörter).

A geléinte Wierder kommen [ø:/œ:] = ö, [y:} = ü derbäi; den y (« I-grec ») a geléierte Wierder liese mir [i:]. Franséisch Wierder behalen eu od. oeu fir [ø:/œ:], u fir [y:], ma och ou fir [u:], au od. eau fir [o:], é fir [e:], ai, è, ê fir [ɛ:/æ:]; däitsch Wierder stin deemno mat ü(h), ö(h).

D'nasaléiert Vokaler [ã:], [ɛ̃:/œ̃:], [õ:] schreiwe sech am(-n)/em(-n), aim(-n)/eim(-n)/im(-n)/um(-n)/ym(-n), om(-n), soulaang d'Wuert keng lëtzebuergesch Endong kritt; soss setze mer bei a, e, i, o, u en Hittchen op de Vokal.

[ø:/œ:]:	dt. ö(h)/fr. eu, oeu:	blöd, Fö(h)n, Hörer, Ös/Gueulard, Main d'œuver, Pneu, Queue
[y:]:	dt. ü(h)/fr. u, û:	Bühn, Drüs, Kühler, üben/Jus, Menu, Pardessus, Piqûre, Revue
[i:] soë mir fir griich. y:		Analys, Asyl, Kyrie, lyresch, Myopie, Myriameter, Oxyd, Syrien
[u:]:	fr. ou, oû:	Clou, Cours, Filou, Goût, Ragoût, Retour, Tout-à-l'égout
[o:]:	fr. au, eau:	Auberge, Chauffeur, Chalumeau, Niveau, Panneau, Plateau
[e:]:	fr. é:	Bëbé(!), Café(ma mir drénke Kaffi), Congé, Coupé, Paté

[ɛ:/æ:]: fr. ai, è, ê: Arrêt, Contraire, Crême, Etagère, Forfait, Quête, Retraite
[a:]:   fr. an, en/lëtz. â, ê: Banquet, Chance, Hortense, Menthe/Châmber, Châncen, Mêmber
[ẽ:]:   fr. ain, ein, in, un, yn(-m)/lëtz. î, û: Copain, Ceinture, Pince, Thym/hûmbel, Tîmber
[ɔ̃:]:   fr. on/lëtz. ó: Ballon, Bon, Fonds, Jeton, Rond-point/Cômbel, plômbéieren

D'franséisch Laangvokaler « duurch d'Nues » kiirzt de Lëtzebuerger gär of mat engem ng[ŋ] hannendrun: Bong, Fong, Koséng, Kulang, Tirang, Tire-buschong, Wolang.

3. Duebelvokaler: ai, au, äi, äu, éi, ëu, ie, ue*) — [αI], [αU], [æ̀:I], [æ̀:U], [eI], [⊖U], [ɪə/ï:ə], [Uə/ù:ə].

Eis Ëmganksprooch kennt 8 Vokalkoppelen (Diphthongen) mat den Hallefvokaler i an u. Bei allen aacht läit den Haapttoun um viischte Laut.

Dräi gin dër anescht geschriwwe wéi geschwat:
ëu [⊖U] schreift sech ou (d'lescht Jorhonnert huet nach en o eraushéieren),
ai [αI] schreift sech ei (nom Däitschen), ma als au-Ëmlaut ai,
äu [æ̀:U,èU:] schreift sech grad ewéi au.

Fir méi genee ze sin, léiss sech och ëu an äu huelen, ma den Dixionär mécht dat nët, wéinst dem franséischen eu(= ö) an dem däitschen eu, äu(= oi).

Hallefflaang an iwwerlaang Duebelvokaler ënnerschede mer nët an der Schrëft.
ie [ɪə/ï:ə]   an ue [Uə/ù:ə]   (hallef-/iwwerlaang) stin eemol wéi d'anertmol,
éi [eI]   an ëu [⊖U]   (hallefflaang) schreiwe sech éi an eu,
äi [æ̀:I/èI:] an äu [æ̀:U/èU:]   (iwwerlaang) zeechne mer jhust hallef (äi, ma au = äu/au),
ai [αI]   an au [αU]   (hallefflaang) sti wéinlech als ei an au nom Däitschen;
                                ai steet, wou d'Däitscht au, äu huet an als Ëmlaut.
                                Geléint Wierder behalen en och: Detail, Pai, Paiaass, Tail.

Den ai/äi-Ëmlaut as zweegleiseg; e soll duerfir däitlech geschriwwe gin:
ai gët Ëmlaut vun au an äu: sauer-Saier/Bau-Gebai; äi vum äu eleng: Schlauch-Schläich.

Eisen äu huet zweërlee Ëmlaut (äi/ai), an dat no dëser Regel:
Westgerm. û > lëtzeb. äu/au laut ëm op äi/ai viru schaarfe/mëlle Lauter an der aler Endong:
Fäischt(Fäuste), Schläich(Schläuche), ma: Lais(Läuse), Mais(Mäuse).

D'Holländescht kann och de Verglach gin: Hait, Kraider (ndl. huiden, kruiden < germ. d, nët hd. t; duerfir lëtzeb. ai, nët äi. Vgl. KONSONANTEN 2b.

Wéi no laange Vokaler schreift een no Duebelvokaler kee Konsonant zweemol oons de schaarfen ss, keen ck a keen tz.
au (= au):   Bauer, Drauf, haut, Kaul, Klaus, lauden, Mauer, Rau, schlau, Schrau, trauen
au (= äu):   Braut, Dausch, elauter, eraus, Haut, Klauschter, Raut, Strauss, Trausch
äi: Äis, bäissen, däischter, fräi, Läim, näischt, Päif, Schwäin, wäiss, wäit

---

*) ie an ue [ɪə/ï:ə], [Uə/U:ə] splécken sech allebéid op an 2 Phonemer — hallefflaang an iwwerlaang, z.B. Bier « Bahre » [ɪə] ≠ Bier « Bär » [ï:ə]; muer « morgen » [Uə] ≠ Muer « Moor » [U:ə]. Am Monn vun der jéngster Generatioun verwëscht deen Ënnerscheed sech eweï d'Hallef- an d'Iwwerlängt iwwerhaapt. Ma [ï:ə>ɪə], [U:ə>Uə] si phonetesch kees ze verwiessele mat den zweesilbegen [i:ə], [u:ə], déi mer ëf, uë schreiwen; uechtgin op [ɪ≠i] an [Uə≠u], z.B. Schwier « Schwäre » [ï:ə] ≠ schwiër « schwer » (Éislek, Sauer) [i:ə], Wuer « Ware » [U:ə] ≠ wuër « wahr » (Éislek, Sauer) [u:ə]. An der Längt as et enges, ma den Usaz an den Iwwergank si verschidden; dat deet äis [ï:ə], [U:ə] monophonematesch an [i:ə], [u:ə] biphonematesch opfaassen. Vgl. Sonner Sproochen.

ei/ai:	Beidel, dreiwen, Gei, Leit, nei, weit; Gezai, Raiber, schaimen, Straiss, Traisch
éi:	béis, Déier, géi, héich, Kéier, Kléi, kréien, séier, Schnéi, Tréier, Wéischt, zéi
ie:	Biesem, diebelen, fierwen, giel, Hiecht, lieweg, mierf, Ried, Schiet, Wiel, Ziedel
ou:	Bouf, Dous, esou, frou, Kouert, Mous, Poul, roueg, Stouss, wouer, Wouscht, zou
ue:	Buedem, duer, fueren, huel, Juegd, Kuel, Kuerf, lueden, Ruecht, Suerg, Uewen

Eis r-Regel no Duebelvokaler:
Halleflaang ai/ei, au, éi, ou gët et wuel virun -er, ma nët virum -r:
Auer, Faier, Leier, Ouer, Schéier. (No Duebelvokaler kritt den *e* keng Ponkten !)
Iwwerlaang äu an äi stin an der Emgankssprooch néierewou virun -r odder -er; ie an ue stin als eenzeg Duebelvokaler virum -r, ma si sti keemol um Enn vum Wuert. Nëmme wann en *-n* ewechfällt, komme se duer: *hie kënnt, wie seet ?* (= jhust bei *dien, hien, wien*). Virun *ch*[ç], *j*, *k* gin se bal *ié, ué* [ɪ:ë], [ʊ:ë] geschwat, ma dat schreiwe mer nët.

E verwëschten r hannert ie-, ue- muss geschriwwe gin.
Duerfir: *Wuer gees de ?* (nët: *Wue gees de ?*) — *Duerhannen* (nët: *Duehannen*).
(Fir den echten *ie, ue* vum verschlaffenen *ir, ur* (< *ier, uer*) z'ënnerscheden, vgl. d'r-Regel no laange Vokaler.)
Geléint däitsch a geléiert Wierder hun och [ɔʸ] = **eu, äu; wou en op lëtzebuergesch virkënnt, gët oi geschriwwen.** Franséisch Vokalkoppelen ewéi *ay, oi, ui* asw. zielen nët fir Duebelvokaler; mir ernimmen se jhust wéinst der Schrëft.

[ɔʸ]:	dt. *eu, äu:*	enttäuscht, Heuchler; griich. *eu: Europa, neutral, Rheuma*; wa lëtzeb., dann *oi: Moïen*(>*Muergen*), *Oijee*(>*Oeuillet*)
[ɑɪ:]:	fr. *ail, aï, ay:*	Bail, Detail, Email, Faïence, Faillite, Maillot, Mayonnaise
[ɛɪ:]:	fr. *ay, eil:*	Conseiller, Corbeille, Crayon, Paysage, Réveillon, vermeil
[Θɪ:]:	fr. *euil, oeuil:*	Chevreuil, Deuil, Fauteuil, Feuille de route, Oeuillet
[ʊɪ:]:	fr. *ouil:*	Bouillon, Brouillon, débrouilléieren, Douille, Fouille
[ʊɑ/ʊa:]:	fr. *oi:*	Coiffeur, Convoi, Droit, Toile cirée, Toilette, Trottoir, Voile
[ʊɑɪ]:	fr. *oy:*	Employé, Foyer, Loyer, Moyen, Moyenne, Voyageur, voyons !
[ʸɪ/ʸi:]:	fr. *ui, uy:*	Ennui, Fuite, Huis clos, Huissier, Puisette, Suite, Tuyau
[ⁱe]:	fr. *ié, ie:*	Associé, Courrier, Epicier, Pied-à-terre, Portier, Rentier
[ⁱɛ/ⁱɛ:]:	fr. *iè, ie:*	Barrière, Carrière, Pièce, Pierre, Première, Relief, Siège

Geléint englesch, italiéinesch a soss friem Wierder behale meeschtens och hir Vokaler; mir gin nët extra hei drop an.

4. Vokaler an onbetounte Silben.

Eis Haaptregele gëlle fir betount Vokaler. **An onbetounte Silben as de Vokal zum dackste kuurz; duerfir setzt een do gewéinlech kee Konsonant duebel derhannert.**
Virsilben: *Bagaasch, Bromee, Familjen, Figur, Galosch, Kamäin, Kuraasch, Manéier, Reklam;*
Ennsilben: *Begänknis, Dëmpel, Gellep, Kinnigin, Pillem, Schappen, Sieschter, Sinnef, wëlles.*
Wéi am Däitsche gët kees verduebelt bei *-el, -em, -en, -er, -es, -in, -is.*
No laange Vokaler kritt och den onbetounten *ë* Tëppelen, ma all Kéier muss een se nët setzen: *Aën, Eër(Ar), froën, goën, haën, Hoër, Leër(Lär), Schiër(Skier), Suën(sous).*
Wann een awer ganz Wierder uneneesetzt, schreift een dat onbetount och, wéi wann et eleng sting, d.h. d'kuurz Vokaler mam duebele Konsonant:
Äärdnëss, Grummwiss, Hondsmëll, Kappstëmm, Klinnsprëss, Setzënn, Spatzminn.

1373

Franséisch Wierder behale gär hir Schrëft, och wa mir s'anescht betounen. Bei äis kritt ewéi am Däitsche ganz dacks d'viischt Silb den Akzent, ma duerfir muss hei nët all Konsonant duebel gesat gin:
 Bëtong, Brëtell, Brigang, Brikett, Fiténg, Galong, Karaff, Kulang, Modell, Notār, Paraff, Rido, Rubarb, Salong, Tirage, Zigar.

Wann d'Wuert ewell méi eng Lëtzebuerger Fassong huet odder schons eng däitsch besteet, da kënne mer och no eiser Grondregel fueren (d'Konsonante verduebelen):
 Ammelett, Fritten, Giddong, Gubbeli(Gubli), Jhilli, kammoud, Monnonk (= mon oncle), *Mattant* (= ma tante). Den Dixionär schreift och: *Mamma, Pappa* (wéinst der Betounong).

Uecht gin op véiererlee Endongen:

-ek	liese mer -éck [ek]:	Billek	-eck	liese mer -äck [ɛk]:	Motzeck
-el	liese mer -ëll [əl]:	Bëtschel	-ell	liese mer -äll [æl]:	Flanell
-éng	liese mer -éng [eŋ]:	Koséng	-eng	liese mer -äng [ɛŋ]:	eleng
-et	liese mer -ët [ət]:	et (dat, hatt)	-ett	liese mer -ätt [æt]:	Forschett

Bei *-ef, -el, -em, -en, -ep, -er, -es, -esch* as bal ëmmer *ë*[ə] gemengt, bei *-ech(-eg)* ëmmer *é*[e].
Franséisch Wierder op *-elle, -enne, -esse, -ette* (an iwwerhaapt Wierder mam stommen *e*) loosse mer dacks stoë wéi gewéinlech: *Ficelle, Persienne, Vitesse, Poussette.*

KONSONANTEN

Am Lëtzebuergeschen ënnerschede mer se der Längt an der Stëmm no: kuurz a laang, mëll a schaarf. Eis meescht Konsonante sin nëmme kuurz, jhust Nues- a Säitelauter (*m, n, ng* [ŋ] — *l*) si kuurz a laang: *stall*(still) — *Stall*(Stall), [ʃtɑl] — [ʃtɑl::]; *wann*(wenn) — *Wann*(Getreidewanne), [vɑn] — [vɑn::].

Kuurz a laang Konsonante schreiwe mer eent ewéi d'anert. Zum éischten, well d'hallefft Land keng laang schwätzt, ma an hir Plaz d'Vokaler zitt, an och, well een eis Iwwerlängten haut nët méi esou kloër héiert wéi soss (vgl. Vokaler).

Laang Konsonànten («Schwieflauter») hu mer nëmmen no kuurze Vokaler. Si stin duerfir souwéisou duebel oons *nk* [ŋ::k], wann nët nach Konsonanten nokommen. Mir huelen un, 't liest een se vum selwe richteg: *-ld, -lz, -mp, -nd, -nk, -nz* sin op jidde Fall laang um Enn vum Wuert. Oons déi gin et dër nët vill, wou ee muss roden (*-ll, -mm, -nn*):
 Bänk, Damp, Fall, Gold, Hond, Kamp, kómm(gekommen), *Mann, Mënz, Onk, Schëld, Walz, Zonk.*

Eis Konsonantenzeeche weisen nom Dixionär zweërlee:
 wéilaang de Vokal virdrun dauert (Quantitéit vum Vokal)
 a wéi de Konsonant selwer klénkt (Qualitéit vum Konsonant).

1. Quantitéitsregelen (vgl. Vokaler).

Duebelgeschriwwe Konsonanten, am Wuert odder um Enn, bedeite jhust, datt de Vokal virdru kuurz as. Virum eenzelne Konsonant gët de Vokal laang gelies (vgl. Vokaler 1-2).

No Duebelvokaler (Diphthongen), déi souwéisou laang sin, steet duerfir kee Konsonant zweemol. An onbetounte Silbe brauche mer och nët ze verduebelen, well do sin eis Vokaler gemengerhand kuurz (vgl. Vokaler 3-4).

227

Nët all eis Konsonante loossen sech duebel schreiwen.
Verduebelt gin nëmme b/p; d/t; g[g]/k; w[v]/f; s[s]; l, m, n, r an z[ts].
Amplaz *kk* huele mer *ck*, amplaz *zz*[ts] steet *tz*. Wa mer d'Wuert splécken, as et *k-k*, awer *t-z*.
Dee Grapp kuurz Wierder, wou mer kees verduebelen, as bei de Vokaler ernimmt (1a). Wéi *g* an *s* ze schreiwe sin, widderhuele mer elei ënner (a, b) (= Vokaler Ib, c).
Vgl.: *Sabel* — *Sabbel*; *Redel* — *Ruddel*; *afen* — *affen*; *Neger* — *Bagger*; *paken* — *packen*; *Bal* — *Ball*; *Krom* — *kromm*; *Pan* — *Pann*; *Kap* — *Kapp*; *mar* — *Marri*; *Glas* — *lass*; *dat* — *datt*; *awer* — *iwwer*; *Plazen* — *platzen*.

(a) Wann de g [j] odder [γ] geschwat gët, steet e keemol duebel; och de Vokal virdrun nët, e sief kuurz odder laang.
kuurz — [j] virun *i*: *Kigelchen, Rigel, Sigel*/[γ] virun *u*: *Dugend, Kugel, Vugel*;
laang — [j] virun *i, e*: *Fliger, Segel*/[γ] virun *a, o, u*: *Lager, Groussherzogin, Jugend*.
Wou de *g* als franséische [3] gelies gët, steet en och jhust eemol: *Roger* (*o* kuurz), *Loge* (*o* laang). Duebel-*gg* géif ëmmer [g] gelies (vgl. Vokaler 1b).

(b) De mëllen s[z] schreiwe mer keemol duebel; de Vokal virdrun och nët, e sief kuurz odder laang.
kuurz: *bëselen, Dusel, Fusel, Kisel, Rosel, Wisel*;
laang: *Brosi, draseg, Hesert, Osécken, Tasekëppchen, Zesi*(Saisie).
Duebel-*ss* gët ëmmer schaarf gelies; ma och de schaarfen *s* steet ni duebel um Ufank vum Wuert. Nom Franséischen as et hei: *Sachet, Service, Souvenir*, wann de Lëtzebuerger nët grad en z[ts] an d'Plaz schwätzt: *Zaschee, Zerwiss, Zuvenir*.

Konsonanten, déi mer mat 2, 3 Buschtawe schreiwen, stin nélerens duebel.
Virun ch(ech-Laut/och-Laut [ç/x], **jh**[ʒ], **ng**[ŋ], **sch**[ʃ] — **an och virun** x[ks] — **muss de laange Vokal duebel stoën.**
kuurz: *Zich, Zuch, Pujhel, Frang, Nascht, Duxall*;
laang: *Liicht, Luucht, Piijhen, Schlaang, Haascht, Aax*.
Bei méi Konsonante steet keemol een duebel, 't sief dann, d'Wuert as zesummegesat.
z.B. - *kt* -: *Apdikt, direkt,**) awer - *ckt* - : *Jhicktubak, Ticktack,*
 - *ks* -: *Diks* (disque), *diksen,* awer - *cks* - : *décksen, Specksäit,*
 - *lm* -: *Film, Schelmenaart,* awer - *llm* - : *Bollmiel, Follmillen,*
 - *ml* -: *Omlett, Rëmléng,* awer - *mml* - : *himmlesch, nämmlech,***)
 - *ms* -: *Brems, fumsen,* awer - *mmz* -: *flemmzeg, Hemmzert,*
 - *nd* -: *Bëndel, Rondel* awer - *nnd* - : *Sonndeg, Zänndokter* asw.

Eng Flexiounsendong zielt fir e sonnert Stéck am Wuert. Haapt-, Egeschaafts- an Zäitwierder mat kuurzem Stackvokal verléieren ni e verduebelte Konsonant virun *-s, -t, -st*(*en*), *-chen* asw.:
déck — *Déckt; dënn* — *Dënnt; klappen* — *Geklapps; wullen* — *Gewulls; blann Gromperen* — *blannt Glas; graffe Buschtaf* — *dat Graffst vum Graffsten; Drëpp* — *Drëppchen; Fouss* — *Féisschen; schaffen* — *du schaffs, hie schafft; Och ck an tz bleiwe sin: dacks, du strécks, hie sëtzt* asw.
Opzepassen as jhust, wou een nom Däitschen nët verduebelt: *hien hält, du hëls, 't gëlt*.

---

*) Wa mer éisléckesch schreiwen, gi mer awer de [-kt] (amplaz guttlännesch -*t*) mat -*ckt* erëm: *hockt*(*haut*), *Leckt*(*Leit*).

**) D'Lëtzebuergesch ënnerscheed *nämlech* (= *dat heescht*) an *d'nämmlecht* (= *d'selwecht*).

1375

D'Stacksilb mat laangem Vokal kann duurch e kuurzen Ëmlaut e Konsonant bäikréien:
De Vokal muss kënne kuurz gelies gin.
Af — Äffchen; Schaf — Schäffchen; Trap — Träppchen; Zap — Zäppchen.
Sou soll een och bei den Ennsilben *-ek*, *-ik*, *-in* de Konsonant verduebelen, soubal *-en* drugehaang gët:
Béckelek — Béckelécken; Éislek — Éislécker; Kiewerlek — Kiewerlécken;
Mekanik — Mekanicken; Kinnigin — Kinniginnen; Léierin— Léierinnen.
Ma den Dixionär fiert do selwer nët esou streng; 't geet och:
Flillik — Flilliken; Kinnek — Kinneken; odder:
Brilléck — Brillécken; Buttéck — Buttécker.

Ëmgekéiert heescht et, wann e Wuert deklinéiert odder konjugéiert gët odder soss eng Endong kritt, all laange Vokal verduebelen, soubal e Konsonant bäikënnt:
De Vokal muss kënne laang gelies gin.
äre Pir — äärt Finn; hir Kanner — hiirt Kand; afen — Geaafs; erkalen — erkaalt; lafen — dir laaft; no — am noosten; e gudde Rot — nët rootsem.
'T kann awer hei och emol en duebelgeschriwwene Vokal duurch eng Endong nët méi néideg sin:
Biitchen — Bitercher; Kleeschen — Klesercher; Meedchen — Medercher; Reen — renen; Seel — Seler; deen — denen.
Jhust wou d'Betounong mat am Spill as, loosse mer de Vokal duebel stoën:
deemools, keemol, zweemol a besonnesch *eemol* fir z'ënnerschede vun *emol*.

Wann awer zwee ganz Wierder zesummegesat gin, dann ännert dat vüscht nët, och nët, wann et no engem laange Vokal e Konsonant bäikritt.
Ball — Ballspill; Dir — Dirwiechter; molen — Molkëscht; Pap — Papschossel; Ribb — Ribbsom; Sak — Sakduch. Jhust den *-n* fällt aus: *Reen — Reebou.*

Nëmmen eemol a fir sech eleng steet de sonneren « n » tëscht onbetounte Firwierder. Wann d'onbetount Firwuert « en »(hien) hannerun « de » odder « se »(du, si onbetount) stoë kënnt, da musse mer en n dertëschent schwätzen.
Soss géif d'Firwuert *(en)* mam onbestëmmten Artikel *(en)* verwiesselt:
Hu se n en elo? Awer: *Hu si en elo? Hu se hien elo?*
Kenns de n en erëm? Awer: *Kenns du en erëm? Kenns du hien erëm?*

Verbalendonge viru Firwierder a soss am Saz stin zum Deel sonner (« s », « en »), zum Deel gin s'un d'Firwuert drugeschriwwen (« -t »):
An Niewesätz (eendun, ob se mat Firwierder, Frowieder odder Konjunktiounen ugin) steet virum Firwuert du(de) deen *-s* fir sech, dee soss nëmmen d'Verb an der zweter Persoun kritt.
Wann s de mengs..., wuer s de gees..., wéini s de waars..., datt s d'et weess....
Och viru *mir(mer)* a *si(se)* gouf fréier am Niewesaz dacks d'Verbalendong *-e[n]* (1./3. Persoun) virum Firwuert ewell geschwat: *datt en si duechten..., iert e mir koumen* asw.
Un d'Firwuert *dir, der* (= ihr) an un Adverbe knëppt sech etlechmol d'Verbalendong *-t* fir déi 2. Persoun, wann et eng Uried odder en Uerder soll sin: *Heit ! Dot ! Sout !*
De laange Vokal verduebelt sech hei, wann zwéi Konsonante beieneekommen: *Nediirt ! Geldiirt !*

2. Qualitéitsregelen.

Eis Schrëft deelt s'am kammoudsten esou op:
Hauchlaut — Säiten-, Nues- a Schwénglauter — Verschloss- a Reiflauter — Lautkoppelen — Hallefkonsouanten.

Den **Hauchlaut** [h] gët nëmme geschriwwen, wou een e schwätzt, d.h. um Ufank vum Wuert. De Buschtaf *h*, wéi en am Däitschen dacks nom Vokal steet (fir deen ze längen), gët et fir äis nët.

Mir schreiwe keen *h*, wann en nët gesot gët, z.B.: *Drot, Gefor, no, Rei, Weier* (däitsch: Draht, Gefahr, nahe, Reihe, Weiher).

Jhust a frieme Wierder a bei Nimm loosse mer deen *h* etlechmol sin, fir datt een s'eremkennt: *Bühn, Fernseh, Führerschäin, Kühler, Ohn*(Ahn), *Rhäin, Theater, Thees, Truh.*

Wat mer natiirlech och kees schreiwen, as den Hauch um Ufank beim schaarfe Konsonant. D'Héidäitsch mécht dat och nët.

Mir schwätzen: [pʰà::ɐt] — [tʰà::ɐt] — [kʰà::ɐt];
mir schreiwen: *Paart — Taart — Kaart.*

Eis Vokaler hu mëllen Asaz (franséisch), d'Konsounanten haarden (däitsch).

De bestëmmten Artikel, oons männlech/Eenzuel, (*d'* = F. + N. Sing./M.F.N. Plur. = *déi, dat/déi*) an d'sächlecht perséinlecht Firwuert (*'t = et, hatt*) sin ouni Stëmm an ouni Hauch.

Dem Gehéier no ënnerschede mer [d] — [t/ḍ] — [tʰ/ḍh],
z.B. *dee*(teig) — *d'Ee*(das Ei) — *T*(Buschtaf « T », geschwat ewéi *d'Hee*: das Heu) odder: *déi*(die) — *d'Éi*(die Ähre) — *Téi*(Tee).

Ma mir brauche keng dräi Zeechen, well *d'*[ḍ] verléiert ëmmer d'Stëmm, *'t*[t = ḍ] kritt ni den Hauch an *t*-[tʰ] um Ufank virum Vokal huet en ëmmer.

Säitelauter (l), Nueslauter (m, n, ng) a Schwénglauter (r) schreiwe sech wéi am Héidäitschen; den ng[ŋ] virum k gët zum n gekiirzt (nk).

Mir schreiwen: *Bal, Dall, Flam, Gar, Ham, Hond, Jharr, Komp, Lann, Mamm, Numm, Pan, Plang, Rank, Schwamp, Spann, Tur, Zaang, Zénk.*

« Schwieflauter » gi keng extra gezeechent (vgl. 1).

Den -*ng* virum *g*- an zesummegesate Wierder, apaart bei *ong-(on-)*, gët nët gekiirzt, well d'Héidäitscht keng esou Beispiller huet: *onggeféier, onggemällech, onggeruet.* (Mir soën awer och: *ongeféier, ongemällech, ongeruet* asw.)

Den r « rullt » d'Émgangssprooch nët, si « schappt » e bal wéi e mëllen ch. 'T as enges, ob een e mat der Zong [r] odder mat der Strass [ʁ, χ] schwätzt: eist Zeeche bleift r.

Bei Verschlosslauter (b/p, d/t, g/k) a Reiflauter (w[v]/f, s[z]/ss[s], jh[3]/sch[ʃ], j/ch[ç], g[γ]/ch[x]) ënnerschede mer (a) um Ufank an am Wuert, (b) um Enn vum Wuert.

(a) Verschloss- a Reiflauter um Ufank an am Wuert:

Geschwat ewéi op däitsch — geschriwwe wéi op däitsch.

Ofgesi vun der Aussprooch gët nëmme beim g = [g, j, γ, ʒ].

Den *ch* bedeit « ech-Laut »[ç] an « och-Laut »[x] ewéi am Däitschen.

Matbäigeholl gi **jh**(«franséische j ») fir [ʒ] an a frieme Wierder **c** fir [k] an [s], **ch** fir [k] an [ʃ], **ph** fir [f], **qu** fir [k] a **v** fir [v].

[g/γ] = g:
Den héidäitsche g[g] *) (Verschlosslaut) schwätze mer nëmmen um Ufank vun der Haaptsilb an an der Virsilb ge-; jhust an Nimm an a geléinte Wierder gët et en och am Wuert:
Bagger, Bugrang, Buggi, Neger, Waggong — Beggen, Diggel.
Franséisch Wierder hu g als [g] nëmme virun *a, o, u,* an *l, r,* soss muss *gu* fir [g] stoën:
Garage, Glace, Godet, Gourmet, Gros, dégustéieren awer: *Gueulard, Guichet, Guide.*
De plattdäitsche g[γ] (Reiflaut) gët et nëmmen tëscht Vokaler; d'Ëmgankssprooch kennt e jhust nom kuurzen [ʊ], oons a frieme Wierder, wou se n en och no [o:] an [a:] seet. En héiert sech un ewéi e schwaachen [ʁ], 't as an « och-Laut » mat Stëmm, ma mer schreiwen en ëmmer g:
Dugend, Kugel, Vugel, onduguen; bedrugen, erzugen, geflugen.
Grad esou schwätze mir de g dacks a geléinte Wierder:
Groussherzogin, Jugend, Lager, Tagung.
Fir déi puer Wierder brauche mer keen extrat Zeechen, och nët fir de [j] op Plazen, wou en dem [γ] säi Guet as an och g geschriwwe gët (vgl. [j] = *j/g*; Vokaler 1b):
Kugel — Kigelchen, Vugel — Vigelchen, verlugen — Ligener.

[k] = k/q/c/ch/qu:
De [k]**) steet ewéi am Héidäitschen ëmmer als k (verduebelt: ck); wou tëscht k a Vokal en halwen u geschwat gët, ëmmer als q. De *q* gët et nëmmen um Ufank vun enger Silb, néierens um Enn.
Mir schreiwen: *Akaul, baken, Bäcker, Deckel, Kabes, kal, Kaz, mackeg, Réck, Sak*;
awer: *Gequellter, verquëssen, quëtschen, Quetsch, Quisel, quokeleg, Quonk, quot.*
A frieme Wierder gi mer de *k* ganz dacks mat *c* erëm odder mat *qu* (op franséisch *c* virun *a, ai, o, u, l, r* — *qu* virun *a, ai, é, e, è, ê, i*/d.h. virun *a, ai* = *c* od. *qu)*:
Calque, Caisse, Clairon, Contraire, Crayon, Cuvette — Quai, Quartier, Quête, Quiche.
Friem Wierder verdroën och *kk* an *cc*: *Akkont, Akkuerd, Mokka — Accroc, d'accord.*
Mam *ch* si mer spuersem: *Charakter, Christin, chronesch,* awer: *Kouer, Krëschtdag, Krëschtnech.*

[f] = f/v/ph:
Den [f] steet als f/v nom Héidäitschen nëmmen um Ufank vun der Haaptsilb a vun de Virsilbe vir- a ver-; soss am Wuert gemengerhand als f.
Fiischt(First) — *viischt*(vorderst); *féier*(führe/fahre!) — *véier*(vier);
Féi(Feh, Iltis) — *Véi*(Vieh); *fir*(für) — *vir*(vor/vorne); *Funn*(Fahne) — *vun*(von).
Wa *v* am Wuert virkënnt, dann nëmmen do, wou eng Silb ugeet:
averstan, Gevuedesch, onverhuckels, onverschimt, Onverstand, Polver.

---

*) Genee geholl mécht de Phonem *g* zwou positionell Varianten, déi eist Ouer knaps auserneenhält: [j] virun *i, é* (= « viischte g »), [g] virun *ä, a, o, u* (= « mëttelste bis hënneschte g »). Mir zeechnen déi zwéin hei och phonetesch nëmme mat [g], well néierens eppes ze verwiesslen as. Vgl. **).

**) Grad ewéi de [g] mécht de [k] zwou positionell Varianten: [c] virun *i, é* (= « viischte k »), [k] virun *ä, a, o, u* (= « mëttelste bis hënneschte k »). Béides schreiwe mir *k,* och phonetesch [k]. An Éislécker Sprooche, wou virun *-d-/-t* dacks «gutturaliséiert» gët (> *-gd-/-kt* = epenthetesche *-g-/-k* virum Dental), léissen sech fir *g, k* no donkle Vokaler [ɔ, ʊ] esouguer [G, q] asetzen (= uvulare *g* od. *k,* beim Zäppche mat der hënneschter Zong artikuléiert); ma mir huelen och hei [g] a [k]. Vgl. Sonner Sproochen.

1378

Jhust a geléinte Wierder, besonnesch wou d'Lëtzebuergescht eng Silb ofgeschläff huet do steet en och um Enn:

aktiv, brav, Nerv, Oktav, Offensiv, Spektiv, Uedem an Éiv;

soubal eng Endong drukënnt, liese mer w[v]: *e brave Kärel, Nerven.*

A frieme Wierder gët och *ph* geschriwwen: *Geographie, Philharmonie, Katastroph.*

[v] = w/v:

Den däitsche w (= franséische v) schreiwe mer a Lëtzebuerger Wierder jhust mat w.
Bawel, bleiwen, glewen, Huwwel, kniwwelen, Niwwel, Sewel, Wal, Wee, Wo, Wuurm.

A geléinte Wierder aus dem Franséischen odder dem Laténgeschen, wou d'Héidäitscht gär de *v* stoë léisst, do hale mir e meeschtens och: *Avis, Enveloppe, Nouvelle, Revue, Vakanz, Vanill, Vas, Verb, vis-à-vis, Visitekaart, Vitamin, Voiture, Volant, Vote, Vue.*

Dat heescht awer nët, de *w* wir hei verbueden; wou d'Wuert duurch d'Aussprooch odder d'Endong méi e Lëtzebuerger Aschlag kritt, setzt den Dixionär en dacks:

Wallissen, Wëlospompel, Wermischel, Wollowang(Vol-au-vent), och: *Diwwi, Ziwwi.*

[z] = s/z; [s] = s/ss/c/ç/t:

Um Ufank vum Wuert huet eis Sprooch nët bal schaarfen [s]; nëmmen a geléinte Wierder, wann een nët léiwer z[ts] an d'Plaz schwätzt.

Wou [s] geschwat gët, geet um Ufank een *s-* derfir duer, wann d'friemt Wuert nët *c-* huet (virun *i, é, è, e*): *Salon, Centre, Cinema, System* — och: *Zalong, Zênter, Zinêma, Zistem.* A geléinte Wierder kann *z-* um Ufank awer hei ands do mëllen [z] bedeiten: *Zéro, zut !*

Am Wuert kënnt mëllen [z] a schaarfen [s] vir:

Mir schreiwen am Wuert de mëllen s nëmmen eemol an de schaarfen s nëmmen duebel, de Vokal virdru sief laang odder kuurz (vgl. Vokaler 1c). Den däitschen ß ersetze mer wéinst eise Schreifmaschinnen duurch *ss.*

mëllen *s: broselen, Dosen, Dusel, haseleg, Iesel, Riselen, rosen;*
schaarfen *ss: baussen, e bëssen, Deessem, iessen, Stéisser, Täissel.*

A frieme Wierder léisst sech awer och *z* fir [z] an *c, t* fir [s] schreiwen (*ç* virun *a, o, u*):

mëllen *s: Gaze, Gazette, Gazon;* ganz rar steet och *x: Sixième.*
schaarfen *ss: Demokratie, Explikatioun, Face, Farce, Garçon, Konversatioun, Reçu, Soupçon.*

[ʒ] = jh/g/j:

De « franséische j » (mëllen sch) schreiwe mer meeschtens jh:
Jhang, Jharr, jhauwen, Jhämp, Jhick, jhummen, jhurren; grujheleg, knujhelen, Pujhel.

Jhust Wierder, déi hir franséisch Fassong behalen, déi stin deemno virun *e* mat *g/j,* virun *a, o* mat *ge/j,* virun *i, y* mat *g* a virun *ou, u* mat *j:*

gentil, Jeton; changeant, Georges, Jaquette, Jolibois; Gilbert, Gymnase; Journal, Jupe, Jus.

[ʃ] = sch(-l,-m,-n,-w)/s(-p,-t)/ch:

Wéi am Héidäitsche schreiwe mer um Ufank vun der Silb sch viru p an t nët aus: sp, st; och spl, spr, str. Dat geet ganz gutt, well mir op där Plaz keemol *s-p, s-t* schwätzen. Och zesummegesate Wierder kënne mer duerfir mat *sp, st* schreiwen, soulaang déi zwéin an eng Silb falen:

Spaass, Spill, Spläiter, Spléck, sprock, sprangen — Heesprénger, Holzspläiter, Mondspill. Stack, stäif, Stréckel, Strumm — Huerstack, Schongstréckel.

【資料 5】 1975 年の正書法

1379

Wou mer awer am Wuert sch-p, sch-t op zwou Silbe leën, do muss et ausgeschriwwe gin: *baschten, Buschtaf, Eschtrech, Inschpekter, Moschtert, Paschtouer, rëschten, Sieschter*; soss liest een *s-p*, *s-t*: *Aster, Éisträich, Kasperlek, Lastik, Mastik, pësperen, Vesper*.

Besonnesch an Nimm vun Uertschaften heescht et uecht gin: *Eeschpelt*(Tarchamps), *Ischpelt*(Urspelt), *Krëschtnech*(Christnach), *Méischtrëf*(Mœstroff); esou ënnerscheed ee gutt: *Keespelt*(Keispelt), *Nouspelt*(Nospelt), *Uespelt*(Aspelt).

Um Enn vum Wuert muss een sch-t ëmmer ausschreiwen, well den s-t gët et och do: *Aascht, Frascht, Këscht, Loscht, Rescht — Fest, Poopst, Post, Test*.

A franséischen a geléinte Wierder däerf *ch* fir [ʃ] stoën: *Archiven, Châmber, Chauffeur, Chirurg, Couche, Recherche, Tranche*.

[j] = j/g:
Den «däitsche j» (no beim halwen i) steet um Ufank vum Wuert als j, ma am Wuert (no i, e, éi, l, n, r, t, och virum l) als g: *deeglech, digelech, Ierger, Kigelchen, Ligen, méiglech, Segen, Uergel, Vigel* (vgl. Vok. 1b); och an e sëllechen Uertsnimm: *Déilgen*(Dillingen), *Diengen*(Dœnningen), *Lëntgen*(Lintgen).
Nëmmen a Wierder wéi *Andiljen, Familjen, Pompjen, Schantjen, Trueljen*, wou d'Franséischt *-ier*, *-ille* huet, gët e grad geschriwwen, wéi e geschwat gët. Dat gëlt och fir *Veijoul, vajouleg*, wou de *j* aus dem *i* kënnt. Dacks schreift sech béides: *Billet(Biljee), Oeillet(Oijee)*.
Och amplaz *-ng* (-éng, -ong) ka *j* stoën: *Ännerjen, Mengjen, Stelljen* (= -ong); no engem *i* setze mer do awer besser -g-: *Ännerigen*, an um Enn *-ch*, *-cht*: *Andillech, Mengecht* asw.
Uertsnimm op *-éngen* (-éng, -ang) stin dacks mat *-gen*: *Géidgen*(Gœdingen), *Rullgen*(Rullingen), ma 't wir och kee Feler, se mat *-j-* ze schreiwen: *Ouljen* (Olingen), *Rëmëljen* (Rümlingen) asw.
Vereenzelt steet a geléinte Wierder och um Ufank g- fir [j]: *Generatioun, Generol, Geographie* (= hd.[g]/frz.[ʒ]/lëtzb.[j]!).

[ç/x] = ch:
Wéi am Héidäitsche steet ch fir « ech-Laut » [ç] an « och-Laut » [x]. Allebéid komme se nët um Ufank vum Wuert vir.
En « ech-Laut » schwätzt d'Ëmgankssprooch no helle Vokaler (i, e, ä; och ö, ü) an no Konsonanten. En « och-Laut » schwätzt se no donkle Vokaler (u, o, a).
D'Duebelvokaler ie an ue gi virum ch (« ech-Laut » !) lé an ué geschwat (ma ouni Stréch um e geschriwwen). 'T muss een ewell gutt lauschteren, fir deen Ënnerscheed matzekréien.
« éch-Laut »: *dichtegt, Eechel, Frächen, héichen, Späicher, stiechen, uechter*;
Ellchen, Meedchen, Spënnchen, Tiitchen.
«'och-Laut »: *fluchen, broochen, gaachelen; Houchzäit, stauchen*.
D'Aussprooch vum « éch-Laut » an der Endong *-chen/cher* (Diminutiven) wiesselt vun [ç] iwwer [j] bis zum [ɪ]. (Vgl. Hallefkonsonanten.)

(b) Verschloss- a Reiflauter um Enn vum Wuert:
Geschwat ewéi op däitsch — geschriwwe wéi op däitsch,
anescht geschwat ewéi op däitsch — geschriwwe wéi op geschwat.
Souwäit d'Lëtzebuergescht an d'Héidäitscht matenee Verschloss- odder Reiflauter hun, souwäit gin s'op déi däitsch Manéier geschriwwen, mëll odder schaarf — och wa mer wëssen, datt mer déi Lauter um Enn ni mat Stëmm schwätzen: Da's d'Gesetz vum haarden Auslaut.

1380

Am Lëtzebuergesche verléiert (grad ewéi am Hd.) um Enn vum Wuert all mëlle Konsonant séng Stëmm (oons *l, m, n, ng* an *r*), d.h. *b, d, g, w, s, jh, j* gi schaarf geschwat ewéi *p, t, k, f, ss, sch, ch*. (Virun engem Ufanksvokal am Saz spillt eng aner Regel; vgl. D'Wierder am Saz, 2.)

Mir soën: *Kueben — Kuep, Broden — Brot, Figen — Fi(c)k, Drauwen — Drauf, Nuesen — Nuess, Piijhen — Piisch, Dejen*(Tagen) *— Deech*(Tage), *La*γ*en*(Lagen) *— Laach*(Lage).
Mir schreiwen: *Kueb*(plattdt. Kobbe), *Fig*(Feige/figue), *Nues*(Nase), *Deg*(Tage), *Lag*(Lage).

Nom däitschen (odder franséische) Bild fuere mer an dëse 7 Fäll:

lëtzeb. [-p]	schreift sech	*-b/-p*: *Ribb* (Rübe)	— *Rëpp* (Rippe)
lëtzeb. [-t]		*-d/-t*: *Weid* (Weide)	— *weit* (weit)
lëtzeb. [-k]		*-g/-k*: *Drog* (Droge)	— *Hok* (Haken)
lëtzeb. [-f]	schreift sech	*-w/-f*: *Léiw* (Löwe)	— *Bréif* (Brief)
lëtzeb. [-s]		*-s/-ss*: *Dous* (Dose)	— *grouss* (groß)
lëtzeb. [-ç]	(«ech-Laut»)	*-g/-ch*: *Deeg* (Teig)	— *Deech* (Dächer)
lëtzeb. [-x]	(«och-Laut»)	*-g/-ch*: *Dag* (Tag)	— *Daach* (Dach)

Déi Regel gëlt och, wa méi Konsonanten um Enn beieneestin, z.B.: *Stëbs*(Staub) — *Lëps* (Lippe).

Am 8te Fall, dee méiglech as, muss nom franséische Middel de stommen *e* derbäisin: lëtzeb. [-ʃ] schreift sech *-ge/-sch*: *Loge*(loge) — *Piisch* (pêche/Pfirsisch).

Zum dacksten as awer béides erlaabt: *Blamage/Blamaasch, Massage/Massaasch, Tapage/Tapaasch.* (De *g* liest sech am Wuert wuel [ʒ], ma um Enn schwéierlech [ʃ] ouni *e* hannendrun).

Wann awer e lëtzebuergesche Reiflaut an d'Plaz vun engem däitsche Verschlosslaut kënnt an ëmgekéiert, da schreiwe mer, wéi mer schwätzen: ëmmer dee schaarfe Laut.

Mir begéinen zesoën nëmmen dës 4 Fäll:

lëtzeb. [-f]	amplaz hd.	*-b* [-b-/-p]:	*Bouf* (Bube)	— *of* (ab)
lëtzeb. [-p]		*-fl-pf*:	*op* (auf)	— *Tromp* (Trumpf)
lëtzeb. [-t]		*-s/-tzt* [-tst]:	*dat* (das)	— *gesat* (gesetzt)
lëtzeb. [-s]		*-chs* [-ks]:	*Fuuss* (Fuchs)	— *Uess* (Achse, Ochse)

Déi Ënnerscheder ergin sech aus eiser Sproochgeschicht:

D'héidäitsch Lautverschiwwong man eis schaarf Lauter hallef, eis mëll nët mat.

Germ. *p, t, k* > hd. *pf/f, z/s, ch*: *Pf*ad, au*f*; *Z*aum, wa*s*; au*ch*;
    > lëtzeb.:   *P*ad, o*p*; *Z*am, wa*t*; o*ch*.

Germ. *d, w/f,* γ/*j* > hd. *t, b, g*: *T*ür; le*b*en, Lei*b*; *V*ogel, *V*ögel;
    = lëtzeb.:   *D*ir; lie*w*en, Läi*f*; *Vu*γel, *V*ijel ([γ/j] = *g* geschriwwen).

E puer sënnerlech Fäll bleiwen z'ernimmen:

[t] = -d/t:

Wou an däitschen Haaptwierder -dt fir -t steet, behale mir -d;
an Zäitwierder bleift -t wéinst der Endong:

-*d*: *Stad, Stied, stieds* — *U*ertsnimm wéi *Rued*(Roodt), *Réid*(Rœdt), *Bëschrued*;
-*t*: *hie bënt, hie fënt, dir bant, dir fant* (= bind[e]t, find[e]t);
awer: *hie spënnt, hie wënnt* nom héidäitsche Middel.

A geléinte Wierder däerf -*dt* stoën: *Gesandten, Verwandtschaft*.

【資料 5】1975 年の正書法

1381

Wou eist Wuert eenzock mam Däitsche ka verglach gin, schreiwe mer -d odder -t, wéi d'Däitscht et huet (Regel 2b), -dd odder -tt no eisem kuurze Vokal (Regel 1); wou een d'aalt Wuert nët méi erëmkennt, setze mer -t, wéi mer soën:

-d: Bad, Bond, Gedold, Géigend, Heed(Heide), Häerd, Juegd, Leed, Mod, Owend, Soud, Wëld;
-dd: Fridd, Glidd, Judd, Lidd, midd, Ridd, Schmadd, Schmëdd; nom Frans. och: Gidd (guide).
-t: Buet, Brot, Efalt, Fuesent, Heet(Haupt), Nout, Rot, Sot, Spuet, Welt, Wot, Zelt;
-tt: Blutt, Fritt (pomme frite), Gutt, Mitt (Met), Mutt, Nitt, Patt, Rutt, Schnatt, Watt, Wett.

Wou d'aalt Wuert nët méi gewosst as, ëmmer -t: Fuesent, Léngent, Zant (ahd. zand).

Bei Virnimm hale mer -d, sou laang et geet: Bärend, Gierend (Bernard, Gérard).

Am Lëtzebuergesche bleift d'germ. Ofledongssuffix -i þô/-iϑô (engl. -th = Adjektivabstraktum) lieweg; mir schreiwen et -t: Déckt, Déift, Färent, Gréisst, Hëtzt, Héicht, Kränkt, Längt, Léift, Nätzt, Stäärkt, jhust nët, wann op däitsch e Wuert mat -de erhalen as: Freed, Friemd (obschons bei äis nët < -md + -e!).

Eis Uertsnimm op -feld (-[f]elt), -scheid (-schent), -schleiden (-schelt), kréien -t:
Bënzelt(Binsfeld), Heischent(Heiderscheid), Randschelt(Rindschleiden)

[s] = -s/ss:

Um Enn vum Wuert gët no eiser Regel (2b) nëmme schaarf ausgeschwat: -s an -ss bedeiten duerfir hei eent an d'nämmlecht = schaarfen [s].

Si gi gesat wéi am héidäitsche Wuert: -s fir -s, -ss fir -ss an -ß:
Äis, Dous, Gas, Glas, Haus, Rous, weis — Faass, Fouss, grouss, Mooss, séiss, wäiss.

Wou d'Lëtzebuergescht [-s] huet amplaz däitsch -chs[ks] an -z[ts], steet ëmmer -ss:
Wuess(Wachs) — Wues(Wasen); e Stéck Weess(Weizen) — e Stéck Wees(Weges).

Elei muss all Kéier verglach gin: Biiss(Büchse), Duess(Dachs), Fluess(Flachs), Fuuss(Fuchs), Héiss(Hachse), Luuss(Luchs), Uess(Achse/Ochse).

E sonneren s (= Endongs-s/2. Pers. Eenzuel vum Verb, vgl. Konsonanten 1) as ëmmer schaarf [s]: wuer s de gees, ier s de kënns. Ma en s' (= si, se vrum Vokal) as am Fong en Ufanks-s: En as mëll [z] odder schaarf [z̧ = s], deemno wat fir Konsonante virdru kommen, d.h. mëll nëmmen no l, m, n, ng, r a Vokaler (vgl. D'Wierder am Saz, 2e).

(l, n) + [ts] = -s/ds/ts/z:

No l an n schwätze mer den s mat schwaachem t- virdrun *), ma geschriwwe gët nom Däitschen; jhust -tz no l-, n- gët et nët.

-s: als, Bols, eens, Fiels, Gäns, Hals, Hans, mauns, oons, wéinstens, zemools;
-ds (d + s-Flexioun): hannerwands, Kandskanner, Opstands, owends;
-ts (t + s-Endong): därbants (binnent/s), nuets, riets; ma uechtgin: hei ands do (und/s!);
-z: Danz, ganz, Kranz, Malz, Mëlz, Mënz, Onz, Pelz, Salz; och: Holz (Holtz!), Wolz (Wiltz!).

Bei Zäitwieder gi mer och uecht op d'Däitscht: du spënns, du wënns; awer: du bënds, du fënds (= bind[e]st, find[e]st), och: du hälts (= hältst), obschons mir halen (≠ halten) soën.

---

*) l an n artikuléiere sech hannert den Zänn; sou héiert een den Iwwergank zum Reiflaut [s] ewéi e schwäache Verschlosslaut [t].

[ç/x] = -g/ch:

Wou mir amplaz héidäitsche -g e Reiflaut schwätzen, « ech-Laut » odder « och-Laut », schreiwe mer a betounten Ennsilben nom kuurze Vokal nëmmen -ch:
Bräch, ewech, Stréch, Zich — Brach, Broch, Zuch.

Nom laange betounte Vokal schwätze mir zesoën nëmmen « ch » [ç/x], ma mir schreiwe -g odder -ch nom Däitschen, och virun -d/t:
Dag(Tag), *Deeg*(Teig), *Éigt*(Egge), *Juegd*(Jagd), *Lag*(Lage), *geluegt*(gelegt);
aacht(acht), *Daach*(Dach), *Hiecht*(Hecht), *Nuecht*(Nacht), *uecht*(acht), *geduecht*(gedacht).

Wou awer -l- odder -r- tëscht de Vokal an de Reiflaut kënnt, do gëlt den däitsche -g odder -ch; de Vokal sief kuurz odder laang:
Bierg(Berg), *Biirg*(Bürge), *Buerg*(Borg), *Buurg*(Burg), *Felg*(Felge), *Suerg*(Sorge), *uerg*(arg).
Däitsch *-ch* bleift och sin no kuurz a laang: *Buerch*(Barch), *duurch*(durch), *Perch*(Pferch).
Amplaz däitsche *-k* schreiwe mir *-g*, wa mer [ç] derfir schwätzen: *Muerg*(Mark).

An dene puer Wierder, wou mir en héidäitsche *-g* [k] soën, schreiwe mer *-ck*, wa mer de Vokal virdru kuurz hun, ma nom *r* souwéisou nëmme *-k*:
Flock(Flug), *Zock*(Zug) — *Wierk*(Werg).

Geléint Wierder verdroën ëmmer den eenzelne *-g* um Enn; verduebelt gët do och nom kuurze Vokal nët, wa [-k] gesot gët; 't sief dann, 't friemt Wuert hätt ewell *-gg*:
Drog(Droge), *Fig*(Feige/figue), *Grég*(Grégoire), *Grog*(Grog) — *Bulldogg*(-dogge).

Nom kuurzen onbetounte Vokal bleift och den däitsche -g, ma mir schwätzen ch[ç]:
Balleg(Balg), *bëlleg*(billig), *helleg*(heilig), *Ueleg*(Öl, plattdt. Olig);
awer: *geféierlech*(gefährlich), *Kielech*(Kelch), *Mëllech*(Milch) asw.

Eis Adjektiver stin all nom Héidäitschen, oons bestëmmten Endongen:
-zeg mat *g*: *bloëlzeg, brongelzeg* (héidäitsch: bläulich, bräunlich),
-echt mat *ch*: *geblummelecht, gesprinselecht* (hd.: blumig, sprenkelig), grad ewéi: *Bäckecht, Hickecht,*
jhust nët, wann et Partizipie sin: *gesiedegt, verfollegt, vernoléissegt.*

Lautkoppelen.

Och bei Konsonantekoppele kann et mat engem Zeechen duergoën, wann se hefeg sin an een se gläich erëmkennt. Mir halen äis bei [ks] an [ts] un den däitsche Gebrauch:

[ks] = chs/cks/ks/x/xc/cc/ct/kt:

D'Lantkoppel [ks] schreiwe mer nom Héidäitschen chs, cks, ks, x; ma chs, cks setze mer nëmmen nom kuurze Vokal, ks kann no kuurz a laang stoën.
Wou mer keen direkte Vërglach fannen, huele mer x; natiirlech nët, wa k an s op zwou Silbe falen. Duebelen *x* gët et nët; laang Vokaler virdru stin ëmmer zweemol.
Béchs, Eidechs, Ochs, sechs, Wichs; dacks, Gedecks, quiiksen; Aax, féx, Hex, Jux.
Mir setzen och: *Box, Dixionär* (odder: *Diktionnär*), *Lexioun* (odder: *Lektioun*).
ks schreiwe mer selen: *Diks*(disque), *diksen, Maarksdag*(Markus-), *gaaksen, gierksen.*

Nom kuurze Vokal zeechent *ks* ëmmer d'Lautkoppel an der Stacksilb (= *k* virun *s* nët verduebelt: *Diks*), *cks* d'Lautkoppel vu Stacksilb + *s*-Endong (= *ck* bleift: *Ge/deck/s*).
A frieme Wierder léisst de *ks* sech grad esou gutt mat *cc, ct, cx* wéi mat *kt, x* erëmgin:
Accident, Actioun, Excès, extra, fixéieren, mixen, perfektionnéiert, Succès, Taxi.

[ts] = z/tz/zz/ts/t/c/s:

D'Lautkoppel [ts] schreiwe mer nom Héidäitschen um Ufank z, am Wuert an um Enn tz odder z (nom kuurzen odder laange Vokal).

Jhust wann den *s* nëmmen eng Endong hannerem *t* mécht, steet ëmmer *ts*.

zappen, z'iessen, Zill, Zuch — *pētzen, sētzen; Plaz, spizeg;*
awer: *Gelitts* (= *Geléis, Ligen*), *Gefreets* (= *Gefroots, Froën*), *nuets, riets* asw.

Flektéiert Zäitwierder op (*t*)*z-s* (= 2. Pers. Eenzuel) gi riichtewech *-tz/-z* geschriwwen: *du bitz, du botz, du nätz, du schnäiz, du sëtz, du spētz, du späiz, du uz;*
vgl. dogéint: *du bitts, du flitts, du hitts, du litts, du reits, du schneids, du zitts.*

A frieme Wierder kann een awer och *-t-* schreiwen (= lat./frans. *-t-* fir [ts] od. [s]):
[ts]: *Patient, Ratioun, Statioun;* [s]: *Aktiën, Explikatioun, Friktioun.*

Muenchmol geet et besser nom däitsche Bild: *Präzisioun, Spezialitéit.*

Friem Wierder verdroën och *zz*: *Pizza, Razzia, Terrazzo.*

De franséischen *c-* odder *s-* loosse mer dacks sin, wa mer och schons [ts-] schwätzen: *Centre/Zênter; Cercle/Zerkel; Seringue/Zerénk; Service/Zerwiss.*

Hallefkonsonanten.

[i̯] = j/g/ch/i:

De [j] iwwerhaapt schwätzt sech der Géigend no méi *i* odder méi *jh*; oons dat wiesselt d'Aussprooch gär vun engem zum aner. Mir gin hei jhust op d'Émgankssprooch uecht:

Halwe j (halwen [i̯]) héiert een amplaz [j] virum Vokal an no l, n, r, ma amplaz [ç] besonnesch nom s mat engem Konsonant virdrun (-ks-, -ls-, -ts-), nēt no p, t, k an f.

No *l, n, r* deit [i̯] meeschtens op *e* Wuert, dat sech nēt spléckt, ma [ç] op d'Endong *-chen, -cher*:
[i̯] (geschr. *g/j*): *Gaaljen, Karunjen, Muergen* ≠ [ç] (*ch*): *Millchen, Spënnchen, Türchen.*

Ma *-ljen, -njen, -rjen* kann och op *-ong, -éngen* (Uertsnimm) zréckgoën: *Erzieljen* (Erzählung), *Lellgen* (Lellingen).

Bei *-sç-* as et ënnerschiddlech: *bёssten/bёssçen, Hiesten/Hiesçen* (geschr.: *bёsschen, Hieschen*), ma bei *-ks/j-, -ls/j-, -ns/j-, -ts/j-* (= *-/chen*) héiert een zum dacksten [i̯], grad ewéi een no *-ld, -mp, -nd, -rf, -rk, -rt, -scht* e kloren *-ch* (éch-Laut) schwätzt.

[i̯] (geschr. *ch*!): *Béxchen, Dänzchen, Hëlzchen, Witzchen,* och: *z'j* > [tsi̯]: *zejoër* > *zjor*;
[ç] (= *ch*): *Bildchen, Lëmpchen, Kierfchen, Määrkchen, Pëndchen, Täärtchen, Wirschtchen,* grad ewéi no *p, t, k, f* eleng: *Däppchen, Frettchen, Jäckchen, Schäffchen.*

An Uertsnimm as de *-g-* hei och [ç] ze liesen: *Rëttgen* (Roussy-le-Village), *Scheedgen* (Scheidgen).

[ʃ] + *chen* geet engem selen iwwer d'Zong; 't zéckt een do, well soss [ʃ] an [ç] zevill schliirpsen. Léiwer seet een zwou Verklengerongen noëneen (*el + chen*): *Dëschelchen, Karmëschelchen.*

An dene Fäll zielt den halwen i fir e Reiflaut, d.h. e Konsonant; 't as fir äis do ëmmer e j odder en ch. Mir schreiwen e wuel och -g-, ma keemol i. Am Suffix -chen/cher zielt e fir en ch.

Wou ëmgekéiert awer (a geléinte Wierder) en i viru soss engem Vokal zum [j] gët, do däerf een den i stoëloossen: *Braconnier, Indianer, Reli(gi)oun.*

Eréischt wann d'friemt Wuert ganz schanjhéiert, setze mer *j*: *Pampuljen, Spiirkeljoun.*

Eng Parti vun eisen *-lj-, -nj-* geet op franséisch *-(i)lle*[λ], *-gne*[n] (palatal Säiten- an Nueslauter) zréck, déi mir schwéier geschwat kréien. Mir huelen se duerfir gewëssermoosse vuneneen: *Bataaljen*(bataille), *Trueljen*(treillis); *Punjar*(poignard), *Schampanjer*(Champagne).

[U] = w/u/o:

Halwe w (halwen [U]) héiert een amplaz [v] no q [k], sch [ʃ] an z [ts].

De w[v] verléiert no [k], [ʃ] an [ts] séng Reiwong, ma amplaz datt em d'Stëmm ausgeet (wéi dacks dem r), gët en hallef zum Vokal, deen ee wéinst sénger dréiwer Faarf meeschtens fir en u hält, ma dee genee geholl grad sou dacks keen as.

Deemno wat fir e Vokal nokënnt, léiss sech z.B. fir *schw*- (dréideg geschwat) och soën: *schoammen(schwammen), schëenken(schwenken), schöéier(schwéier), Schüier(Schwier), Schuoër (Schwoër).*

No k(=q) an ts(=z) kënnt ee bal d'nämmlecht erlauschteren, ma an der Schrëft stéiert den u nët méi wéi de w. Soulaang den Akzent um Vokal hannendru läit, versteet een [U], d.h.:

Fir een an deeselwechte Reiflaut [v] stin eng Rëtsch Tëschelauter virum Haaptvokal: all ziele se fir Konsonanten. 'T as fir äis ëmmer e w, och wou mer nom Héidäitschen u schreiwen.

Quascht, Quitt, Quonk; Schwamp, Schwitz, Schwonk; Zwank, Zwir, gezwongen.

A franséische Wlerder loossen déi Tëschelauter [U, y] sech o an u schreiwen; si behalen do hir vokalesch Zeechen: *Besoin, Pointe; Huissier, Puisett.*

Franséisch *oi*[ᵁα] bleift gemengerhand sin — *Coiffeur, Croissant, Droit, Toilette, Toile-cirée* — bis op déi Plazen, wou d'Betounong ëmschléit: *Toise, Voile > Tues, Wuel.*

Och an eisen Duebelvokaler (ai, äi, éi, ie — au, äu, ëu, ue) fanne mer halwen [ı], [e] an [U], [o]; ouni Iwwergank wuesse keng Vokaler zesummen.

Halleflaang wir ze setzen: $aj[α^e]$; $éj[e^1]$; $jë[ı^ə]$ — $aw[α^O]$; $ëw[\ominus^U]$; $wë[U^ə]$;
iwwerlaang wir et: $āāj/āji[æ:j/ɛjı]$; $ijë[lj\ni]$ — $āāw/āwu[æ:ω/ɨωU]$; $uwē[ùω\ni]$.

Ma hei zielen s'alleguer als Vokaler; duerfir si se fir äis i an u.

Halleflaang schreiwe mer: *ai/ei; éi; ie* — *au; ou; ue;*
iwwerlaang as et: *äi; ie* — *au; ue.*

D'WIERDER AM SAZ.
DRÄI SPROOCHGEWUNNECHTEN AN DER SCHRËFT.

1. Nët geschwat an nët geschriwwen: Keen -n no der « Äifeler Regel ».

Um Enn vum Wuert fällt am Saz all -n ewech, wann dat Wuert drop mat engem Konsonant ufänkt, oons virun h-, d-, t-, z[ts]- an n-. Viru Vokaler bleift den -n sin.

Dat bescht Beispill gët de bestëmmte männlechen Artikel:
Den Hond, den Dapp, den Tur, den Zuch, den Nol an och: *den Aarm, den Äss, den Eck, den Ëtl, den I, den Ochs, den Uert, den Uz.*

Awer: *De Ball, de Pëtz, de Gaart, de Kueb, de Vull, de Wee, de Su, de Schong, de Jhick, de Jong, de Läpp, de Mann, de Reen.*

Virum s- kann den -n jhust bei *si, se, säin, sech, séng, sou* a beim *sonneren s* virun *du, de* stoëbleiwen: *Wann si kommen* od. *wa si kommen; wann s de kënns* od. *wa s de kënns.* Bei -n/n- as et dacks schwéier, eng Mol fannen, z.B. *en Nascht* odder *en Ascht ?* Wjen a sénger Sprooch *dat Ascht* seet, kann och *en Ascht* schreiwen; nët gutt wir *e Nascht*, well en e virum n léisst sech nët ofsënneren.

1385

Fir Wierder mat méi Silbe gëlt d'Äifeler Regel ëmmer; fir eenzel Silben hält se do stall, wou d'Wuert ouni -n onkloër gët.

Ma och an enger Abberzuel kuurze Wierder si mer un den Ausfall gewinnt:

Bei *an, dann, däin, de(e)n, din(don, dun), dran, drun, een, gin, hien(en), hin, hun, kann, keen, mäin, nun, säin, schéin, schon, sin, un, vun, wann, wien, zwéin* fällt den *-n* ewech an all dene Fäll, z.B. *haut a mar* awer: *du an ech.*

Och bei de Virsilben *an-* an *un-* geet den *-n* verluer; jhust ni bei *on-*.

Esou schwätze mer och eis zesummegesate Wierder; an der Fou bleift ëmmer den -n ewech, nëmmen nët virun h-, d-, t-, z- an n- odder engem Vokal:

Birebam, Uewepäif, Drëppeglas, Bounekraitchen, Panewippchen, Quetscheflued, Vullesom, Kaartespill, Schëppestill, Zoppeläffel, Bokemaul, Millerad.

Awer: *Kouertenholz, Leëndecker, Zoppenteller, Kiischtenzäit, Afennoss*
an och: *Kréiena, Heckenéil, Kolonnenuewen* asw.

Mir schreiwen hei ëmmer, wéi mer schwätzen, ausbehale virun engem Komma, engem Ponkt odder soss viru Sazzeechen, wou een unhëlt, datt d'Ried eng Grëtz stallhält.

Dat Gesetz nennt sech *d'Äifeler Regel*, well et doiwwer och gëlt. 'T gët laanscht d'däitsch Grenz awer all Kéier duurchbrach, wann e Wuert mat *-n* ophält amplaz mat *-ng* wéi soss am Land, z.B.: *en Fra* fir *eng Fra, keen gout* fir *keng gutt, gréin Faarf* fir *gréng Faarf* asw.

2. Geschwat, ma nët geschriwwen: Mëll Konsonanten amplaz schaarfer um Enn.

Um Enn vum Wuert gët am Saz all schaarfe Konsonant mëll ausgeschwat, wann dat nächst Wuert mat engem Vokal ugeet.

'T kënne grad esougutt zwéin, dräi Konsonante matenee Stëmm kréien.

Am Däitsche setzt ee virun all Ufanksvokal den Otem frësch un (Knacklaut), ma mir bannen eis Wierder. Guttdäitsch as et: *'um 'elf 'Uhr*, ma lëtzebuergesch: «*ëmelëwauer*».

Ma wa mer eng Schreifweis wëllen hun, déi ze liesen as, dann heescht et, all Wuert schreiwen, wéi wann et fir sech sting. Duerfir muss hei stoën: *Ëm elef Auer.* Mir soë wuel: *et hierschtzt,* an: *hierjhdsdet*? Ma mir schreiwen: *Hierschtzt et*? (Herbstet es?)

Op déi nämmlecht Aart a Weis sin eis zesummegesate Wierder ze liesen, wann dee viischten Deel mat engem schaarfe Konsonant ophält an deen hënneschte mat engem Vokal ugeet.

Mir schwätzen: *maddeneen, obbenéen, duurjerneen;*
mir schreiwen: *mateneen, openeen, duurcherneen.*
Mir schwätzen: *Knubbauto, Rouda, Viidsapel, Baguewen, Houweisen, grousaarteg, Fëjhaangel, Seejomes;*
mir schreiwen: *Knuppauto, Routa, Vizapel, Bakuewen, Houfeisen, groussaarteg, Fëschaangel, Seechomes.*

Déi Regel gët jhust op e puer Plazen duurchbrach:

(a) Virun *dir, der (ihr)* gin och d'schaarf Konsonante mëll geschwat.
Geschwat gët: *gidder, hudder, dadder, wadder, woumadder;*
geschriwwe gët: *git der, hut der, datt der, wat der, woumat der.*

1386

Den *d-* un *dir* war soss d'Endong vum Verb (2. Persoun Plur. = german. -*t*); méi spéit as se mam *ir* (ihr) verwuess. Fir richteg géif d'Firwuert mam *i-* ufänken; esou gët och nach geschwat (-d/ir). Duerfir gëlt dët nët virun *dir*, *der*(dir), *dër*(deren) an *de*(du): do bleift de Konsonant schaarf.
Bei *mir, mer* (wir) hu mer bal d'selwecht fäärdegbruecht: Aus *gin-wer, hun-wer, sin-wer* > *gi mer, hu mer, si mer*. Aus *wir, wer* gouf *mir, mer*.

(b) Virun en(hien), en(hiuen), em(him), er(hir) bleift all schaarfe Konsonant sin, ewéi wann den h- nach virum e- sting an d'Wuert wir betount.

Geschwat gët: *Gëf em ës !* (nët: *Gëwem ës !*) — *Ruff en eran !* (nët: *Ruwwen eran !*) Virun *et(hatt)* gëlt awer d'Haaptregel wéi iwwerall, obschons mer äis och hei den *h-* virdru mussen denken:

Geschwat gët: *Geedet mat ? Wëlldet nët ?* Geschriwwen: *Geet et mat ? Wëllt et nët ?*

Den *-d* gët esouguer da geschwat, wann d'Firwuert zweemol noeneesteet:
Geschwat: *Fëndededalt ?* Geschriwwen: *Fënt et et alt ?* (*Fënt hatt dat alt ?*).

Soubal awer d'Firwuert bis zum *'t* zesummeschrompt, wéi meeschtens virum Verb, da gëlt d'Regel nët méi; do héiere mer e schwaachen [t]:
Mir schwätzen: *Haddësst gutt*, awer: *'t ësst gutt*; (nët: *'dësst gutt*, dat géif « *dëst Gutt* » verstan.)
Mir schreiwen ëmmer *t*. — Vgl. och (d).

(c) Wou soss um Ufank vum Wuert en [ə-] ausfällt (odder en [-ə] kënnt stoën), do schwätzt een dee schaarfe Konsonant virdrun awer mëll.

A Fro kommen déi Wierder hei: (*e*)*lauter*, (*e*)*lei*, (*e*)*leng*, (*e*)*lier*, (*e*)*lo*, (*e*)*luer*, (*e*)*niichter*, (*e*)*ran*, (*e*)*raus*, (*e*)*rëm*, (*e*)*reem*, (*e*)*riwwer*, (*e*)*rop*, (*e*)*rof*, (*e*)*sou*, (*e*)*wech*, (*e*)*wéi*, (*e*)*well*. Dene Wierder hir Geschicht as wuel verschidden (z.B. *eran, eraus* < *her-, elei, elo* < *alhîe, aldâ*), ma d'Regel as fir s'all d'selwecht. Mir soën: *biz*(*e*)*ran, gud*(*e*)*raus, nëd*(*e*)*lei*, ma mir schreiwen: *bis eran* — *bis ran, gutt eraus* — *gutt raus, nët elei* — *nët lei*.

Jhust no eise schwaachen Eesilber op *-e* (*de* = *du, se* = *si*) gëlt dat nët ganz, well do fällt jo dann zwéemol [-ə+ə-] openeen (= Hiat); *d'* an *s'* rüchten sech hei nom Laut virdrun: As et e schaarfe Konsonant, si se stomm, as et e mëllen odder e Vokal, behalen se d'Stëmm.

d' (*du*) as duerfir ëmmer stomm, wëll et steet jhust no *-s* od. *sonnerem s* (vgl. Konsonanten 1), *s'* (*si*) nët ëmmer, ma och no all schaarfe Konsonant. Duerfir:

Ëmmer [d̥]: *bleifs d'ewech ! gees d'eran !*

Awer [z ≠ z̥]: *dro s'eran ! huel s'erëm ! ≠ dréck s'erof ! maach s'erop ! setz s'ewech !*

Ze (*zu*) kënnt virun där Zort Wierder knaps vir; den *z'* bleift ëmmer schaarf. — Vgl. och (e).

(d) De bestëmmten Artikel d' (= F., N. Sg./M., F., N. Pl.) kritt keemol Stëmm, och nët virum Vokal; sou ka kee mengen, 't wir e Stéck vum Haaptwuert.

Geschriwwe gët: *d'Eess, d'Enn, d'Är*;
geschwat gët: t'*Eess*, t'*Enn*, t'*Är* (= [d̥]; nët: *dees, Denn, Där* !),
grad ewéi: *'t as, 't ësst, 't eelzt* (= perséinl. Firwuert: *et*).

Ma deen *t'/'t* as méi e schwaachen *t* wéi soss um Ufank vum Wuert:
[d̥] — *d* ouni Stëmm = [t] — *t* ouni Hauch (vgl. Konsonanten, 2).

240

[資料 5] 1975 年の正書法

1387

(e) Opfälleg as och, datt eis dräi schwaach Eesilber op -e = de(du), se(si), ze(zu), déi virum Vokal zu d', s', z' zesummeschrompen, hir ënnerschiddlech Aussprooch behalen:
de (= [dǝ]), ouni Stëmm, well't steet am nom -*s* an nom *sonneren s*[s], duerfir: *s d̥e* > *s d'*[d̥ = t];
se (= [z̥ǝ/zǝ], stomm nom schaarfen a mat Stëmm nom mëlle-Konsonant: *z̥e/ze* > *s'*[z̥/z];
ze (= [tsǝ]), kritt keemol Stëmm, ma och keen Hauch (*z'iessen*[ts] ≠ *Ziedel*[tsʰ]): tse > *z'*[ts].
Wuerfir [dǝ], [zǝ] d'Stëmm verléieren odder behalen, ergët sech aus deem, wat nokënnt.
'T fällt vläicht manner op, datt dës Grondregel (2) sech och ēmkéiert:
Mir bannen d'Wierder och, wa schaarf a mëll Konsonanten openeestoussen.
Um Ufank vum Wuert gët all mëlle Konsonant hallefschaarf geschwat, wann dat Wuert virdru mat engem schaarfen ophält.
All schaarfe Laut fierft op dee mëllen of, ma op alle Fall muss dee mëlle geschriwwe gin.
Mir schwätzen do déi mëll Konsonante wuel jhust hallefschaarf, ma 't geet duer, fir ierzeleden an zesummegesate Wierder, zemools an Uertsnimm mat schwaachen Ennsilben. Apaart bei -*s/b*->-sp-, -*s/d*->-st-, -*sch/d*->-scht- as et schwéier ënnerscheden:
Mir schwätzen: *Betster*[-tsd̥-], *Eespech*[-sb̥-], *Heeschtrëf*[-ʃd̥-];
mir schreiwen: *Betzder*(Betzdorf), *Eesbech*(Eisenbach), *Heeschdrëf*(Heisdorf).
Bei den Nimm vun de Wochendeg stellt den Dixionär et fräi, *Samschdeg/Samschteg* ze schreiwen. (Mir lede vun *Dag* of, nët vun «Tag», vgl. *Méindeg, Freideg, Sonndeg*.)
Amplaz *jitfereen* schreiwe mer *jiddwereen* (= jedweder einer).
A Froësätz däerf een d'ëmgestallten Zäit- a Firwierder nët zesummenzéien:
Geschwat gët: *geeste ? kënn*ste ? [-sd̥-]; geschriwwe gët: *gees de ? kënns de ?*

3. Geschriwwen ewéi geschwat: Mëll Konsonanten am Wuert, schaarfer um Enn.

Dës drëtt Gewunnecht ergët sech aus dem Konsonantekapitel (2b):
Verschloss- a Reiflauter schwätze mer um Ufank an am Wuert mëll odder schaarf, um Enn nëmme schaarf: Da's d'Gesetz vum haarden Auslaut.
All Konsonant verléiert d'Stëmm um Enn vum Wuert bis op *l, m, n, ng*(ŋ), *r*:
[b̥=p, d̥=t, ǧ=k; v=f, z̥=s, ʒ̊=ʃ, j=ç, γ̊=x]. Ma oons dat huele mer nach eppes un uecht:
Um Enn vum Wuert schwätze mer d'Verschloss- an d'Reiflauter wéi am Däitschen (schaarf), ma am Wuert viru ville Flexiven anescht (mëll). 'T as séier erausfond, wourun dat hält:
Mir gesinn hei of vun der Aussprooch virum Vokal am Wuert duerno. Wa jiddwer Wuert och virum Flexiv mat vokaleschem Asaz (-*en*, -*er*, -*es*) all schaarf Konsonante mëll géif schwätzen, dann hätte mer nees déi vireg Regel. Ma déi spillt nët hei. Elei dréit et sech jhust ëm Lauter, déi fréier iwerall (virum Flexiv an um Enn) mëll geschwat goufen (wéi nach am Engleschen):
D'Héidäitscht huet haut wuel déiselwecht Uluecht wéi mir am Auslaut, jhust eis mëll Lauter man anerwäerts d'héidäitsch Lautverschiwwong nët mat:
germ. *d, w, j/*γ = lëtzeb. *Díjel*, *dreiwen*, Duγend;
< hd. *Tiegel, treiben, Tugend*.
Sou as d'däitsch Schrëft nët fir all eis Fäll geriicht.
Am Héidäitsche kritt all Stackſilb dee Schlusskonsonant geschriwwen, deen se hätt, wann d'Wuert eng Endong krit. Sou behält d'Wuert séng Schrëft, 't sief flektéiert odder nët. Op lëtzebuergesch ging dat och, ma mir kéimen da wäit vum däitsche Bild eweech, dat mer gewinn sin.

1388

Sou komme mer nët derlaanscht, fir am Wuert mëll Konsonanten amplaz schaarfer ze setzen, soubal mer se soën; um Enn fuere mer jo wouméiglech nom Däitschen.

(a) -t/-d-: *gutt Leit — bei gudde Leiden; eng rout Rutt — där rouder Rudden* (hd. -t/-t-!).
(b) -f/-w-: *déif Grief — en déiwe Gruef gruewen; gedriwwen — kee Gedriff* (hd. -b/-b-!).
(c) -ch/-j-: *en Dag*[x] *— dës Deg*[ç] *— an den éischten Degen*[j] (hd. -g/-g- grad ewéi hei).
De g[ç/j] mécht villes liicht, ma nawell muss een hei ands do dem Ouer no schreiwen: *héich*, awer: *héijeg, en héijegen* od. *en héijechen* an: *deen héchsten, héchstens* (*chs* = [ks]). Absëns och, wann een am Grondwuert de mëlle [γ/j] nët méi héiert, ma en an der Ofledong als schaarfen *ch* od. *k* erëmfënt:
bedréien — Bedruch, fléien — Flock, zéien — Zock, Zuch (hd. g/-g-!).

Bei Verben heescht et op déi dräi Fäll apaart uechtgin: all mëlle Konsonant gët schaarf, wann d'Endong ewechflitt a virun -s, -t.
Mir halen d'däitscht Schrëftbild, soulaang et geet, oons wann zwéi Verschlosslauter (Stack + Endong) openeefalen:

(a) -d-/-t: *lueden — du lueds, lued !* — (d + t > -t): *hie luet, dir luet, luet !* (lad[e]t).
Sou leë mer äis och un, wann -*nd*- zu -*nn*- gin as:
fannen — du fënds(find[e]s[t]), *fond*([ge]fund[en]), awer: *hie fënt*(find[e]t).
(b) -w-/-f: *schreiwen — du schreifs, hie schreift, schreif !* — *geschriwwen*.
(c) -g-, -ch-/-g(=ch): Hei kritt een am Wuert gär zweërlei Aussprooch, ma um Enn nëmmen eng:
follegen/follechen[j/ç] — *du follegs, hie follegt = du follechs, hie follecht*[ç].
Nët vergiessen, datt wuel am Wuert och do virum eenzelne -g-[j/γ] den *i* an den *u* sech kuurz liest, ma nët um Enn (duerfir do -*ch*, no laange Vokaler och -*g*):
léien — gelugen[γ], *weien — gewigen*[j], och: *leën — geluegt*[ç];
awer: *leien — ech luch*[x], *ech lich*[ç] odder: *ech loug*[x], *ech léig*[ç].

Zesummegesat Wierder, déi am éischten Deel d'Stacksilb vun engem Verb anhun, stin nom Däitschen (-d/t fir [-t]; -g/ch fir [-x/ç]) odder mam schaarfe Laut, wou eis Sprooch dervun ofwäicht (lëtzeb. -f amplaz hd. -b).

(a) -d/t: *Bestietnes, Brotdëppen, Fondgrouf, Leetnol, Luedstack, Reitpäerd, Rotschléi*;
(b) -g/ch: *Bleechschossel, Fegfeier, folleglech, Gehäignes, Laachkrämpchen, Schlagsan*;
(c) -f: *Begriefnes, Dreifjuegd, Hiefbam, Liefkuch, Prouftéck, Schreifmaschin, Wiefstull*.

【資料 5】 1975 年の正書法

SONNER SPROOCHEN

Fir eenzel Mondaarten am Land brauche mer weider Zeechen.
Den Dixionär kann se nët all gin; dat hei si méi Virschléi wéi Virschrëften.

1. Vokaler:

Laangvokaler

ä [ɛ·/ɛ::]	fir e:	Bän, Stän (Been, Steen) = Areler Säit-Minett/Sauer-Musel·
à [æ·/æ::]	fir e:	hàm, nàn (heem, neen) = Iewescht Musel.
ò [o·/ò::]	fir a:	Bòm, Lòf (Bam, Laf) = Ënnescht Guttland/Iewescht Éislek.
ù [ʊ·/ù::]	fir a:	Bùm, Lùf (Bam, Laf) = Iewescht Éislek.
o [ò::]	fir a:	Kop, Looch (Kapp, Lach) zesumme mat:
e/ä [ɛ::/ɛ::]	fir ä:	Speek, Weesch/Späk, Wääsch (Speck, Wäsch) = Ur, Ënnersauer, Musel.
o [ò::]	fir äu:	Hos, Mos (Haus, Maus) odder
ö [ò::]	fir äu:	Hös, Mös (Haus, Maus) zesumme mat:
e/ä [ɛ::/ɛ::]	fir äi:	weess, Ween/wääss, Wän (wäiss, Wäin) = Areler Säit.
ö [ø·/ø::]	fir ue:	hölen, mölen (huelen, muelen) odder
ù [o·/ò::]	fir ue:	hùlen, mùlen (huelen, muelen) mat:
e [e·/è::]	fir ie:	Heel, Meel (Hiel, Miel) = Ënnescht Éislek/Iewescht Guttland.
à [à::]	fir a:	Kàànd, Màn (Kand, Mann) mat
ë/e [ə::/è::]	fir ë:	hëënt, Mëënsch/heent, Meensch (hënt, Mënsch),
ä [ɛ::]	fir ä:	Gräänz, häl (Grenz, hell) an
o [ò::]	fir o:	Hoond, Moond (Hond, Mond) = Belsch a loutréngesch Säit.

Duebelvokaler

au [à:o/à:ʊ]	fir a:	Kaund, Maun (Kand, Mann) mat
éi [è:ɪ]	fir ë:	héint, Méinsch (hënt, Mënsch),
ou [ə:ʊ]	fir o:	Hound, Mound (Hond, Mond) an
ä/äi [ɛ::/ɛ:ɪ]	fir ä:	Gräänz, hääl/häinken, Käinki (hänken, Känki) = Areler Säit.
éi [è:ɪ]	fir äi:	Éis, Péif (Äis, Päif) mat
ou [ə:ʊ]	fir äu:	ous, Rout (aus, Raut) = Ur, Ënnersauer, Musel.
au [ɛ:o/àʊ:]	fir äu:	Haut, Strauss (Häut, Sträuss schreift sech d'selwecht!) mat
ai [ɛ:e/àɪ:]	fir äi:	drai, naischt (dräi, näischt) = Dickerech/d'Stad.
oa [ɔ·/ɔ::]	fir ue:	Noacht, oacht (Nuecht, uecht) = Éislek (Wolz, Veianen)/Iechternach.
oa [ɔα·/ɔ:α]	fir a:	Goart, Moart (Gaart, Maart) = Ënnescht Guttland.
oa/öa [ɔʌ·/œɜ::]	fir a/ue:	Goart, Noacht/Göärt, Nöächt = Kiischpelt.
äe [ɛə/æ:ɐ]	fir e:	näen, Wäess (neen, Weess) = Areler Säit;
	fir ie:	äech, äessen (iech, iessen) = Ënnescht Guttland.
oi [ɔʏ]	fir éi:	Boier, Koi (Béier, Kéi) = Areler Streech.
uë- [u:ə]	fir oue-:	Uër, wuër (Ouer, wouer) mat
ië- [i:ə]	fir éie-:	miën, siër (méien, séier) = Éislek (Äifeler Säit, Heed)/Ënnersauer.

1390

ua/uä [ᵁα/ᵁɛ]	fir ue:	Kuall, Uawwen/Kuäll, Uäwwen (Kuel, Uewen) mat
uoo/uee [ᵁɔ̈::/ᵁè::]	:	Uooss, Wuoort/Ueess, Wueert (Uess, Wuert) an
iä [ⁱɛ]	fir ie:	Liäwwen, Wiädder (Liewen, Wieder) mat
iää [ⁱɛ̀::]	:	Kniää(ch)t, siäächt (Kniecht, siecht) = Iewescht Éislek.
uaa [ᵁa·/ᵒα·]	fir u/ue:	Huaan, Huaas (Hunn, Hues) mat
iää [ⁱæ·/ᵉɐ·]	fir ie:	Liääwen, Wiääder (Liewen, Wieder) = Veianen.
aï [à:ɪ] (aï = a + j)	fir ue + ch: aït, Naït (uecht, Nuecht) = Iewescht Éislek (Heed).

A muenech Sprooche geet an e puer kuurze Wierder ee Vokal virum Konsonant nët duer, fir e laang ze liesen, z.B. éisléckesch *aan*(un), och *aan*(an) asw. Verduebelt gët elei och, wa mer zesummesetzen: *aapacken, draakreien* (*upaken, drukréien*).

Wou tëscht i/u an t en -ch- ausfällt, stin i/u och vrum t eleng duebel: *Fruut, riit* (*Fruucht, riicht*), vgl. 2.

2. Konsonanten:

çh [ç]	fir ch [x]:	daçh, Woçh, Zuçh («ech-Laut» och no a, o, u) an
j [j]	fir g [γ]:	Lajer, frojen, gezujen ([j] och no a, o, u) = Iewescht Éislek.
sch [ʃ]	fir ch [ç]:	ësch, fäerdësch ([ç] < [ʃ]) = Ur, Sauer, Minett.
ckt [kt]	fir -t:	hockt, Leckt; Huckt, Lickt (haut, Leit; Hutt, Lidd) an
gd [gd]	fir -d-:	logden, wegder; Brudder, figderen (lauden, weider; Brudder, fidderen) = Éislek an Areler Streech.
st [st]	fir -scht(-):	gester, Kēst (gëschtef, Këscht) = Éislek, Tréiesch Säit.
scht [ʃt]	fir -st(-):	Fënschter, Poscht (Fënster, Post) = Ënnescht Guttland.
t [t]	fir -cht(-):	Liit, Uut (Liicht, Uucht / Vokal duebel schreiwen!) = Iewescht Éislek/ Ënnescht Guttland.
d' [d]	fir [d̯]:	D'Iewescht Heed schwätzt, grad ewéi d'Äifeler Éislek an d'Neibelscht, den d' virum Vokal zum dackste mëll (= [d]): Kuggemolobd'Auer! E Konsonant virdru kritt da mat Stëmm. Anerwäerts am Land wir et: Kuggemolop t'Auer! Ma geschriwwe gët ëmmer jhust d'.

Opgestallt no den Aarbechte vun der Sproochsektioun am Institut Grand-Ducal:

LUXEMBURGER WÖRTERBUCH (Hrsg. v.d. WBKommission aufgr. d. Sammlungen s. 1925). I-IV. Luxbg, P. Linden, 1950-75;

Robert BRUCH: *Luxemburger Grammatik in volkstümlichem Abriß*. Luxbg. P. Linden, ³1974 (= Beiträge zur luxemburgischen Sprach- und Volkskunde X);

Alain ATTEN: *Wéi ee lëtzebuergesch schreift*. Bäiluegt zu: *Lëtzebuergesch an der Schoul*. Lëtzbg, J. Beffort, 1974.

参考文献

ヨーロッパ語文献

Als, Georges (1982) Des menaces contre l'identité nationale? In: forum Nr. 58 (25. 9. 1982), pp. 2-4.
Ammon, Ulrich (1995) Die deutsche Sprache in Deutschland, Österreich und in der Schweiz. Das Problem der nationalen Varietäten, de Gruyter, Berlin / New York.
Arendt, Jean-Venceslas-Charles / Menager, Laurent / Steffen-Pierret, Nicolas (Hg.) (1906) Wörterbuch der luxemburgischen Mundart, M. Huss, Luxemburg.
Arrêté ministériel du 5 juin 1946 portant fixation d'un système d'orthographe luxembourgeoise. (1946) In: Mémorial. Journal officiel du Grand-Duché de Luxembourg - Amtsblatt des Großherzogtums Luxembourg. 40. (1946) (Luxembourg) pp. 637-641.
Arrêté ministériel du 10 octobre 1975 portant réforme d'un système officiel d'orthographe luxembourgeoise. (1975) In: Mémorial. Journal officiel du Grand-Duché de Luxembourg - Amtsblatt des Großherzogtums Luxembourg. B-68. (1976) (Luxembourg) pp. 1365-1390.
Berg, Charles / Weis, Christiane (2005) Sociologie de l'enseignement des langues dans un environnement multilingue. Rapport en vue de de l'élaboration du profil des politiques linguiustiques éducatives luxembourgeois, Ministère de l'éducation nationale et de la Formation professionelle et Centre d'études sur la situation des jeunes en Europe, Luxembourg.
Berg, Guy (1993) Mir wëlle bleiwe, wat mir sin. Soziolinguistische und sprachtypologische Betrachtungen zur luxemburgischen Mehrsprachigkeit, Niemeyer, Tübingen.
Berg, Guy (2005) Abschied vom Dialekt. Zur lëtzebuergeschsprachigen belletristischen Gegenwartsliteratur. In: Lëtzebuergesch. Entwicklungstendenzen und Forschungsperspektiven einer jungen Sprache, d'Ethnologie et d'Onomastique, Centre national de Littérature, Luxemburg, pp. 97-111.
Bibliothèque nationale de Luxembourg (1953-1989) Bibliographie luxembourgeoise (1953-1989)

参考文献

Blau, Lucien (2005) Histoire de l'extrême-droite au Grand-Duché de Luxembourg au XXe siècle, Polyprint, Esch-sur-Alzette.

Blommaert, Jan (2006) Language Policy and National Identity. In: Ricento, Th. (ed.) An Introduction to Language Policy. Theory and Method, Blackwell, Malden, pp. 238-254.

Blommaert, Jan / Verschueren, Jef (1998) The Role of Language in European Naitonalist Ideologies. In: Schieffelin, B. B., Woolard, K. A., Kroskrity, P. V. (eds.) Language Ideologies. Practice and Theory, Oxford University Press, Oxford, pp. 189-210.

Braun, Josy (1980) Die „Actioun Lëtzebuergesch" geht in ihr 10. Jahr. „t"-Gespräch mit A. L.-Präsident Lex Roth. In: Tageblatt, 15. 03. 1980, p. 7.

Bruch, Robert (1953a) Grundlegung einer Geschichte des Luxemburgischen, P. Linden, Luxemburg.

Bruch, Robert (1953b) Les travaux de la Commission de rédaction du dictionnaire luxembourgeois. In: Bulletin linguistique et ethnologique, 1 (1953), pp. 23-28.

Bruch, Robert (1954a) A cheval sur la frontière linguistique: un circuit francique en Europe occidentale. In: Orbis: bulletin international de documentation linguistique, No. 3 (1954), pp. 34-42.

Bruch, Robert (1954b) Das Luxemburgische im westfränkiscfhen Kreis, P. Linden, Luxemburg.

Bruch, Robert (1954c) «Deutsche Spracherziehung» oder Sprachunterricht für Luxemburger? In: Hury, C. / Hoffmann, F. (Hg.) Robert Bruch. Gesammelte Aufsätze. (1969), Bibliothèque nationale, Luxemburg, pp. 36-56.

Bruch, Robert (1955) Précis populaire de Grammaire Luxembourgeoise / Luxemburger Grammatik in Volkstümlichem Abriß. (3e édition 1973), P. Linden, Luxembourg.

Bruch, Robert (1957) Critères linguistiques de la nationalité luxembourgeoise, Extrait du Bulletin de documentation du Gouvernement grand-ducal, Luxembourg.

Chambre des députés. Projet de loi sur le régimes des langues. Documents parlamentaires 2535/1-2535/5, Luxembourg.

Chambre des députés. Comte rendu des séances publiques Session ordinaire 1979-1980, 1982-1983, 1983-1984, Luxembourg.

Drescher, Jacques (1982) D'Lëtzebuergescht soll Nationalsprooch gin. Brauche mer dofir e Gesetz? In: d'Letzeburger Land, Nr. 47 (26. 11. 1982), p. 5.

Engelmann, René (1910) Der Vokalismus der Viandener Mundart. In: Programm heausgegeben am Schlusse des Schuljahres 1909-1910. Großherzogliches Gymnasium zu Diekirch, J. Schroell, Diekirch, pp. 1-44.

Fehlen, Fernand (2002) Luxembourg, a Multilingual Society at the Romance / Germanic

Language Border. In: Journal of Multilingual & Multicultural Development, No. 23 (2002), Clevedon, pp. 80-97.

Fehlen, Fernand (2008) Multilingualismus und Sprachenpolitik. In: Lorig, W. H./Hirsch, M. (Hg.) Das politische System Luxemburgs. Eine Einführung, VS Verlag, Wiesbaden, pp. 45-61.

Fehlen, Fernand (2009) BaleineBis. Une enquête sur un marché linguistique multilingue en profonde mutation. Luxemburger Sprachenmarkt im Wandel, SESOPI Centre Intercommunautaire, Luxembourg.

Feltes, Jean (1920) Ueber Nationalismus, Sprachforschung und Orthographie. In: Revue Luxembourgeoise (1920), pp. 258-264.

Feltes, Jean (1938) Les efforts phonétiques d'un petit pays trilingue. In: Proceedings of the 3rd international congress of phonetic sciences, pp. 424-426.

Feltes, Jean (1946) Letzeburgesch an Englesch. In: Festschrëft dem Nik. Welter. Fir sei 75. Guburtsdag Iwerrêcht, Letzeburg, pp. 11-14.

Feltes, Jean (1948) A New Orthography for a Dialect on its Way to Becoming a Literary Language. In: Le maître phonétique: organe de l'Association phonétique internationale. 3e série, 89, pp. 3-4.

Ferguson, Charles (1959) Diglossia. In: Word (Journal of the Linguists circle of New York), No. 15 (1959), pp. 325-340.

de la Fontaine, Edmond (1855) Versuch über die Orthographie der luxemburger deutschen Mundart, V. Bück, Luxemburg.

Friedrich, Evy (1975) Zeitung in Luxemburg. Chronologischer Überblick, Bourg-Bourger, Luxemburg.

Gangler, Jean François (1847) Lexicon der Luxemburger Umgangsprache, V. Hoffmann, Luxemburg.

Gilles, Peter (1999) Dialektausgleich im Lëtzebuergeschen. Zur phonetisch-phonologischen Fokussierung einer Nationalsprache, Niemeyer, Tübingen.

Gilles, Peter (2006) Einführung in die luxemburgische Sprachwissenschaft I. Themabereich Orthographie. Université du Luxembourg.
(www.uni.lu/content/download/7395/126303/file/EinführungOrthographie-WS2006-07.pdf)

Gilles, Peter (2011) Mündlichkeit und Schriftlichkeit in der luxemburgischen Sprachgemeinschaft. In: Sieburg, H./ Mein, G. (Hg.) Medien des Wissens: Interdisziplinäre Aspekte von Medialität, transcript, Bielefeld, pp. 43-64.

Gilles, Peter / Moulin, Claudine (2003) Luxembourgish. In: Deumert, A./ Vandenbussche, W. (Hg.) Germanic Standardizations. Past to Present, John Benjamins Publishing, Amsterdam / Philadelphia, pp. 303-329.

参考文献

Goetzinger, Germaine (2000): Luxemburger Literatur im Spannungsverhältinis von nationaler Selbstvergewisserung und europäischer Wunschidentität. In: Newton, G. (ed) Essays on Politics, Language and Society in Luxembourg, Edwin Mellen Press, Lewiston / Queenston / Lampeter, pp. 43-62.

Hartmann, Claudia (1976) Luxemburgisch: eine zum Tode verurteilte Sprache? In: d'Letzeburger Land, Nr. 18(1976), pp. 8-9.

Haugen, Einar (1966) Dialect, Language, Nation. In: Haugen, E. (1972) The Ecology of Language, Stanford University Press, Stanford, pp. 237-254.

Haugen, Einar (1983) The Implementation of Corpus Planning. Theory and Pracce. In: Cobarrubias, J. / Fishman, J. A. (eds.) Progress in Language Planning. Mouton, Berlin / New York / Amsterdam, pp. 269-289.

Hausemer, Gerorges (zsgest) (2006) Luxemburger Lexikon, G. Binsfeld, Luxemburg.

Hemmer, Carlo (1980) Sprachen. In: d'Letzeburger Land, Nr. 26 (27. 06. 1980), p. 1.

Hess, Joseph (1946) Die Sprache der Luxemburger, Paul Bruck, Luxemburg.

Hilgert, Romain (2004) Les journaux au Luxembourg. 1704-2004, Service information et presse, Luxembourg.

Hoffmann, Fernand (1964) Geschichte der Luxemburger Mundartdichtung, Bd. 1, Bourg-Bourger, Luxemburg.

Hoffmann, Fernand (1969) Das Luxemburgische im Unterricht. Les cahiers de l'institut pédagogique, No. 1, Ministère de l'éducation nationale, Luxemburg.

Hoffmann, Fernand (1974) Standort Luxemburg, Sankt-Paulus-Druckerei, Luxemburg.

Hoffmann, Fernand (1979) Sprachen in Luxemburg. Sprachwissenschaftliche und literarhistorische Beschreibung einer Triglossie-Situation, Franz Steiner, Wiesbaden.

Hoffmann, Fernand (1980) Triglossia in Luxemburg. In: Die Warte (20. 11. 1980), p. 3.

Hoffmann, Fernand (1981) Zwischenland. Dialektologische, mundartphilologische und mundartliterarische Grenzgänge, Georg Olms Verlag, Hildesheim / New York.

Hoffmann, Fernand (1987) Letzebuergesch. Mundart und Nationalsprache. Sprachenpolitische und sprachensoziologische Überlegungen zum luxemburgischen Triglossie-Problem und zum Sprachengesetz 1984. In: Brücher, W. / Franke, P. R. (Hg.) Probleme von Grenzregionen: das Beispiel Saar--Lor-Lux-Raum, Philosophische Fakultät der Universität des Saarlandes, Saarbrücken, pp. 49-65.

Hoffmann, Fernand (1988) Sprachen in Luxemburg. Unter besonderer Berücksichtigung der Situation nach 1945. In: Jahrbuch für internationale Germanistik, 1988, H. 1, Bern / Frankfurt a.M. / New York / Paris, pp. 45-62.

Hoffmann, Fernand (1996) The Domains of Lëtzebuergesch. In: Newton, G. (ed.) Luxembourg and Lëtzebuergesch. Language and Communication at the Crossroads of

Europe, Clarendon Press, Oxford, pp. 123-142.

Horner, Kristine (2004) Negotiating the Language-Identity Link: Media Discourse and Nation-Building in Luxembourg. PhD Dissertation / The State University of New York at Buffalo.

Horner, Kristine (2005) Reimaging the Nation. Discourses of Language Purism in Luxembourg. In: Langer, N. & Davies, W. V. (eds.) Linguistic Purism in the Germanic Language, pp. 166-185.

Horner, Kristine & Weber, Jean-Jacques (2007) Language and Luxembourgish National Identity. Ideologies of Hybridity and Purity in the Past and Present. In: Elspaß, S. / Langer, N. / Scharloth, J. / Vandenbusche, W. (eds.) Germanic Language Histories 'from below' (1700-2000), De Gruyter, Berlin / New York, pp. 363-378.

Huesmann, Anette (1998) Zwischen Dialekt und Standard. Empirische Untersuchung zur Soziolinguistik des Varietätenspektrums im Deutschen, Max Niemeyer, Tübingen.

Interregionale Arbeitsmarktbeobachtungsstelle / Observatoire interrégional du marché de l'emploi (2009) Die Arbeitsmarktsituation in der Großregion. 6. Bericht der Interregionalen Arbeitsmarktbeobachtungsstelle an den 11. Gipfel der Exekutiver der Großregion, Saarbrücken.

Jakob, Nic (1982) Luxemburgisch wird National- und Verwaltungssprache. In: Revue, Nr. 42 (1982), pp. 25-28.

Kaplan, Robert. B. / Baldauf. Richard. B. (1997) Language Planning. From Practice to Theory. Multilingual matters, Clevendon.

Kellen, Tony (1889) Deutschtum und Franzosentum in Luxemburg seit den ältesten Zeiten bis auf unsere Tage, P. Breithof, Luxemburg.

Klein, Peter (1855) Die Sprache der Luxemburger, V. Bück, Luxemburg.

Kloss, Heinz (1978) Die Entwicklung neuer germanischer Kultursprachen seit 1800, Schwann, Düsseldorf.

Kloss, Heinz (1986) Der Stand der in Luxemburg gesprochenen Sprachen beim Jahresende 1984. In: Veiter, Th. (Hg.) Burgen-Regionen-Völker, Oldenbourg, Wien.

Koenig, Lucien (1928) Auf dem Wege zu einer Grammatik der Luxemburger Mundart, Nationalverlag, Luxemburg.

Kohn, Hans (1944) The Idea of Naitonalism. A Study in its Origins and Background, Transaction Publishers, New Brunswick / London. (Reprint 2005)

Kramer, Johannes (1984) Zweisprachigkeit in den Benelux-Ländern, Buske, Hamburg.

Kramer, Johannes (1986) Gewollte Dreisprachigkeit - Französisch, Deutsch, und Lëtzebuergesch im Grossherzogtum Luxemburg. In: Hinderling, R. (Hg.) Europäische Sprachminderheiten im Vergleich. Deutsch und andre Sprachen,

Stuttgart, pp. 229-249.

Kramer, Johannes (1994) Lëtzebuergesch - Eine Nationalsprache ohne Norm. In: Language Reform: History and Future, No. 6, Hamburg, pp. 391-405.

Kramer, Johannes (1998) Die Dreisprachigkeit in Luxemburg. In: Dialekt und Mehrsprachigkeit, Elisabeth-Selbert-Akademie, Saarbrücken. pp. 61-77.

Loi du 24 février 1984 sur le régime des langues (1984) In: Mémorial. Journal Officiel du Grand-Duché de Luxembourg - Amtsblatt des Großherzogtums Luxemburg. Recueil de législation, Vol. A, No. 16, Luxembourg, pp. 196-197.

Loi du 24 juillet 2001 portant modification de la loi du 22 février 1968 sur la nationalité luxembourgeoise (2001) In: Mémorial. Journal Officiel du Grand-Duché de Luxembourg - Amtsblatt des Großherzogtums Luxemburg. Recueil de législation, A-129, Luxembourg, pp. 2597-2604.

Loi du 23 octobre 2008 sur la nationalité luxembourgeoise (2008) In: Mémorial. Journal Officiel du Grand-Duché de Luxembourg - Amtsblatt des Großherzogtums Luxemburg. Recueil de législation, A-158, Luxembourg, pp. 2221-2227.

Löffler, Heinrich (2003) Dialektologie. Eine Einführung, Narr, Tübingen.

Ludovicy, Ernest (1954) Notes sur le bilinguisme. In: Revue de Psychologie de Peuples 2. (1954) pp. 152-169.

Luxemburgische Sprachgesellschaft (1926) Jahrbuch 1925, Luxemburg.

Malané, Ch. (1972) Haaptversammlong. In: Eis Sprooch. Nei Folleg, Nr. 1 (1972), pp. 35-36.

Margue, Nicolas (1937) Die Entwicklung des Luxemburger Nationalgefühls von 1780 etwa bis heute, Luxemburg.

Margue, Nicolas (1946) Front des idêe. LEZEBUURJER ORTOGRAFI? In: Luxemburger Wort (08. 10. 1946), Luxemburg, p. 1.

Mart, Colette (1981) Actioun Lëtzebuergesch. Ideologische Motivation und objektive Grenzen einer sprachlichen Identität. In: Kulturjournal, Nr. 2 (30.3.1981), Luxemburg, p. 3.

Meyers, Joseph (1944) Auf den Spuren des Luxemburger Nationalgefühls, P. Linden, Luxemburg.

Meyers, Joseph (1969) Geschichte Luxemburgs, Paul Bruck, Luxemburg.

Moulin, Claudine (2005) Grammatisierung und Standardisierung des Luxemburgischen. Eine grammatikographisch-sprachhistorische Annäherung. In: Moulin, Cl. / Nübling, D. (Hg.) Perspektiven einer linguistischen Luxemburgistik. Studien zu Diachronie und Synchronie, Universitätsverlag Winter, Heidelberg, pp. 305-339.

Nelde, Peter Hans (1979) Volkssprache und Kultursprache. Die gegenwärtige Lage sprachigen Übergangsgebietes im deutsch-belgisch-luxemburgischen Grenzraum, Franz Steiner, Wiesbaden.

Palgen, Hélène (1935) Die Wortstellung im luxemburgischen Nebensatz. In: Vierteljahresblätter für Sprachwissenschaft, Volks- und Ortsnamenkunde. (1935) Heft 2, pp. 30-31.

Péporté, Pit / Kmec, Sonja / Majerus, Benoît / Margue, Michel (2010) Inventing Luxembourg. Representations of the Past, Space and Language from the Nineteenth to the Twenty-First Century, Brill, Leiden / Boston.

Règlement Grand-Ducal du 30 juillet 1999 portant réforme du système officiel d'orthographe luxembourgeoise. (1999) In: Mémorial. Journal officiel du Grand Duché de Luxembourg – Amtsblatt des Großherzogtums Luxemburg. Recueil de législation. A-112. (1999), Luxembourg, pp. 2039-2048.

Reichmann, Oskar (2000) Nationalsprache als Konzept der Sprachwissenschaft. In: Gardt, A. (Hg.): Nation und Sprache. Die Diskussion ihres Verhältnis in Geschichte und Gegenwart, W. de Gruyter, Berlin.

Ries, Nicolas (1911) Essai d'une psychologie du peuple luxembourgeois, P. Schroell, Diekirch.

Roth, Lex (1972) Woufir eng „Actioun Lëtzebuergesch"? In: Eis Sprooch. Nei Folleg, Nr. 1 (1972), pp. 3-4.

Roth, Lex (1975) Eine Lanze für Lëtzebuergesch. Weshalb und wie unser Dialekt gepflegt werden soll. In: Revue, Nr. 16 (1975), pp. 18-22.

Roth, Lex (1980) Schwätze geet nët duer! e Këppche fir EIS SPROOCH. In: Luxemburger Wort (12. 4. 1983), Luxemburg, p. 13.

Roth, Lex (1983a) Eis Sprooch an eis Identitéit. In: Eis Sprooch, Nr. 15 (1983), Lëtzebuerg, pp. 1-3.

Roth, Lex (1983b) à propos Sprooch-Gesetz. e Këppche fir EIS SPROOCH. In: Luxemburger Wort (16. 7. 1983), Luxemburg, p. 16.

Scheidweiler, Gaston (1988) Glanz und Elend des Luxemburgischen. Eine Mundart auf dem Weg zur Ausbausprache. In: Muttersprache, Bd. 98 (1987/1988), Nr. 3, Wiesbaden, pp. 226-254.

Schepelmann, Philipp (2002) Umweltentlastung trotz Bevölkerungszuwachs? Ökologische Aspekte der Zuwanderung nach Luxemburg. Studie im Auftrag des Umweltministeriums Luxemburg, Luxemburg.

Shimizu, Akira (2008) Die Fruchtbringende Gesellschaft und die Accademia della Crusca im 17. Jahrhundert – Zwei Sprachvereine zwischen Luther/Machiavelli und Leibniz/ Galilei. In: Hitotsubashi Journal of Arts and Sciences, Vol. 49, No. 1, Tokyo, pp. 1-9.

参考文献

Spolsky, Bernard (2004) Language Policy, Cambridge University Press, Cambridge.
STATEC (1990) Statistiques historiques 1839-1989, éditpress, Luxembourg.
STATEC (2013a) Annuaire statistique du Luxembourg 2012, Luxembourg.
STATEC (2013b) STATNEWS, Communiqué de press, No. 10-2013, Luxembourg.
(http://www.statistiques.public.lu/fr/actualites/population/travail/2013/03/20130315/20130315.pdf)
STATEC (2013c) Portugiesen in Luxemburg, Recensement de la Population 2011, Premiers résultat, No. 18, Luxemburg.
(http://www.statistiques.public.lu/catalogue-publications/RP2011-premiers-resultats/2013/18-13-DE.pdf)
Steinberg, Félix (1980) Unsere Sprachliche Identität. In: Revue, Nr. 26 (1980), pp. 16-17.
Steinberg, Félix (1983) Den 10. October. In: d'Letzebuerger Land, Nr. 41 (15. 10. 1983) p. 6.
Weber, Jean-Jacques (2009) Multilingualism, Education and Change, Peter Lang, Frankfurt am Main.
Weber, Nico (1994) Sprachen und ihre Funktionen in Luxemburg. In: Zeitschrift für Dialektologie und Linguistik, Nr. 61 (1994), Wiesbaden, pp. 129-169.
Weber, Nico (2002) Lëtzebuergesch und Englisch, Centre universitaire, Luxemburg. (http://www.suertenich.com/html/LuE.pdf)
Welter, Nikolaus (1929) Mundartliche und hochdeutsche Dichtung in Luxemburg. Ein Beitrag zur Geistes- und Kulturgeschichte des Großherzogtums, St. Paulus-Gesellschaft, Luxemburg.
Welter, Nikolaus (1935) Das Luxemburgische und sein Schrifttum. Neue durchgesehene Auflage, G. Soupert, Luxemburg.
Willens, Helmut / Milmeister, Paul (2008) Migration und Integration. In: Lorig, W. H./ Hirsch, M. (Hg.) Das politische System Luxemburgs. Eine Einführung, VS Verlag, Wiesbaden, pp. 62-92.
Woolard, Kathryn A. (1998) Introduction. Language Ideology as a Field of Inquiry. In: Schieffelin, B. B. / Woolard, K. A. / Kroskrity, P. V. (eds.) Language Ideologies. Practice and Theory, Oxford University Press, Oxford, pp. 3-47.
Wörterbuchkommission (1950-1977): Luxemburger Wörterbuch. Band 1-5, P. Linden, Luxemburg.
Wright, Sue (2004) Language Policy and Language Planning. From Nationalism to Globalisation, Palgrave, Basingstoke.

新聞・雑誌等匿名記事

Deutsche Nationalzeitung, München
- „Luxemburgs Selbstverleugnung. Flucht des Miniaturstaates aus der deutschen Identität ", Nr. 10 (7. 3. 1980), p. 5.

Eis Sprooch. Erausgi vun der Actioun Lëtzebuergesch, Lëtzebuerg
- „Statute vun der Actioun Lëtzebuergesch", Nr. 1 (1972), p. 37.
- „Uertschafts- a Stroosseschëlter", Nr. 7 (1975), p. 24

Jongletzeburg, Lëtzebuerg
- „Onse Programm", No. 3 (Mirz 1912), p. 1.
- „Statuten fun der „Letzeburger Nationalunion", No. 1 (November 1911), p. 1.

Luxemburger Wort, Luxemburg.
- „Aus dem Parlament. Gesetz über unsere Nationalsprache verabschiedet." (26. 1. 1984), p. 3.

Revue, Luxemburg.
- „Eis Sprooch", Nr. 6 (1980), pp. 18-21.
- „Von Lucilinburhuc bis Lëtzebuerg. Notwendigkeit einer Luxemburger Sprachakademie?", Nr. 6 (1984), pp. 38-42.

Tageblatt, Esch-sur-Alzette
- „Aus dem Parlament. Viel koalitionsinternes Durcheinander um Sprachenregelung" (25. 1. 1984), p. 3.
- „Aus dem Parlament. Nationalsprache wurde zur Schwergeburt. Uneinige Mehrheit stiftete totale Verwirrung" (26. 1. 1984), p. 3.

J. N. (1978) „Hier wird Luxemburgisch gesprochen! ..an nët ze knapps." In: Luxemburger Wort (18. 3. 1978), Luxemburg. p. 32.

自治体広報誌（7章）

Bech, Gemengebuet. Informatiounsblad vun der Gemeng Bech, No. 88, Januar 2012.
Biwer, D'Gemeng Biwer. No. 1, 2012.
Boulaide, Informatiounsblad vun der Bauschelter Gemeng, No. 1, 2010.
Bous, De Buet, No. 7, 2012.

参考文献

Ell, Info Ell, No. 4, 12/2011.
Ermsdorf, De Bannhidder. Informatiounsblad vun der Gemeng Iermsdref, 02/2007.
Fischbach, Fëschber Gemengeblat, No. 30, 04/2012.
Garnich, de Gemengebuet. Infornatiounsblat vun der Garnicher Gemeng Garnich, Duelem, Héiweng, Koler, Januar – Februar – Mäerz 2012.
Grosbous, Groussbusser Buet, Fréijoer= Printemps 2012.
Heffingen, Informatiounsblaad vun der Gemeng Hiefenech, No. 1, 2012.
Koerich, Buet aktuell. Berichte der Gemeinderatssitzungen vom 7. Juni und 12. August 2011, 9/2011.
Lac de la haute-Sure, Informatiounsblad vun der Stauséigemeng, No. 2, 2011.
Leudelange, Gemengebuet, No. 101, 2012.
Manternach, Newsletter. Gemeng Manternach, No. 1, 12. Abrëll 2012
Medernach, Miedernacher Gemengebuet, Juni 2006.
Mompach, Gemengebuet. Informatiounsblat fir de Bierger aus der Gemeng Mompech, No. 1, Mäerz 2012.
Munshausen, De Raider. Gemengeinformatiounsblat fir d'Gemeng Munzen, No. 2, 2010.
Putscheid, D'Pëtscher Noriicht, Mäerz 2012.
Reckange-sur-Mess, Eis Gemeng Reckeng/Mess, No. 4, 2011.
Sandweiler, Gemengebuet, No.2, 2012.
Vianden, Réckspéil. nouvelles de la commune de Vianden. Nachrichten aus der Gemeinde Vianden, 06/2007.
Troisvierges, D'Ëlwener Gemengebleedchen. Neies aus der Gemengeverwaltung, 04/2011.
Waldbredimus, Nouvellen aus eiser Gemeng, No. 35, Dezember 2011.
Weiler-la-Tour, Info Blad. Akutuelle Bulletin vun der Gemeng Weiler-la-Tour, Mars 2012.

日本語文献

ベネディクト・アンダーソン（1997）『増補 想像の共同体 ナショナリズムの起源と流行』白石さや・白石隆（訳）NTT出版
小川敦（2006）「ルクセンブルク語という『国語』に関する考察」ドイツ文法理論研究会『エネルゲイア』31号、43-70頁
小川敦（2010）「ルクセンブルクにおける言語イデオロギー 1970年代から1984年言語法以前に関する考察」ルクセンブルク語コイネー研究会『ルクセンブルク学研究』1号、47-75頁

糟谷啓介（2000）「言語ヘゲモニー＜自発的同意＞を組織する権力」三浦信孝・糟谷啓介（編）『言語帝国主義とは何か』藤原書店、275-292頁
ルイ＝ジャン・カルヴェ（2000）『言語政策とは何か』西山教行（訳）白水社
木戸紗織（2008）「研究ノート ルクセンブルクの多言語社会に関する考察 — 欧州連合の「母語プラス二言語」政策の実践例として —」『都市文化研究』第10号（2008）大阪市立大学大学院文学研究科都市文化研究センター、53-66頁
木村護郎クリストフ（2005）『言語にとって「人為性」とはなにか 言語構築と言語イデオロギー：ケルノウ語・ソルブ語を事例として』三元社
呉羽正昭（2008）「グランドリージョン（Saar-Lor-Lux国境地域）における人口流動」手塚章・呉羽正昭（編）『ヨーロッパ統合時代のアルザスとロレーヌ』二宮書店、146--163頁
黒宮一太（2009）「シビック／エスニック・ナショナリズム」大澤真幸・姜尚中（編）『ナショナリズム論・入門』有斐閣アルマ、317-337頁
佐藤成基（2009）「ナショナリズムの理論史」大澤真幸・姜尚中（編）『ナショナリズム論・入門』有斐閣、39-62頁
塩川伸明（2008）『民族とネイション － ナショナリズムという難問』岩波書店
清水朗（2004）「『ドイツ国』の成立と『国語』としてのドイツ語」『一橋法学』一橋大学大学院法学研究科、第3巻・第3号、961-974頁
田原憲和（2007）『言語の屋根と階層構造』ブイツーソリューション
田原憲和（2009）「ルクセンブルク語コイネーと正書法－都市における共通語創出とその広がり－」大阪市立大学『都市文化研究』Vol. 11、2-13頁。
田原憲和（2010）「思想としてのルクセンブルク語」ルクセンブルク語コイネー研究会『ルクセンブルク学研究』第1号、1-20頁
田村建一（1994）「ルクセンブルクの『言語法』をめぐる問題」日本独文学会東海支部『ドイツ文学研究』第26号、109-126頁
田村建一（2002）「ルクセンブルク語諸方言の変容 － Gilles（1999）の調査より－」『Sprachwissenschaft Kyoto 1』（2002）京都ドイツ語学研究会、65-78頁
田村建一（2005）「ルクセンブルクの言語法」渋谷謙次郎（編）『欧州諸国の言語法 欧州統合と多言語主義』三元社、293-298頁
田村建一（2010）「ルクセンブルクの多言語教育と外国人児童生徒」ルクセンブルク語コイネー研究会『ルクセンブルク学研究』1号、21-46頁
アーネスト・ゲルナー（2000）『民族とナショナリズム』加藤節（訳）岩波書店
ジルベール・トラウシュ（1999）『ルクセンブルクの歴史 －小さな国の大きな歴史－』岩崎允彦（訳）刀水書房
ジョシュア・A・フィッシュマン（1972）『言語社会学入門』湯川恭敏（訳）大修館書店

参考文献

ピエール・ブルデュー（1993）『話すということ － 言語的交換のエコノミー』稲賀繁美（訳）藤原書店
エリック・J・ホブズボーム（2001）『ナショナリズムの歴史と現在』浜林正夫・嶋田耕也・庄司信（訳）大月書店
フーゴ・モーザー（1967）『ドイツ語の歴史』国松孝二ほか（訳）白水社
矢野順子（2009）『ラオスの国民形成と言語ナショナリズム 植民地時代から社会主義革命まで（1893-1975 年）』一橋大学博士学位論文

ウェブサイト

European Navigator / Centre Virtuel de la Connaissance sur l'Europe（CVCE）
　　http://www.cvce.eu/
Service Central de la Statistique et des Etudes Economiques（STATEC）
　　http://www.statistiques.public.lu

人名索引

あ 行

アモン、U. Ulrich Ammon　7, 22
アルス、G. Georges Als　123, 170
アンダーソン、B. Benedict Anderson　23, 24
ヴェーバー、J. -J. Jean Jacques Weber　167, 168, 200
ヴェルター、N. Nikolaus Welter　81, 82
エンゲルマン、R. René Engelmann　30, 31, 81, 92, 98, 100

か 行

糟谷啓介　143, 199
ガングラー、J. -F. Jean-François Gangler　27
ギレス、P. Peter Gilles　6, 28, 36, 59, 188, 200
クラーマー、J. Johannes Kramer　3, 6, 14, 18, 27, 57, 88, 101, 105
クライン、P. Peter Klein　28
クロス、H. Heinz Kloss　15, 24, 43, 45-47, 144
ケーニヒ、L. Lucian Koenig　28, 49
ゲルナー、E. Ernest Gellner　20-23
コーン、H. Hans Kohn　144, 145
コメス、I. Isidor Comes　75, 122

さ 行

シュタインベルク、F. Félix Steinberg　128, 131-134
シュポー、C. M. Caspar Mathias Spoo　48

た 行

田原憲和　7, 25, 35, 47, 92, 99, 200
田村建一　7, 30, 106, 109, 165, 166, 180, 199
ディックス　Dicks
　→ド・ラ・フォンテーヌ、E.　16
トッケルト、J. Joseph Tockert　68, 74, 75

は 行

ハウゲン、E. Einar Haugen　6, 22, 23, 27, 29, 31, 34-36, 95, 100
ハルトマン、C. Claudia Hartmann　130, 131
パルゲン、H. Hélène Palgen　75, 76
ヒュスマン、A Anette Huesmann　91, 92
ファーガソン、C. Charles Ferguson　41, 43, 44, 98, 143
フィッシュマン、J. Joshua Fishman　44, 45, 47, 144
フェーレン、F. Fernand Fehlen　6, 7, 42, 47, 48, 67, 168, 169, 180, 181, 188, 200

257

索 引

フェルスフエレン、J. Jef Verschueren
　　23, 147
フェルテス、J. Jean Feltes　　5, 59,
　　6061, 62, 63, 64, 67, 82
ド・ラ・フォンテーヌ、E.
　　Edmond de la Fontaine　　16, 27
ブルッフ、R. Robert Bruch　　15, 31,
　　33, 43, 70, 72, 73, 77-79, 80-84, 87,
　　96-100, 135, 137, 192, 193
ブルデュー、P. Pierre Bourdieu　　7, 142
ブロンマールト、J. Jan Blommaert
　　23, 120, 147
ヘス、J. Joseph Hess　　73-76
ペスカトーレ、C. Claude Pescatore
　　135
ペポルテ、P. Pit Péporté　　7, 8, 26,
　　56, 77, 122, 126, 127, 164
ヘマー、C. Carlo Hemmer　　135, 136
ベルク、G. Guy Berg　　6, 17, 78, 179,
　　182, 183, 187, 200
ホーナー、K. Kristine Horner
　　7, 49, 200
ホフマン、F. Fernand Hoffmann
　　5-8, 16, 18, 29, 41, 56, 83-85,
　　87-90, 93-102, 105, 135, 137-140,
　　144, 146, 147, 149, 155, 156, 178,
　　182, 193, 194

ま 行

マイヤース、J. Joseph Meyers　　14, 79
マルグ、N. Nicolas Margue　　5, 65, 66
ムラン、C. Claudine Moulin
　　6, 17, 28, 35, 36, 57, 58, 61

や 行

ヤコプ、N. Nic Jakob　　133
矢野順子　　22, 24
ユンカー、J.-C. Jean Claude Juncker
　　171

ら 行

ライト、S. Sue Wright　　35
ライヒマン、O. Oskar Reichmann
　　22, 32, 33
リース、N. Nicolas Ries　　50, 83, 137
ルドヴィスィ、E. Ernest Ludovicy　　74
レーディング、V. Viviane Reding
　　111
レフラー、H. Heinrich Löffler　　90-92
レンツ、M. Michel Lentz　　16
ロダンジュ、M. Michel Rodange
　　16, 82, 83
ロート、L. Lex Roth　　117, 120, 122,
　　124, 126-134, 138, 139, 145, 146,
　　155, 156, 170, 193, 194

事項索引

あ 行

アウスバウ言語　24
アクスィオゥン・レッツェブイエッシュ
　→言語擁護団体
威信性　42, 47, 87, 92, 177, 179, 189
イタリア人　123, 125, 157, 161, 165, 166
（言語）イデオロギー　3, 7, 23, 35, 51, 67, 77, 84, 90, 101, 105, 118, 119, 134, 141, 143-145, 150, 154, 156, 165, 167, 173, 192, 199
運用能力　8, 41, 49, 55, 83, 88, 90, 105, 118, 134-136, 143, 154-156, 173, 181, 190, 194
AL →言語擁護団体
越境通勤　6, 153, 160-163, 168, 169, 173, 174, 195
欧州言語共通参照枠　172, 197, 198

か 行

（居住）外国人　26, 36, 42, 117, 120, 121, 123, 131, 135, 144-147, 150, 153, 156, 157, 165-167, 169-172, 180, 181, 194, 195
帰化　170-172
規範　6, 33-37, 73, 75, 89-92, 94, 101, 110, 118, 135, 137, 139, 142-144, 155, 188, 196, 197
──文法化　6, 35, 95
行政言語（行政に関する言語）　14, 106, 111
共通語→コイネー
均質化　31, 99, 100
グランド・リージョン　160, 161, 163, 164, 194
言語意識　2, 3, 8, 17, 25, 28, 31, 39, 48, 49, 51, 55, 64, 74, 83, 88, 105, 119, 130, 141, 146, 149, 150, 154, 191, 192, 197, 200
言語イデオロギー→イデオロギー
言語協会　68, 70, 128, 133, 192
言語共同体　7, 24, 25, 35, 37, 44, 51, 134, 141, 142, 147, 149, 150, 172, 194
言語法　1-5, 7-9, 18, 19, 57, 87-90, 101, 102, 105, 106, 109, 110, 112, 117-120, 122, 126, 127, 131, 133-138, 148-150, 153-156, 170-173, 178, 189, 191, 193-196, 199
言語擁護団体　70, 87, 89, 102, 117, 118, 120-124, 126-128, 131, 133, 134, 137, 138, 140, 145, 146, 148, 149, 155, 156, 193
コイネー　29-31, 33, 35, 37, 70, 74, 98, 100, 102, 191
公的セクター　180, 196

索 引

公用語　1, 2, 16-19, 26, 37, 41, 42, 47, 56, 57, 84, 87, 88, 105, 106, 109-111, 135, 139, 142, 147, 149, 153-155, 173, 174, 177-179, 189, 191, 193, 194, 196, 199
国語　2, 8, 13, 19, 20, 24, 27, 32, 33, 41, 47-51, 61, 68, 74, 75, 83, 84, 87, 88, 94, 101, 105, 106, 109, 110, 112, 117, 121, 126, 129-132, 134-136, 142, 143, 147, 149, 153, 154, 156, 172, 173, 178, 181, 188, 193-195, 200
国勢調査　17, 112, 119, 120, 127, 128, 131
国籍法　170-173, 195
国民意識　1, 2, 5, 7, 16, 17, 23-27, 29, 55, 65, 66, 75, 83, 93, 95, 102, 119, 120, 123, 126-128, 154, 155, 191, 199, 200
国民感情　55, 64, 65, 93, 110, 111
国民国家　1, 2, 13, 16, 23, 81, 141, 150, 154, 156, 171, 172, 191
国立研究所　59, 70, 73, 75, 133, 200
国家評議会　112, 113, 117

さ 行

三言語併存（トリグロシア）　2, 6, 8, 23, 28, 39, 41, 43, 47, 51, 55, 83, 84, 98, 143, 144, 148, 150, 174, 191, 193, 194
三言語使用　6, 43, 47, 83, 84, 144, 154, 177, 191, 197
シェンゲン協定　160, 174
辞典委員会　67, 68, 75-77, 79, 192

司法言語（司法に関する言語）　106, 107, 111
就学前教育　159, 180, 198
純化　47, 89, 96, 124, 126, 128, 130, 133, 138-140, 148, 149, 155, 193
使用領域　6, 51, 57, 83, 91, 120, 132, 143, 144, 148-150, 155
初等教育　16, 36, 42, 47, 87, 165, 166, 173, 177, 181, 196
垂直化　32, 33
正書法　5, 8, 18, 35, 51, 55, 57-64, 66, 67, 70-74, 77, 81, 84, 87, 88, 92, 105, 113, 117, 121, 127, 132, 188, 192
――改革　5, 8, 18, 51, 55, 57, 58, 61, 67, 84, 87, 105, 188, 192
――委員会　58
マルグ・フェルテスの――　57-61, 66, 67, 70, 71, 73, 81, 192
ヴェルター・エンゲルマンの――　61, 63, 71

た 行

ダイグロシア（二言語併存）　41, 43-48, 98, 144, 188
　媒体手段――　47, 48
　内部の――　45, 47
　外部の――　45, 47
第二次子音推移　3, 4
多言語国家　79
多言語社会　1, 5, 7, 13, 37, 41, 44, 48, 131, 154, 191, 197
多言語主義　3, 87, 88, 90, 101, 143, 144, 146, 148, 197

多言語性　8, 41, 48, 51, 83, 88, 102, 105, 119, 132, 134-136, 141-145, 148, 149, 154-156, 192
単一言語イデオロギー　23, 120, 133, 172, 191
単一言語主義　87, 132, 143, 144, 146, 150
単一言語性　8, 41, 48, 50, 51, 83, 88, 94, 105, 118, 119, 134, 141-145, 148-150, 154, 156, 191
地方自治体　107, 182, 183, 188
通用語　100, 101
デュアリズム　82, 137
適法な言語　142, 143
ドイツ語（諸）方言　2, 27, 37, 55, 62, 75, 77-82, 84, 92, 97, 98
同化　146, 156, 170
（社会）統合　2, 36, 88, 112, 118, 120, 123, 140, 142, 145-147, 150, 153, 154, 156, 160,　168, 170-174, 190, 194, 195-197
特別委員会　112, 113, 117, 135, 138
トリグロシア→三言語併存

な 行

ナショナリズム　1, 2, 8, 13, 16, 18, 20-24, 28, 29, 55, 57, 58, 60, 74, 83, 95, 144, 145, 147, 154, 164, 191, 192, 194, 199
　エスニック・──　144
　シビック・──　144, 145, 147
二言語使用　16, 45, 47, 144
二言語併存（ダイグロシア）→ダイグロシア
二元性（デュアリズム）　50, 82, 83, 137

二重文化　137, 138, 155
日常語（日常言語）　30, 90, 99, 100
ネイション　20-22, 25, 28, 29, 33, 34, 49, 95

は 行

媒介言語　42, 61, 123, 173, 174, 180, 181, 189, 190
媒介語　173, 189
半方言　90, 100
標準化　21, 33-37, 44, 57, 61, 92, 137, 139, 142
標準語　13, 23, 35-37, 57, 74, 75, 77, 88, 90-95, 97-102, 110, 118, 121, 129, 133, 139, 142, 147, 167
標準ドイツ語　4, 7, 28-31, 43, 44, 46, 68, 80, 81, 98, 99, 144
複言語主義　3, 197
不平等　8, 131, 142, 148-150, 194
変種　24, 29-35, 43-45, 90, 92, 98, 139, 141, 142, 144
　H──　43-47, 98
　L──　43-46, 98, 188
母語　2, 13, 17, 23, 29, 37, 41, 42, 47, 50, 51, 55, 75, 77, 88, 102, 105, 119, 120, 122, 127, 130, 131, 133, 134, 140, 144, 146-149, 153, 154, 156, 166, 168, 169, 173, 174, 179, 188, 192-195, 197
──意識　2, 8, 16-18, 27, 48, 55, 83, 84, 92, 95, 119, 121, 123, 124, 126, 127, 135, 191
ポルトガル人　123, 157, 159, 161, 165-168, 173, 195

索　引

ま　行

民間セクター　　180

や　行

予備言語　　30, 92

ら　行

立法言語（立法の言語、立法に関する言
　　　語）　　16, 41, 106, 107, 109, 178
リンガ・フランカ→媒介言語
ルクセンブルク語辞典　　5, 67, 70-74,
　　　77, 84, 92, 188, 192
ロンドン協定　　1, 13, 15, 26, 191

著者紹介

小川　敦（おがわ　あつし）
1975年生まれ。一橋大学大学院言語社会研究科博士後期課程修了。博士（学術）。大阪大学大学院言語文化研究科講師。専門は社会言語学、言語政策、ルクセンブルク地域研究。
論文や調査報告に「多言語社会ルクセンブルクにおける言語ナショナリズム言説－1984年言語法議論から」（『Sprachwissenschaft Kyoto』第10号、2011年、京都ドイツ語学研究会、単著）、「ヨーロッパ言語共通参照枠、特に複言語教育の考えとドイツ語教育－第二外国語教育への応用の可能性」（『人文・自然研究』第7号、2013年、一橋大学大学教育研究開発センター、単著）、「複言語教育政策のありかたをめぐって－イタリア・ヴァッレダオスタ特別自治州とルクセンブルク大公国の政策の比較」（『言語政策』第10号、2014年、日本言語政策学会、共著）等。

多言語社会ルクセンブルクの国民意識と言語
―第二次世界大戦後から1984年の言語法、そして現代―

2015年2月28日　初版第1刷発行　　　　［検印廃止］

　著　者　　小川　敦
　発行所　　大阪大学出版会
　　　　　　代表者　三成　賢次

　　　〒565-0871　大阪府吹田市山田丘2-7
　　　　　　　　　　大阪大学ウエストフロント
　　　TEL 06-6877-1614
　　　FAX 06-6877-1617
　　　URL：http://www.osaka-up.or.jp

　印刷・製本　尼崎印刷株式会社

Ⓒ Atsushi Ogawa 2015

Printed in Japan

ISBN 978-4-87259-480-5　C3087

Ⓡ〈日本複製権センター委託出版物〉
本書を無断で複写複製（コピー）することは、著作権法上の例外を除き、禁じられています。本書をコピーされる場合は、事前に日本複製権センター（JRRC）の許諾を受けてください。